教育研究シリーズ第61集

「令和の日本型学校教育」の構築を目指す学校経営

全国連合小学校長会 編

第一公報社

まえがき

令和三年一月、中央教育審議会は「『令和の日本型学校教育』の構築を目指して」を答申した。そこでは、二〇二〇年代を通じて実現を目指す新しい時代を見据えた学校教育の姿として、多様な子どもたちを誰一人取り残すことのない個別最適な学びの実現や、その学びを支えるための質の高い教育活動を実施可能とする環境の整備の必要性が示されている。

子どもたちの多様化、教師の長時間勤務による疲弊、情報化の加速度的な進展、少子高齢化・人口減少、感染症等の直面する課題を乗り越え、Society5.0時代を見据えた取組を進める必要がある。これらの取組を通じ、一人一人の児童生徒が、自分のよさや可能性を認識するとともに、あらゆる他者を価値のある存在として尊重し、多様な人々と協働しながら様々な社会的変化を乗り越え、豊かな人生を切り拓き、持続可能な社会の創り手となることができるよう、その資質・能力を育成することが求められる。

校長は、児童や学校、地域の実態を踏まえつつ、学校教育への信頼を一層高めるための教職員の資質・能力の向上、「GIGAスクール構想」の推進、いじめ問題・不登校への対応、特別支援教育の充実、学校における働き方改革の推進など、山積する教育課題の解決に全力で立ち向かわなければならない。このような状況を深く認識し、新たな価値をつくり出し、未来社会を創造する力を身に付けた日本人の育成のために、必要な学校経営のビジョンを示し、その実現を目指さなければならない。

これまで、全国連合小学校長会（以下「全連小」）は、小学校教育の充実と発展を願い、学校経営の充実のため、真摯に研究と実践を積み重ねるとともに教育諸条件の整備に努め、多くの成果を上げてきた。それらを踏まえ、全国の小学校長に、新たな視点からの提言や実践事例の紹介、情報提供を行うために、昭和三十七年度から毎年「教育研究シリーズ」を発刊している。今回で六十一集目を刊行することとなった。

令和二年度から全連小の研究主題を「自ら未来を拓き ともに生きる豊かな社会を創る 日本人の育成を目指す小学校教育の推進」とした。変化が激しく未来の予測が困難な時代に向かう中で、子どもたちには、一人一人が自らの能力や可能性を信じ、学習したことを生活や社会の中で課題解決に生かす力、多様な人々と協働しながら様々な社会変化を乗り越えていく力、さらに、新たな変化を作り出す力が求められている。これを受け、「教育研究シリーズ」第六十一集は主題を「『令和の日本型学校教育』の構築を目指す学校経営Ⅰ」として編集を行った。新型コロナウイルス感染症への対応、ＩＣＴ教育の推進、学校の特色を生かした実践、学校経営上の課題解決の取組などを紹介している。これらの研究主題に迫る学校経営の提言や実践を広く、全国の会員に発信することで、小学校教育の充実・発展に資することを目指したものである。本書が令和の時代の小学校長の学校経営に生かされることを期待している。
結びに、本書の刊行に当たり、ご尽力いただいた各都道府県小学校長会、広報担当者、関係事務局、そしてご執筆いただいた各小学校長、また、編集と作成に当たった広報部会並びにシリーズ等編集委員会の皆様に心より感謝を申し上げる。

令和五年四月

全国連合小学校長会長
大字　弘一郎

もくじ

第一章　新しい時代の教育施策に即応する学校経営

提　言

実践事例

第二章　新しい時代の特色ある学校づくりを推進する学校経営

提　言

実践事例

第三章　今日的な経営課題に挑む学校経営

提　言

実践事例

序論　「令和の日本型学校教育」の構築を目指す学校経営

一　はじめに

『With《ウィズ》コロナ』の時代になった。この書籍が刊行される五月には五類相当になるとの報道もあった。コロナ禍も四年目に入り、海外ではマスク姿の人を見かけなくなってきているが、今（令和五年二月）の日本ではまだまだ難しい状況である。そのような中でも学校現場は粛々と、「できることをできるだけやる」方針で進んでいる。これまで経験したことの無い対応に追われた四年であったが、苦労した分、少し強くなったような気がしているのは私だけだろうか。ワクチンを打っても、感染する時はするので、児童も教職員も感染してしまったら仕方がない。一定期間休養するしかない。児童はタブレットを持って帰って、できる範囲で授業を受ける。教職員が休めば、管理職も含めて他の教職員でカバーする。感染者数が多ければ臨時休業するしかない。そこまで腹をくくれるようになると、少々のことでは慌てなくなった。変な度胸がついてしまった感じでいる。

さあ、ようやく本業である学習活動に本腰を入れることができる。

学習指導要領の育成すべき資質・能力の三つの柱（①知識及び技能　②思考力、判断力、表現力等　③学びに向かう力、人間性等）を再確認し、本格的に『令和の日本型学校教育』の構築に向けて進んでいくことができる。各校においては、今こそもう一度、コロナ前に描いた『目指す子ども像』を思い起こす時である。この『教育研究シリーズ第六十一集』には、全国の校長からの貴重な提言や事例が収められている。今後の学校づくり・地域づくりを進める上で、全国一万八千余りの校長のバイブルとなるものである。全国の仲間と知恵を出し合い、「自ら未来を拓き、多様な人々とともに生きる力を身に付けた子どもの育成」のために創意工夫を凝らした学校経営を力強く推進し、課題を一つでも多く解決することを切に願っている。

二　激動の時代、変革の時代

学制が発布されて百五十年になる。これまでも時代の流れに翻弄されて教育は何が大切かを常に考え進んできた。私の父親は、第二次世界大戦で満州へ行き、戦後教員となって教育に携わっていた。当時の父の想いを書いた文章が手元に残っている。教育勅語のもと、天皇を神と仰ぐ教育から一転して、日本国憲法に基づく教育基本法が制定され、民主主義教育が始まった。この大きな変化に際し、父は混沌とした中で一年を教壇で過ごしたのち、二十五歳にしてこのような文章を残している。

「内外ともに多端な社会に立って、幾多の未来の夢を描きつつ教壇の民主化に挺身すべき使命を負って生く。眞に波瀾多き将来なのである。（中略）我々教育者も社会の一員として、前途幾多の難局を予想せらる再建日本にあって、如何に世に処して行くか、行くべきか？（中略）新年に当たり、我々教育者に課せられた使命の重大なることを感ずるが故に、尚更、可憐な子どもたちを放任して置くことが出来ない。（中略）今後はもっと綿密に、合理的に、科学的に教材を処理し、徹底した個人完成教育に努力すべきことを思ふ。それには何よりも勉強だ。そしてもっと努力して大学でも学びたい。我が日本を救ふものは、一にかかって現在国民学校に学びつつある学童の将来遺憾にある。混沌たる社会の波にもまれながら、世の光となって精進しつつある我々教育者は、断じて奮ひ立つべきである。殊に青年教師に於いて然りである。自重しつつ、斯道に黙々と精勵《せいれい》しよう。」

この文章を読んだのが、私が大学生の時。心が震えた。今の自分の年齢と変わらぬ時に、ここまで教育について強い想いをもっていたのかと……。戦後民主主義教育へ百八十度転換したからとはいえ、二十五歳の一教員がここまで将来の日本のことを考えていたのかと……。教育者自身が『世の光』となる！　教育を変える！　全ては将来の日本のために！　当時の教育者たちの強い想いに胸が熱くなった。

さあ、現代の我々である。

戦後民主主義への転換以来の大変革が、今起きている。Society5.0の超スマート社会を迎えるにあたり、我々教員は、発想の転換と教育内容・方法の大変革が求められている。近い将来、現在の多くの職業がＡＩ（人工知能）やロボットにとって代わられると言われて久しい。実際に新型コロナウイルス感染症拡大の影響もあり、ここ数年でも社会の様相は変化してきている。ドローン（無人航空機）が商品を運び、自動運転の車が走り、ロボットが料理を運んでいる。これからどのような社会となっていくのか。将来の日本を担う子どもたちにどのような力を付けていけばよいのか。我々教員は、「今の日本」だけを見ずに、「未来の日本の姿」を見据えて教育していかねばならない。ＩＣＴ機器を駆使して教育を行えばよいのではない。ＡＩに負けない人材を育てたらよいのでもない。将来、社会で活躍できる子どもたちを育てるために、今、小学校教育では何を大切にしていけばよいのか。どのような方向性を示していけばよいのか。文部科学省からの通達に頼るのではなく、我々校長自身が〝奮ひ立つ〟ときである。不確実な社会であるのは、戦後とも似ている。「我が日本を救ふものは、一にかかって現在国民学校に学びつつある学童の将来遺憾にある」。現在も同様である。令和の大改革の一役を担えることに喜びを感じ、誰一人取り残すことのない教育を目指して、全教職員・保護者・地域とともに邁進していきたい。

三　教育の本質とは

近年の新型コロナウイルス感染症の世界的な拡大により、予測困難であることが現実味を帯びた。先行きが不透明な中で、今後の社会状況の変化を見据え、どのように対処していくかが問われている。予測困難な時代だからこそ、目の前の状況から解決しなければならない課題を見付け、自分で考え、様々な立場の人が議論しながら満足のいく納得解を見いだす資質や能力が求められている。Society5.0 の社会に向けても、「自分のよい面や可能性を認識できる」「他者を尊重できる」「多様な人と協動できる」「豊かな人生を切り拓ける」「持続可能な社会を創れるような人物になる」といった資質や能力などが必要となってくる。そのことを考えた時に、ある人物の名前が浮かんだ。その名は、「斎藤喜博《さいとうきはく》」。群馬県出身の元小学校長である。

斎藤喜博は、彼の著書『君の可能性』の中で、このように述べている。

「人間はだれでも豊かな可能性を持っており、一人ひとりの人間としてのかけがえのない、尊さを持っているものである。そう考えて、一人ひとりの持っている尊さを、大切にしあっていかなくてはならない。一人ひとりの人間が、大人でも子供でも、一人の人間として生きていることが嬉しくてならない、と言うようにしていかなければならない。（中略）こういう大きな転換の時代には、何が正しく、何が真理かと言う事はなかなか一定していない。けれども、人間が人間としての値打ちを持ち、全部の人間が、人間としての値打ちを持ち、全部の人間が、人間としての値打ちを発揮しない限り、今の時代を切り抜けていく事はできないし、新しい輝かしい時代を作り出していく事はできないという事は確かである。それだけに今は、いつでもそうだが、今はいっそう、人間の個性とか想像力とかを否定してはならない。人間の持っている可能性を押しつぶし埋没させるようなことをしてしまってはならない。」

やはり教育の神髄は「不変」である。自動車が空を飛ぼうと、仮想空間で世界中どこへでも行くことができるようになろうと、誰もが一人一人の尊さを大切にすること。そして、一人一人の可能性を最大限に引き出していくこと。それが教育である。日本が目指すSociety5.0の社会には、これまでＳＦ漫画・映画でしか見たこともないような「もの」が目の前に現れてくる。しかし、そのような目に見える「もの」だけに惑わされることなく、先人の偉大な言葉を常に胸に抱きながら、「教育の本質」を見つめる教育活動をしていかなければならない。

四　おわりに

令和四年度全国連合小学校長会全国大会島根大会において、本会の大字会長が次のように述べている。

「教育は未来をつくる営みである。何とやりがいのある魅力的な仕事だろうか。学校教育を牽引するのは現場のリーダーである私たち校長である。常に自らを磨き志高く学び続け挑戦し続けていこう。」

そう、私たちは、将来の日本を背負って立つ人材を育成しているのである。そして学校組織のそのリーダーが私たち校長である。その自負と誇りを最大の活力にして、それぞれの学校で「令和の日本型学校教育」の確立に向けて突き進んでいただくことを期待する。

全国連合小学校長会副会長
大阪市立森之宮小学校長　上山敏弘

序章　「令和の日本型学校教育」の構築を目指す学校経営への提言

提言

1 「令和の日本型学校教育」の構築を目指す学校経営への提言

新たな時代にふさわしい持続的で魅力ある学校経営の実現
――「令和の日本型学校教育」の構築に向けた学校改革の推進――

東京都豊島区立椎名町《しいなまち》小学校長　原　香織

一　はじめに

令和四年九月四日、近代教育法令である「学制」が公布されてから、百五十年となる節目を迎えた。この間、日本の学校教育は、歴史、文化、国民性などの様々な背景のもと、知・徳・体のバランスのとれた学習指導と生活指導等を全ての子どもたちに保障し、全国で全人教育を推進することで、世界が注目する高い教育力を誇ってきた。

令和元年度より、幼稚園、小学校、中学校、特別支援学校及び高等学校の学習指導要領が年次進行で実施され、令和四年度で全ての校園種において新しい学習指導要領に基づく教育活動がスタートした。各学校では、学校・地域の特色を生かし、「社会に開かれた教育課程」を編成して、教育活動の充実に向けた取組を推進しているところである。

そのような中で、情報化の加速度的進展によるSociety5.0の到来、世界規模で拡大した新型コロナウイルス感染症の影響など、予測困難な問題が顕在化し、日本の学校教育は、これまで経験したことのない大きな変化に直面している。特に、新型コロナウイルス感染症の拡大により全国的な学校の臨時休業が余儀なくされた経験から、子どもたちの学びを保障するためにＧＩＧＡスクール構想を早急に実現し、感染症等への的確な対応と学習指導要領の着実な実施を両立していくことが、学校の大きな課題であり責務となった。

そこで、文部科学大臣は平成三十一年四月、中央教育審議会に「新しい時代の初等中等教育の在り方について」の諮問を行った。中央教育審議会は、Society5.0時代の教育・学校・教師等について整理し、これからの初等中等教育の在り方を総合的に検討して、令和三年一月、「『令和の日本型学校教育』の構築を目指して～全ての子供たちの可能性を引き出す、個別最適な学びと協働的な学びの実現～（答申）」をまとめた。

本答申を受け、学校経営の責任者である校長として、これまで実践してきた「日本型学校教育」のよさを継承しつつ、「令和の日本型学校教育」の構築に向けた学校改革を推進し、新たな時代にふさわしい持続的で魅力ある学校経営を実現したいと考える。

二　実現すべき「令和の日本型学校教育」の姿

1　これからの時代を生きる子どもたちに必要な資質・能力

現在の子どもたちは、生まれた時から高度に発達した情報化社会の中で育ち、その恩恵を当たり前のこととして享受しているデジタルネイティブである。そのため、学習指導要領の総則には、学習の基盤となる資質・能力として、「言語能力」や「問題発見・解決能力」とともに、情報を主体的にとらえ、適切かつ効果的に活用する力などの「情報活用能力（情報モラルを含む）」を、教科等横断的な視点から編成した教育課程を通じて育成を図ることが明記された。

さらに答申には、今後も急激に社会構造が変化し、予測が困難とされる時代を生き抜くために、「一人一人の児童生徒が、自分のよさや可能性を認識するとともに、あらゆる他者を価値のある存在として尊重し、多様な人々と協働しながら様々な社会的変化を乗り越え、豊かな人生を切り拓き、持続可能な社会の創り手となることができるよう、その資質・能力を育成することが求められている。」と示された。具体的な例として、従来の学校教育で系統的に育成してきた読解力、表現力、豊かな情操や規範意識、自他の生命の尊重、自己肯定感・自己有用感、他者への思いやり、コミュニケーション能力、人間関係の構築力、困難を克服し最後まで成し遂げる力、公共の精神、体力・健康等が挙げられている。加えてＳＤＧｓ（持続可能な開発目標）等を踏まえ、地球規模の課題について子ども一人一人が自らの問題として考え、持続可能な社会づくりにつなげていく力を育むことも求められている。

正解のない問題が次々と発生するこれからの時代、どんなにＡＩ（人工知能）が発達しても、多様な立場や経験をもつ者が主体的に考え議論し、協働して最適解を生み出す力は、人間だからこそ培える資質・能力だと考える。校長はリーダーシップを発揮して、学習指導要領を着実に実施しながら「令和の日本型学校教育」を構築し、これらの資質・能力の確実な育成を図るとともに、ＤＸ（デジタルトランスフォーメーション）を推進するなどして、時代のニーズに応じた学校教育を創造したい。

２　「令和の日本型学校教育」が目指す学び

これからの時代を生きる子どもたちに必要な資質・能力の育成のためには、現在直面している子どもの貧困、虐待、いじめやヤングケアラー等の問題、少子化や子どもたちの多様化、更には、世界トップクラスの学力があっても、情報化への対応が不十分であることなどに対応した学びの改革を推進する必要がある。

答申では、目指すべき学びの在り方を「全ての子供たちの可能性を引き出す、個別最適な学びと、協働的な学び」の実現とし、各学校段階における学びの姿が明示された。

「個別最適な学び」とは、「指導の個別化」と「学習の個性化」を子どもの視点から整理した概念である。「指導の個別化」とは、子ども一人一人の特性や習熟度等に応じ、重点的な指導や指導方法等を工夫し、子どもも自己調整をしながら、学習内容の確実な定着を図ることである。一方、「学習の個性化」とは、子ども一人一人の興味・関心等に応じた学習活動や課題を提供して主体的な学びを最適化し、学習を深め広げていくことである。

一方、「協働的な学び」は、「個別最適な学び」の成果を生かしつつ、個々の学びが孤立しないように配慮しながら、探究的な学習や体験活動等を通じてあらゆる他者を尊重し、協働しながら様々な社会的変化を乗り越え、持続可能な社会の創り手となるために必要な資質・能力を育成する学びである。「協働的な学び」においては、個が集団に埋没することがないように教師や子ども同士の関わり、地域や専門家等との交流などを充実させ、様々な考え方が組み合わさり、よりよい学びを生み出すことができるようにカリキュラム・マネジメントの充実を図ることが大切である。

「個別最適な学び」の成果を「協働的な学び」に生かし、「協働的な学び」の成果を「個別最適な学び」に還元するなど、ＩＣＴを効果的に活用しながら両者のスパイラルを構築し、ＰＤＣＡサイクルを確立して、「個別最適な学び」と「協働的な学び」の一体的充実を目指したい。

３　新たな学校像と教職員像

Society5.0 時代の到来に向けて、様々な社会の変化や多様なニーズに柔軟に対応し、高い教育力を維持する「教育のプロ集団」としての新たな学校像を掲げ、学校改革を進めたいと考える。しかし、学校の人的資源は限られている。そこで、学校という枠を外して多様な知識・経験をもつ外部人材や、大学・企業等の外部機関との連携・協働体制を構築して、多様性と柔軟性を備えた「チーム学校」を組織する。校長は、リーダーシップを発揮して、「チーム学校」を最大限に機能させ、学校教育目標の実現を目指す。

また学校は、子どもたちが自らの将来を見通し、社会の変化に柔軟に対応しながら自己のキャリア形成と関連付けて学び続ける、生涯学習の基盤を培う場としての役割もある。そこで、教職員の意識改革と資質・能力の向上を図り、「教育のプロ集団」として、各学校段階の連続性を図りながら、家庭・地域と連携した質の高い教育活動を推進したい。

そのため、教職員が様々な変化を前向きに受け止め、常に自己研鑽を図り、子ども一人一人の主体的な学びを最大限に引き出す役割を果たすことができるよう、組織的な人材育成を図る。校長は、各自治体と連携して教員の働き方改革にも積極的に取り組み、新しい時代の学びを支える教育環境を整える。そして、教師が創造的で魅力ある仕事であることを広く発信し、教師自身もそのことを自負して職務に邁進する姿を目指す。

三　今後の改革の方向性

答申には、今後の改革の方向性として、「①学校教育の質と多様性、包摂性を高め、教育の機会均等を実現する。②連携・分担による学校マネジメントを実現する。③これまでの実践とＩＣＴとの最適な組み合わせを実現する。④履修主義・修得主義等を適切に組み合わせる。⑤感染症や災害の発生等を乗り越えて学びを保障する。⑥社会構造の変化の中で、持続的で魅力ある学校教育を実現する。」の六点が示されている。

これらを踏まえ、私は次の二点を重点として、「令和の日本型学校教育」の実現を目指す。

1　地域人材・資源活用を主軸とした新たなグランドデザインの構築

「令和の日本型学校教育」の構築には、学習指導要領に示された「社会に開かれた教育課程」という理念の実現が不可欠である。学校の教育目標の実現に向けて、学校や地域の特色を生かし、地域の人的・物的資源を最大限に活用した新たなグランドデザインを構築して、社会との共有・連携を図っていく。

本校は令和四年度、「東京都地域人材・資源活用推進校」の指定を受けたことを機に、この研究を新たなグランドデザインの柱に位置付け、刷新を図った。今まで多くの地域・保護者や専門家、大学等の外部機関と連携・協働してきたカリキュラムを整理し、人材活用については「椎小学びのサポーター」として一本化し、「チーム学校」に組み込んだ。そして、歴史ある地域の文化財や大学、公共施設等を「第二の教室」と名付け、カリキュラムの改善や新規開発を行い、学校教育全体のモデルチェンジを図った。現在は、新たなグランドデザインの下、常に情報を発信しながら、全教職員と地域・保護者、関係諸機関が連携・協働し、研究を推進しているところである。今後も、定期的な関係者による協議会を通して、ＰＤＣＡサイクルを確立し、これからの時代にふさわしい学校教育へと改革を推進していく。

２　ＩＣＴを活用した授業デザインによる学びのモデルチェンジ

ＧＩＧＡスクール構想により、全国で一人一台端末等のＩＣＴの導入が進み、新たな学びをより効果的に実現する環境が整いつつある。

デジタル教科書・教材の活用や子ども一人一人の学習履歴（スタディ・ログ）に基づくＡＩの教材作成等は、「個別最適な学び」を充実させている。また、遠隔・オンライン教育により、時間的・場所的な制約を超え、家庭や地域、海外とも容易に交流できるなど学びの場や機会も増大している。このようなＩＣＴを活用した「協働的な学び」の場を意図的に設定することで、子どもたちが多様な他者と学び合い、協働して学習を深め広げることも可能となっている。

また、本校では、従来の日本型学校教育に、ＩＣＴを効果的に組み合わせた新たな学びをデザインし、これからの時代を生きる子どもたちに必要な資質・能力の育成を図っている。ＩＣＴを活用した授業デザインにおいて前提となるのは、教師がデジタルとアナログの特性を十分に理解し、それぞれのよさを効果的に活用する力を身に付けることである。

その上で、教科等の目標達成に向けて、授業のどの場面〈導入・展開・終末〉で、どのような学習形態〈一斉学習・個別学習・協働学習〉でＩＣＴを活用するかを意図的にデザインする。例えば、体育の授業の導入で、全員に学習活動の見通しをもたせるために、一斉学習として大型モニターに今の学習の流れを図式化して提示する、などである。一人一台端末の導入により、学校の授業だけでなく校外学習や家庭学習での活用も現実のものとなり、授業デザインの可能性は更に広がっている。

新たなグランドデザインに基づくカリキュラムは、ＩＣＴを活用した授業デザインが日常化されることを前提とする。そのため、教師一人一人がＩＣＴ活用の技能を高め、専門性を発揮した授業をデザインするとともに、十分な効果が検証された授業は「授業デザイン・モデル」として蓄積・共有することで、組織的に学びの質を高めていく。

さらに、ＩＣＴを活用した新たな学びを充実させるには、学校・家庭・地域はもとより国や自治体、大学・企業等との連携・協働が欠かせない。校長自らが、変化に柔軟に対応し、あらゆる機会をとらえて学びのモデルチェンジを推進し、「チーム学校」が一丸となって、全ての子どもたちの可能性が発揮される授業改善に取り組む学校を創る。

四　おわりに

「学制」の公布から百五十年、学校は常に教育の中心にあり、教師は子ども・家庭・地域の「先生」として、社会に貢献し尊敬される存在であった。この間、時代の変化とともに改訂された学習指導要領に基づき、教師の総合的な指導の下、全ての子どもたちに知・徳・体を一体的に育む「日本型学校教育」が確立し、その成果は社会の発展に大きく寄与している。

今後、Society5.0の到来や予測困難な時代になろうとも、従来の「日本型学校教育」のよさを「不易」として継続し、生涯学習や地域社会のプラットフォームとなる学校を維持・発展させる。また、「令和の日本型学校教育」の構築を「流行」としてとらえ、子どもたちがＩＣＴを活用しながら主体的に学び、多様な人々と協働して、たくましく未来を切り拓く姿、そして教師は、「チーム学校」の一員として、新たな学びをデザインし、生き生きと働く姿を目指す。校長として、不易と流行を見極め、新たな時代にふさわしい持続的で魅力ある学校経営の実現に全力を尽くすことを誓い提言とする。

第一章　新しい時代の教育施策に即応する学校経営

提　言

新しい時代の教育施策に即応する学校経営

――「省察」と「協働」を通して進める、持続的で魅力ある学校づくり――

福岡県太宰府市立太宰府《だざいふ》小学校長
浦　田　貴　子

一　はじめに

平成三十一年四月、文部科学大臣からの諮問「新しい時代の初等中等教育の在り方について」を受けて、令和三年一月に中央教育審議会（二〇二一）の答申である「『令和の日本型学校教育』の構築を目指して～全ての子供たちの可能性を引き出す、個別最適な学びと、協働的な学びの実現～」が出された。これらの諮問、答申が出された背景には、社会構造の変化やSociety5.0時代の到来等による、学校が直面している様々な課題がある。いま、学校が抱える課題は、諮問が提出された平成の最後に突然現れてきたわけではなく、それ以前の平成の早い段階から現場の教職員は実感していた。

今回の答申において教育の在り方の検討が行われた「外国人児童生徒等の増加」を例に取ってみると、文部科学省（二〇二二年発表）が令和三年度に実施した「日本語指導が必要な児童の受入状況等に関する調査」において、公立小学校等に三八、七三九人の日本語指導が必要な児童生徒が在籍し、そのうち、「特別の教育課程に基づく指導を受けている児童」は、二八、五九六人（七三・八％）であり、約一万人の児童は特別な教育課程に基づく指導を受けておらず（文部科学省　二〇二一年資料より）、外国籍等の児童に対する指導・支援体制は十分整えられているとは言い難い状況がある。このことは、日本生まれで日本育ちの高校生の中途退学率一・〇％、高校卒業後の非正規雇用率三・三％、卒業後に進学も就職もしていない割合六・四％に対して、日本語指導が必要な高校生等の生徒の中途退学率は五・五％、高校卒業後の非正規雇用率三九・〇％、卒業後に進学も就職もしていない割合一三・五％と、途中退学や高校卒業後の進路に開きが生じている。この進学・進路状況と日本語指導が必要な児童生徒に対する指導・支援体制の整備状況とは、無関係とは言い切れないだろう。外国人児童生徒等は、日本生まれで日本育ちの児童と同様に、これからの日本を支える人材となるべき存在と考えられるが、義務教育修了後の進路の状況からは、既に教育の段階を超えて、日本社会に影響が出始めていることが分かる。

このように、教育施策の実現と学校現場で生じている変化との間には、かなりの時差が生じているが、国の教育政策を確定するには、多くの時間を要するのが常である。小学校長会として、現場の児童と教職員を守るために、国に要求を続けていくことは必要であるが、まずは自校の学校経営の工夫によって、わずかでも課題を改善していきたい。このように、「令和の日本型学校教育」の構築に向けて、国全体で教育の枠組みを変えていこうとする動きの中で、全ての児童の学びの充実のために、これまでの学校経営の在り方を見直し、既存の方法に固執することなく柔軟に考え、新しい時代の教育施策に即応できる学校組織へと変革させたい。

そこで、本稿では、新しい時代の中で進める、持続的で魅力ある学校づくりの方法について、「省察」と「協働」という二つのキーワードを通して提言する。

二　新しい時代の中で進める、持続的で魅力ある学校づくり

1　新しい時代に対応する「省察」

新しい時代においては、学校教育を取り巻く環境の変化を前向きに受け止め、全ての児童に対して、社会において自立的に生きる基礎や、国家や社会の形成者として必要とされる基本的な資質を養うことが期待される。そのためには、組織として教育活動に取り組む体制を整備し、課題が生じているものについては、これまでの教育活動を思い切って見直していく必要が出てくる。また、その見直しの過程においては、正解ではなく、最適解を導き出そうとする柔軟な姿勢が求められる。

平成二十九年に告示された現行の学習指導要領には、「予測困難な時代の到来」という表現があるが（文部科学省二〇一七）、平成二十九年時点ではその到来はまだ先のことと予想していた。しかし、新型コロナウイルス感染症の感染拡大という予測困難な状況によって、見事にその予想は現実のものとなった。令和二年二月の全国一斉臨時休業に伴って、多くの学校で混乱が生じたことは記憶に新しい。

これまで、本校を含めた多くの小学校で、多くの教育活動が前年度踏襲で行われてきた。例えば、卒業式を例に取ると、Ｐ（計画）Ｄ（実施）Ｃ（評価）Ａ（改善）というサイクルで、毎年いわばマイナーチェンジを行いながら儀式的学校行事を次年度につなげてきた。前年度までの枠組みの中で卒業式を実施すれば、資料も豊富に残っているために、全員の共通理解を得るのにも、準備等にも時間がかからない。また、決まっている枠組みについては検討する必要が無いため、児童の実態に応じて卒業式の内容をじっくりと考える余裕ができ、行事としての深まりが期待できるという良さもある。このように、前年度を踏襲すると、省力化や深化が促進されるという良い面がある。しか

し、この前年度を踏襲する方法は、時代や環境、児童の実態に変化がない場合は有効であるが、全国一斉臨時休業のような状況下では機能しなかった。今までのやり方が通じない状況下で、どのようにしたら卒業式ができるのかという、これまでとは全く異なる議論が全国各地の学校で展開されたはずである。新しい時代の学校づくりに必要なのは、前年度を踏襲するだけに留まらず、予期せぬ事態が起こった時に教育活動の枠組み自体を速やかに変更していく方法をもつことではないだろうか。

組織学習論には、「シングル・ループ学習」と「ダブル・ループ学習」という概念がある。マサチューセッツ工科大学の経営学者のピーター・センゲ（P.Senge 二〇一二）は、「学習する組織（Learning organization）」論を提唱し、その著書の一つである「学習する学校（Schools that Learn）」の中で、「シングル・ループ学習」と「ダブル・ループ学習」の省察の違いを図1に表した。

前述PDCAのサイクルのC（評価）が、この「シングル・ループ学習の省察」に当たると考えられる。この省察では、行動し、観察し、省察し、決定し、再度行動するだけにとどまり、既存の枠組みを変えるには至らない。それに対して、「ダブル・ループの省察」は、行動し、観察し、省察を通して再考し、枠組みの再構成に進み、再構成された枠組みについて省察を行い決定して行動するという、探究的な流れが生み出され、これまでに経験したことのない課題についても対応

図1　省察のシングル・ループとダブル・ループより

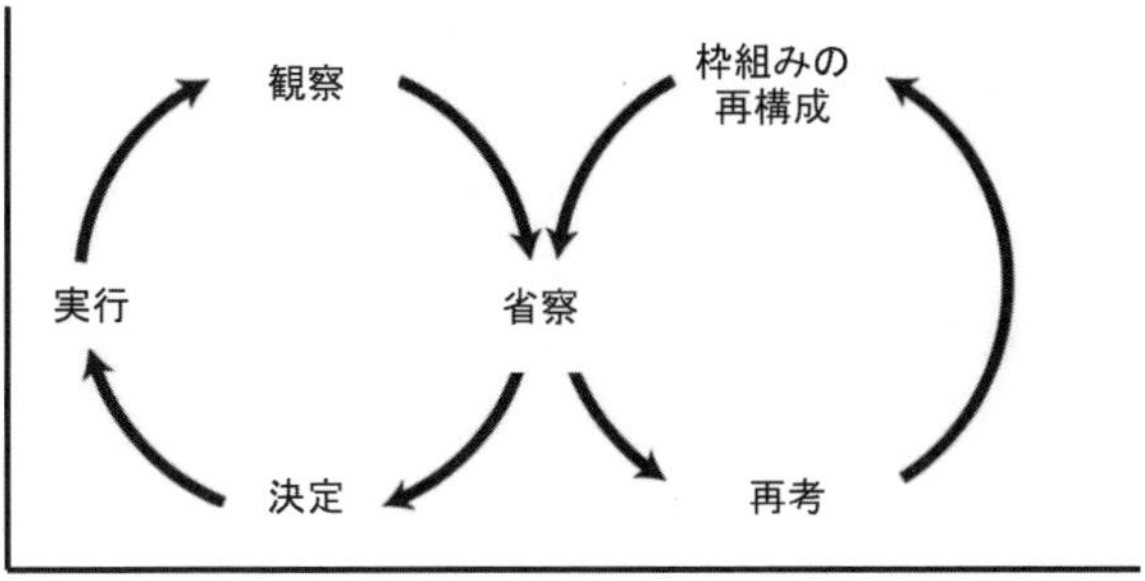

出典加筆：「学習する学校」（ピーター・M・センゲ 2014）

が可能になる。全国一斉臨時休業下で行う卒業式の模索は不本意ではあったが、結果として「ダブル・ループ学習の省察」になったと言える。

以上のように、図1の中央に位置する省察の方向性の違いによって、既存の枠組みを変えられる「ダブル・ループ学習」に移行するかどうかが決まる。この省察の方向性を決めるに当たって、組織のリーダーとしての校長の役割は大きい。校長は、来年度以降について考えるのはもちろんのこと、児童らが成人となる十年先を見据えている。また、在籍校を取り巻く様々な課題やリソース等を総合的に判断することによって、省察の方向性についての見通しをもっておく必要があると考える。このように、新しい時代の中で学校経営を行っていくには、「シングル・ループ学習の省察」だけでなく、既存の枠組みを変えられる「ダブル・ループ学習の省察」が必要となり、そのためには将来を見通した校長の確かなビジョンが求められる。

2　求められる組織としての協働

現在の学校では、教育課題が多様化、複雑化しており、学級担任等が一人で対応することは難しく、学校全体で知恵を絞り、組織として対応することが求められる。しかし、元来、学級担任制を基本としてきた小学校は、「個人の裁量に依存した個業化の傾向になりやすい」（佐古秀一　二〇〇六）という特徴がある。そのため、校長がリーダーシップを発揮して、これまで行ってきた教育活動を見直したり、学校組織として協働できるようにする必要がある。

これまでに、筆者も公立小学校の校長の一人として、教育課題や経営課題に対応するために、より効率的で効果的と考えられる新しい教育活動の導入を試みた。しかし、総論では賛成を得られても、各論になると反対された経験があり、人の意識や行動の変化を促すことの難しさを日々実感している。そのような校長としてのジレンマを抱える中で出会ったのが、センゲ（P.Senge 二〇一一）の著書『学習する組織』においての「人は変化に抵抗するのではない。

変化させられることに抵抗するのだ。」という言葉である。これを学校に置き換えて考えると、「教員は変化に抵抗するのではない。他者に、上から変化させられることに抵抗するのだ。」とも言い換えることができるのではないだろうか。これまでの教育活動を見直した結果、新しい教育活動に進む変化を起こさせる二つの方向性が見えてきた。それは、「教員自らが状況を理解して選択肢を明確にし、どのように行動すればよいかという見通しをもつこと」、そして教員間の主体的な変化を促すために、「校長が直接的に変化を促すのではなく、同僚（自分たち）に働きかけること」の二つである。つまり、校長はリーダーシップを発揮しながら、多様化、複雑化してきた教育課題への対応や新しい教育活動への方向性を決め、管理職とは異なる、直接子どもに関わるという同じ立場にある同僚に働きかけることを通して、教員らが自らの力で変化を生み出す方法にこそ可能性が見いだされる。

3　ミドルリーダーを中心とする協働の仕組み

多様化、複雑化してきた教育課題への対応や新しい教育活動を推進するためには、ミドルリーダーの力が必要となる。ミドルリーダーが同僚性に働きかけ、主体的な変化を生み出す中心的な役目を担うことで、学校組織として教育課題への対応や新しい教育活動の推進が可能になると考えられる。これまでもミドルリーダーへの期待は、ミドル・アップダウン・マネジメントの要として重視されてきたが、今後はますますその役割が重要になってくる。多様化、複雑化してきた教育課題への対応や新しい教育活動の創造に正解などはなく、教員間で話し合いながら最適解を導き出していかねばならない。その場合において、管理職である校長が前面に出れば、人から変えられるという受動的な意識が生じやすくなる。一方、ミドルリーダーは同僚との距離が近いために、「共に変わろう」という意識が教員間に生まれやすいだろう。

このように、学校組織においてミドルリーダーの役割はますます重要になってくると考えられるが、校長としてミドルリーダーが機能するためには、何をどのようにするべきか。川上（二〇二一）は、中堅教員（ミドルリーダー）が管理職のリーダーシップを支持的にとらえるには、ミドルリーダーが仕事の相談をする同僚の存在が重要であること、またミドルリーダーが管理職のリーダーシップを支持的に受け止めていること、同僚である周囲の教員からのサポートを受けられていると感じることができることを明らかにしている。川上（二〇二一）の知見から、校長がミドルリーダーを機能させるためにできることは、ミドルリーダーが校長の意図を肯定的に受け止められるように丁寧な指導を行うことと、ミドルリーダーが同僚と相談できる環境を整えることの二つが考えられる。特に、ミドルリーダーにとって、管理職以外の同僚との相談は重要であることから、その機会を定期的、または不定期に保障する必要がある。

　そこで、校長は教頭と連携しながら、ミドルリーダーが同僚と相談でき、ミドルリーダーを中心として、全教職員で協働できる組織体制を構築する必要がある。筆者の勤務校では、学校の課題に合わせて、校務分掌の枠を超えて動くことのできる「チーム」を導入している。図2は、不登校児童対応についての「不登校児童支援チー

図2　ミドルリーダーを中心とする不登校児童支援チーム（例）

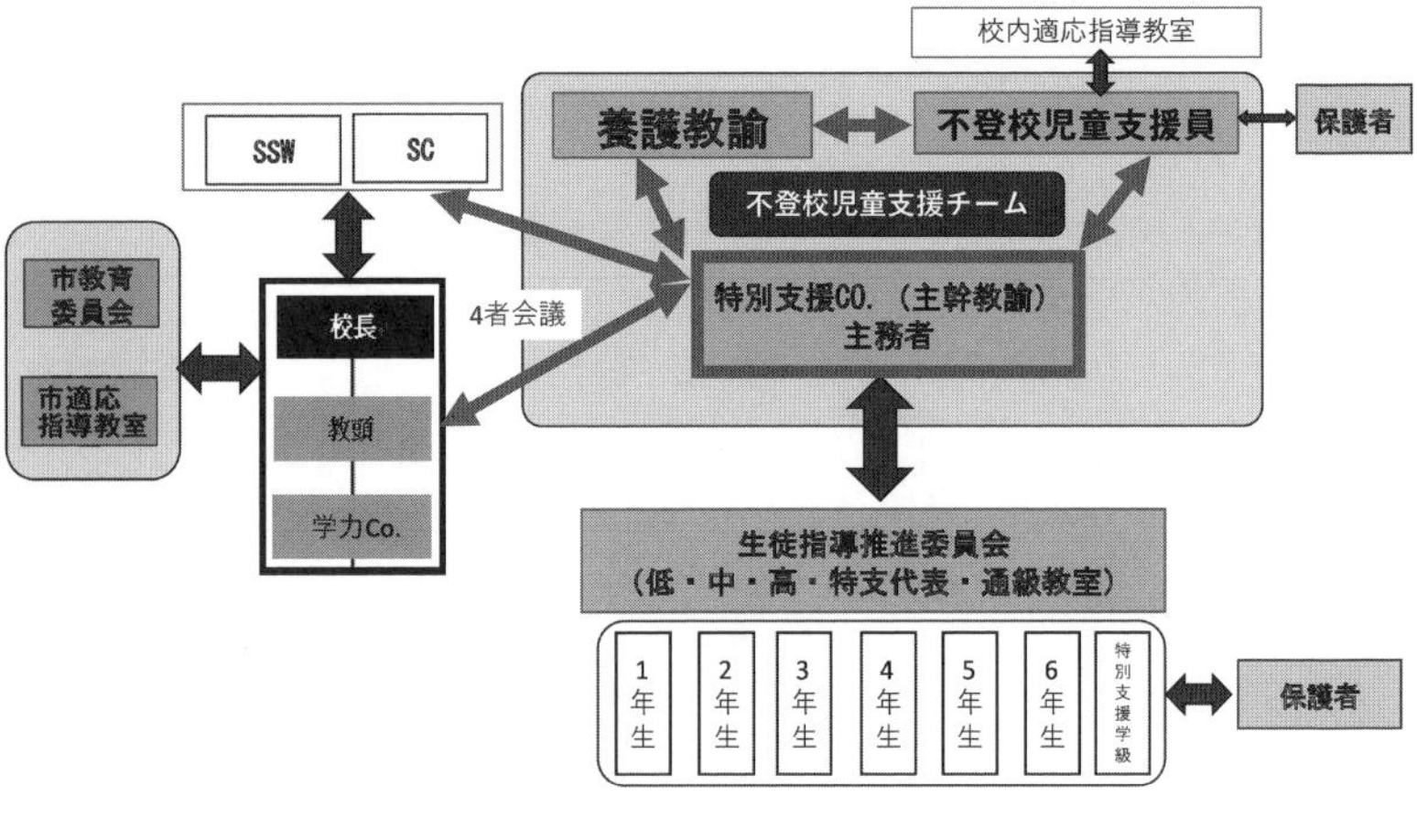

ム」の組織図である。このチームは、ミドルリーダー（特別支援コーディネーター）、養護教諭、不登校児童支援員の三人で構成し、三人が不定期に集まって相談できる場とした。ミドルリーダーは、「チーム」で相談して作成したアイデアを、各学年が所属する校務分掌組織「生徒指導推進委員会」にて提案し、承認を受けたり、アイデアの付加修正を行ったりする。ここで決定したことは、各学年代表によって全ての教職員に共有され、それをもとに全教職員で協働する仕組みとなっている。また、図2中の「四者会議」は管理職がミドルリーダーからの報告、連絡、相談を受ける場として設置し、こうした場を用意することにより、ミドルリーダーが一人で問題を抱え込むことを未然に防止することを意図している。このように、ミドルリーダーが中心となり、全職員で情報を共有し、協働できるようにするためには、意図的な仕組みが必要であると考える。こうした意図的な仕組みを用意することにより、ミドルリーダーがその年度末に、「〇〇を担ったおかげで、成長できた。」と実感してもらえることがなによりである。

三　おわりに

現在、幼児教育との連携、九か年の義務教育、特別支援教育、外国人児童生徒等の教育、ＩＣＴ活用、感染症対策、災害発生時の緊急対応等の様々な課題に対する教育施策への対応が、学校現場に求められている。次々と新しい課題の出現により、教育現場では目標を見失いがちになる。

学習指導要領総則（文部科学省　二〇一七）の第一章総説には「子供たちが様々な変化に積極的に向き合い、他者と協働して課題を解決していくことや、様々な情報を見極め知識の概念的な理解を実現し情報を再構成するなどして新たな価値につなげていくこと、複雑な状況変化の中で目的を再構築することができるようにすることが求められている。」とある。今、私たち教師こそ、この力を発揮すべき時ではないだろうか。私たち教師が、試行錯誤を繰り返しながら様々な変化に積極的に向き合っている姿を、きっと子どもたちは傍で見て学んでいるはずである。手を緩めてはいられない。

〈参考文献〉

川上泰彦（二〇二一）「教員の職場適応と職能形成」、株式会社ジアース教育新社
文部科学省（二〇二一）「『令和の日本型学校教育』の構築を目指して〜全ての子供たちの可能性を引き出す、個別最適な学びと、協働的な学びの実現〜（答申）」
https://www.mext.go.jp/b_menu/shingi/chukyo/chukyo3/079/sonota/1412985_00002.htm（二〇二二年十月一日参照）
文部科学省（二〇二二）「日本語指導が必要な児童生徒の受入状況等に関する調査（令和三年度）」の結果（速報）について
https://www.mext.go.jp/b_menu/houdou/31/09/1421569_00003.htm（二〇二二年十月一日参照）
文部科学省（二〇一九）「新しい時代の初等中等教育の在り方について」（諮問）
https://www.mext.go.jp/b_menu/shingi/chukyo/chukyo0/toushin/1415877.htm（二〇二二年十月一日参照）
文部科学省（二〇一七）「小学校学習指導要領解説 総則編」株式会社東洋館出版社
ピーター・M・センゲ（二〇一一）枝廣淳子、小田理一郎、中小路佳代子訳「学習する組織―システム思考で未来を創造する―」英治出版
ピーター・M・センゲ、ネルダ・キャンブロン＝マッケイブ、ティモシー・ルカス、ブライアン・スミス、ジャニス・ダットン、アート・クライナー（二〇一四）リヒテルズ直子訳、「学習する学校―子ども・教員・親・地域で未来の学びを創造する―」英治出版
佐古秀一（二〇〇六）「学校組織の個業化が教育活動に及ぼす影響とその変革方略に関する実証的研究―個業化、協働化、統制化の比較を通して―」、鳴門教育大学研究紀要、第二十一巻

実践事例

1　幼児教育との連携を推進する学校経営

町の将来を託す保小連携の取組

秋田県鹿角《かづの》郡小坂《こさか》町立小坂小学校長
奈　良　　育

〈本校の概要〉

本校は、児童数一四〇名（八学級）の中学校併設型小学校で、小中共通の学校教育目標は「『生きる力』と『ふるさとを愛する心』をもった児童生徒の育成～つながり、かかわり、豊かに学ぶ～」である。平成二十五年からの小中一貫教育が本校最大の特徴である。教員は全員が小中学校教員を兼任しており、小から中へ、中から小へといった、乗り入れ授業を多数実施している。

学校設置者の秋田県鹿角郡小坂町は秋田県の最東北に位置し、精錬工業と農業・観光業が主な産業であり、学校は保小中高それぞれ一園・一校がある。

一　はじめに

本校のある鹿角郡小坂町は、明治以来、日本有数の銅山として栄えた鉱山が経済基盤となってきた。資源枯渇後もレアメタル抽出等の都市型鉱山企業が観光業とともに町の発展を支えている。

しかし、少子化は止まるところを知らず、平成二十五年度より、町は小坂町総合教育エリア構想による小中一貫教育をスタートさせた。それまであった小学校四校・中学校二校を年次計画で一カ所に集約し、中学校併設型小学校と小学校併設型中学校を一体型校舎に収め、教育委員会のある施設（公民館・町立体育館等も含まれている）へも渡り廊下でつなげた。総合教育エリア構想は小中一貫教育のみならず、それぞれ一つずつある保育園（小中学校から徒歩五分）・高等学校（同じく徒歩十分）と町立小中学校との連携も想定している。時期を同じくして町内に二つあった保育園も一つとなった。県立高等学校も一校であるため、町に在住する幼児から高校生まで全ての子どもたちを包括的に町ぐるみで育てる理念を掲げている。その根底には、将来の町を担っていくべき人材を、系統立てた「ふるさと・キャリア教育」と「町内異校種間連携」によって育成したいという、地域存続のための切実な願いが込められている。

私は平成二十八年度に統括教頭（小・中にはそれぞれ教頭がおり、統括教頭は小中の連携の要となる。校長は小中兼任で一人である。）として一年間勤務し、町の現状と願いを痛切に感じた後、令和三年度より校長として赴任した。

二 具体的な実践

1 職員会議での理念の説明

まずは、年度当初の職員会議で、町の状況と総合教育エリア構想について説明を行った。以前の統括教頭としての経験があり、内容についてはほぼ理解しているつもりであったが、改めて町教育委員会に確認をして職員会議に臨んだ。

初めてこの学校に赴任する職員の中には、小中兼任に難色を示す者もいた。教頭・事務職員・養護教諭を除く全ての教職員が、小中兼任であり、よって異校種への乗り入れ授業も多数ある。しかし、町教育委員会職員と協力して丁寧に説明をすることで理解を得た。また、教育長講話を設定してお話しいただき、教職員の更なる啓発を行った。

私の説明の中では、保育園や高等学校との連携も重要な要素であることを強調した。本校の小中共通学校経営グランドデザインでは六つの戦略を立てているが、その一つが「町づくり」である。その一番目の施策に「保小連携の充実」を設定した。もちろん次項は「中高連携の充実」である。保育園・小学校・中学校・高等学校とつながる一連の教育活動が、互いの連携によってスムーズに進むことによって、児童生徒のキャリア発達に資するのはもちろん、町への愛着や貢献しようとする心情を育むことになるとの考えからである。まさに、学校教育目標「『生きる力』と『ふるさとを愛する心』をもった児童生徒の育成～つながり、かかわり、豊かに学ぶ～」の具現化である。

2　保小連絡協議会

保育園・小学校からそれぞれ管理職や教諭・保育士・養護教諭等六名ほどが出席して、毎年六月に定例会を開催し、年度の連携活動の計画を確認するとともに児童・園児の様子等を情報交換する。年度末には就学児の情報交換会を開催して評価する。校長は会長を務め、副会長である園長と協力しながら、町の意向に沿った効果的な連携事業を推進しなければならない。幸い、保育園長も町在住の方であり、町の状況や町教育委員会の考えも熟知しているので、連携は非常に行いやすかった。

(1)　共通実践事項

毎年、保小の共通実践事項を決定している。これまで「自分の思いを相手に伝える力の育成」「話の聞き方と鉛筆の持ち方、正しい姿勢の指導」「家庭との連携の在り方」等が設定されていたが、令和四年度は「生活リズム習慣の確立（起床・就寝・排便・着替え・時刻）」となった。その年度の主に年長児・小学一年生の状況に合わせて設定している。

(2)　アプローチカリキュラムとスタートカリキュラム

保育園における年長児の九月から三月までの間の小学校生活に向けての学び・生活習慣等について身に付けておくべき素養と、小学校における新入生の四月から五月までの学習・生活への順応に向けたカリキュラムを作成して、学校・保育園間で共有し、全職員に周知した。

小学校では、保育園が提唱する「身に付けておくべき素養」をきちんと把握し、スタートカリキュラムに反映させなければならない。①健康な心と体　②自立心　③協同性　④道徳性・規範意識の芽生え　⑤社会生活への関わり　⑥豊かな感性と表現　⑦思考力の芽生え　⑧言葉による伝え合い　⑨自然との関わり・生命尊重　⑩数量や図形・文字などへの感心・感覚　であるが、それを受けて、七つの教科・道徳・学級活動で少しずつ取り組む計画を立案させた。

この期間には、お互いに教職員が学校・保育園を訪問し観察・評価・情報交換を行っている。小学校にとっては就学前の幼児の実際の状況を知ることのできる貴重な機会となっている。

保育園で作成した「アプローチカリキュラム」

アプローチカリキュラム（10月～３月）　小坂　園

	聞く力	生活する力	関わる力
保育の視点	●話を最後まで静かに聞く力を養う ●読み聞かせを静かに聞く力を養う ●話を聞く時は、話す人の方を見て聞く力を養う	●身の回りのものを片づける力を養う ●食事や遊びの後、友だちと協力して片づける力を養う ●決められた時間の中で活動や片づけをする経験を重ねる ●生活や遊びの中でルールを守る経験を重ね安全意識を高める	●進んで周りの多くの友だちと関わる力を養う ●めあてに向かい友だちと協力してやり遂げる経験を重ねる ●自分の思いを自分なりの言葉で話す経験を重ねる ●自分と関わる人や場所に応じた言葉使いや関わり方を知らせ社会性を養う
働きかけのポイント	●保育室の正面を決め、落ち着いて話を聞く時間を長くする ●読み聞かせの機会を多くもち、静かに聞く経験を重ねる ●話を聞く時は、話す人の方を見て 集中する活動を設ける	●個人のロッカーの整理整頓をさせるようにする ●役割分担をさせ、友だちと協力して片づける活動を設ける ●時計の針を意識させ、時間の見通しをもって生活させる ●散歩で小学校まで歩き車の交通量が多いところや見通しが悪く危険な場所などに気づかせる	●小学校の子ども達との交流の機会を多くもつ ●遊びや行事の中で役割分担し友だちとやり遂げる活動を設ける ●行事や日常生活の中で表現する場を多く設ける ●正しい言葉使いや行動がとれるような経験をさせる

↓

幼児期の終わりまでに育ってほしい幼児の具体的な姿
● 健康な心と体　●自立心　●協同性　●道徳性・規範意識の芽生え　●社会生活との関わり ● 思考力の芽生え　● 言葉による伝え合い　●自然との関わり・生命尊重 ● 数量や図形、文字などへの関心・感覚　● 豊かな感性と表現

小学校で作成した「スタートカリキュラム」

スタートカリキュラム

	【第１週】　はじめまして学校					
朝学習				4/7(木)	読み聞かせ（学担）8(金)	
1					<生活> おべんきょうがはじまるよ ・引き出しの整理 ・ロッカー、靴箱、トイレ、雨具かけの使い方	
2				<学校行事> 9:30～ 入学式 <学活> 今日から１年生	<国語> おべんきょうがはじまるよ ・立ち方、座り方 ・個人写真撮影	
3					<国語> どうぞよろしく ・挨拶、返事の仕方 ・自己紹介	
4					<生活> みんなで給食 ・準備 ・楽しく食事 ・後片付け	
5					<学活> げんきに帰ろう ・帰りの準備の仕方	
下校					14：30	

※「身体測定」「交通安全教室」が１週目，または２週目に行われる。

	【第２週】みんなとなかよし				
朝学習	着替えの仕方 11(月)	読み聞かせ（学担）12(火)	読み聞かせ（学担）13(水)	日直：ゆうたろう 体育着に着替え 14(木)	日直：かな 読み聞かせ（学担）15(金)
1	<生活> 学校探検１ （２・３階） ・トイレの使い方	<国語> ・書く姿勢 ・運筆 ・なぞりっこ	<国語> ひらがな「い」「ち」	<国語> 名前を書こう	<算数> なかまづくりとかず
2	<行事> 身体測定 ・番号順整列の仕方 ・体育座り ・静かに待つ	<生活> 学校探検２ ・廊下の歩き方 ・ホール、体育館の使い方	<算数> 数字を書こう 「1」「2」	<体育> みんなで並ぼう ・整列、集合	<学活> 聴力検査 →　ぬり絵
3	<国語> いいてんき ・絵を見てお話しよう ・発表の仕方	<図工> すきなものいっぱい ・クレヨン、パスティックの使い方	<音楽> みんなで歌おう ・校歌 ・君が代	<生活> 学校探検２ （１階）	<国語> ひらがな「ね」「ん」
4	<音楽> みんなで歌おう ・校歌	<図工> すきなものいっぱい ・クレヨン、パスティックの使い方	<国語> いいてんき ・絵を見てお話しよう ・発表の仕方	<算数> なかまづくり	<体育> 運動会の練習をしよう ・徒競走の走り方
5	<学活> げんきに帰ろう ・配付物の渡し方	<行事> 交通安全教室	<道徳> 道徳開き ・道徳の勉強って？	<国語> 自己紹介をしよう ・PTA に向けての準備	<国語> 自己紹介をしよう ・PTA に向けての準備
下校	14：30	14：30	14：30	14：30	14：30

※給食指導は引き続き行うが，授業の中での扱いはだんだんと短くしていく。
※「聴力検査」が２週目に行われる。

3　職員の交流活動

(1)　保育園から小学校へ

①七月　一学期末ＰＴＡ授業参観
②十月　学習発表会参観
③十二月　二学期末ＰＴＡ授業参観
④三月　年度末ＰＴＡ授業参観

保育士たちは児童の成長ぶりに目を見張っていた。保育園時代にできなかったことができていることに感動すると言う。急激な生活習慣の変化に順応する子どもたちの能力には私も驚かされた。七月には教室後ろから入ってきた保育士に、授業そっちのけで「わあ、〇〇〇先生～！」と歓喜の声を上げる児童も、十二月にはすっかり落ちついて授業に集中している。

なお、普段の日ではなくＰＴＡや学習発表会に合わせたのは、保育士が来校している保護者とも情報交換できるようにとの意図のためである。保護者と談笑している保育士の姿をここかしこで見ることができた。

(2)　小学校から保育園へ

①七月　ミニミニ保育公開日参観
②九月　運動会参観
③十二月　生活発表会参観
④七・十一月　栄養教諭が給食参観

①～③は管理職や低学年の担当教諭が訪問しているが、④は栄養教諭が訪問し、給食の様子を参観するとともに保育園の給食栄養士と情報交換したり支援を行っている。

保育の様子を参観すると、園のカリキュラムを理解できるだけでなく、その学年の傾向や個人の実際の様子を前もって知ることができて有益である。園児には小学生のきょうだいも多く在籍しており、参考になることが多い。

また、毎月初旬に、小学校の「学校だより」を管理職が保育園に届けて保育の様子を参観している。

4　園児と児童の交流活動

(1)　小学校から保育園へ

十一月に三年生児童全員が保育園を訪問し、交流活動をしている。紙芝居や遊び道具等を作成して持参し、園児が喜ぶような活動を工夫しているが、小学校の学校生活に不安をもたないように、楽しいことや身になることを紹介するよう指示している。

(2) 保育園から小学校へ

①小学校体験入学

二月に年長児が小学校で体験入学を行っている。一年生が「学校探検」と称して校内を案内し、三年生が学習内容や学校生活リズム等について説明したり、レクリエーションをしている。一年生は保育園児のすぐ上の先輩であり、三年生は十一月に一緒に遊んでいるので、園児たちは違和感なく活動に参加でき、小学校入学へ期待感をもつことができた。また、一年生は入学後約一年が経過しているので、誇らしげに園児をリードしており、双方にメリットのある取組となっている。

②小中合同運動会への参加

五月の小坂小中合同運動会に、レクリエーション種目として「小坂音頭」の踊りがある。この踊りには小中学生の他に町民の方々が参加しているが、保育園児も参加してくれた。まさに、総合教育エリア構想を象徴する場面となった。

なお、小中学校は町の中央公園と隣接しているが、ここを会場に実施しているマラソン記録会や運動行事等に、散歩活動をしている保育園児が居合わせることもよくある。小学生を応援する保育園児が見られることも日常的な光景となっている。

小学生が保育園にでかけて交流活動

保育園児が小学校に体験入学

三　おわりに

本校の場合、学校経営はそのまま町の経営の一部である。急激に少子高齢化が進行する中で、学校の活性化は町の活性化そのものである。年末の町の重大ニュースに学校の話題が入るということが物語る。しかし、それは保・小・中・高それぞればらばらの活動であってはあまり意味がない。幼児から高校生までの一連の子どもたちのつながりが連帯感を生み、小坂町の教育として意味をもつ。その教育的効果は現在の町の存続の原動力となり、将来の町を支えていくべき人材にとっては自信や誇りとなり、夢や希望となる。校長としてそのことを十分理解し、咀嚼した上で連携活動を推進して教育的効果を上げ、教職員への啓発も合わせて行っていくことが肝要である。実際に児童に対して教育活動を行う教職員への啓発が最も重要なことなので、ことあるごとにその効果を話している。

なお、県立高等学校が令和五年度を最後に近隣校と統合し、町内からは校舎がなくなることがすでに決定している。保育園から高等学校までの子どもたちが町内で同時に学ぶのはあとわずかの期間となった。非常に寂しいことであるが、この期間、リーダーシップをとって四種園・校間の連携を盛り上げていきたい。

町の将来、そして町の存続を担うのは現在の子どもたちである。小中兼任の校長として、今後も統括教頭・小中両教頭・教職員の協力を得ながら保育園・高等学校と連携して、児童生徒、そして小坂町の将来のために尽力していく所存である。

2　九年間を見通した新時代の義務教育を推進する

学校経営

離島の小規模小中一貫校の特色を生かした教育活動

鹿児島県出水《いずみ》郡長島町立獅子島《ししじま》小・中学校長

川　路　勇　策

〈本校の概要〉

鹿児島県の最北端、熊本県の天草諸島の南に位置する獅子島。その島内で唯一の教育機関として、長島町立獅子島幼稚園・獅子島小・中学校がある。

平成二十五年四月、旧獅子島小学校と旧幣串《へぐし》小学校が再編、統合され、獅子島中学校の敷地内に新たに獅子島小学校が開校した。そして、それを機に、幼稚園も併設する獅子島小中一貫校がスタートし、令和四年度で創立十周年を迎えた。幼稚園児十九名、小学校児童三十九名、中学校生徒十二名、合計七十名が在籍し、離島の小規模小中一貫校として、その特色を生かした教育活動の充実に努めている。

一　はじめに

本校では、学校教育目標「郷土を愛し、心豊かでたくましく、主体的・創造的に生きる獅子島の子の育成」のもと、「青い海と緑の島で学び、未来を拓く獅子島の子」をキャッチフレーズに、次々ページのような学校経営グランドデザインを構想した。そして、学校経営の重点課題を解決していくためには、義務教育九か年のゴールとなる十五歳の春、島立ちの時に焦点を当て、どんな姿でその時を迎えさせたいかといった視点から具体的な教育活動を考察していくことにした。

二　島立ちに向けて、培いたい資質・能力

獅子島はもとより長島町には高校がない。したがって、生徒たちは、中学校を卒業する十五歳の春にはそれぞれの進路へと『島立ち』することになる。

そこで、獅子島小・中学校では、学校経営グランドデザインの中心に、培いたい資質・能力として、『島立ち』（社会的自立）の時に、獅子島で育った誇りと感謝の気

持ち、島外の生徒と切磋琢磨していくことのできる自信とやる気、協調していくことのできる思いやりの心とコミュニケーション能力を育むべく教育活動の充実に努めている。

そして、これらの資質・能力の育成に向けて教育活動を展開していくことは、令和の日本型学校教育が目指している「一人一人の児童生徒が、自分のよさや可能性を認識するとともに、あらゆる他者を価値ある存在として尊重し、多様な人々と協働しながら様々な社会的変化を乗り越え、豊かな人生を切り拓き、持続可能な社会の創り手となることができるようにする」というねらいとも方向を同じくするものであると考える。

三　特色ある教育活動

前述した資質・能力の育成に向け、離島における小規模小中一貫校の特色を生かして取り組んでいる教育活動について、

- 小・中学校教員の相互乗り入れ授業
- 異年齢の交流活動やブロック別活動
- 獅子島の本物に触れる体験活動

という重点的な三つの取組を紹介する。

1　小・中学校教員の相互乗り入れ授業

本校では、小・中学校が同一の敷地内にあるという利点を生かして、小・中学校教員の相互乗り入れ授業を行っている。

表1は、令和二年度の小中相互乗り入れ授業の実際で

表1　小中乗り入れ授業の実際（令和2年度）

中学校から小学校へ		
担当	乗り入れ教科	ね　ら　い
国語	G6国語	複式解消，中1ギャップ解消
社会	G6社会　G4社会	複式解消，中1ギャップ解消
数学	G6算数	複式解消，中1ギャップ解消
理科	G6理科	複式解消，中1ギャップ解消
英語	G3～6外国語活動	専門的な指導
音楽	G56音楽	専門的な指導

小学校から中学校へ		
担当	乗り入れ教科	ね　ら　い
G1担任	G7～9体育	専門的な指導

令和４年度　獅子島小・中学校　学校経営グランドデザイン

学校教育目標

郷土を愛し，心豊かでたくましく，主体的・創造的に生きる獅子島の子の育成

～キャッチフレーズ～ ***青い海と緑の島で学び，未来を拓く獅子島の子***

目指す子ども像

自主自律　（かしこく）
敬愛感謝　（やさしく）
継続錬磨　（たくましく）

目指す学校像

○　信頼と和で結ばれ，組織体として機能する学校　（まとまりのある学校）
○　環境が整備され，花と緑のきれいな学校　（美しい学校）
○　家庭や地域に信頼される開かれた学校　（開かれた学校）

目指す教師像

○　人間性豊かで信頼される教職員
○　子どものよさに気付き，協力して子どもの可能性を伸ばす教職員
○　教育公務員としての誇りと自覚をもち研修に励む教職員

家庭との連携（心も体も安らぐ家庭）

地域との連携（地域は学びのステージ）

学校経営の重点課題

①　離島の小規模小中一貫校という特性を生かした個が輝く，特色ある教育活動の推進
②　主体的に学ぶ態度と基礎学力の定着，家庭と連携した学習習慣及び読書習慣の確立
③　「島立ち」を見据えた自己肯定感・自己有用感，コミュニケーション能力の育成（キャリア教育の充実）
④　健康や安全，体力に関心をもち，実践する態度を育てる体育指導や保健・安全指導の充実
⑤　コミュニティ・スクールを基盤とした地域とともに歩む学校づくり～地域資源の活用
⑥　業務の簡素化や効率化による業務改善の推進～教職員の80%が業務改善進行の実感

「島立ち」（社会的自立）に向けて
獅子島で育った **「誇り」** と **「感謝」**，　**「自信」** と **「やる気」**（自己肯定感・自己有用感）
「思いやりの心」 と **「コミュニケーション能力」**（社会性）　の醸成・育成

確かな学力
【自主自律（かしこく）】

《重点実践事項》

主体的・対話的で深い学びへの授業転換

1　小中教諭による乗り入れ授業の充実
⇒全児童・生徒を全職員で！
2　複式/少人数指導法の工夫・改善
⇒授業づくり３ポイントの徹底
① 目標の明確化（めあての板書 100%）
② 子どもが主役となる学び
（書く活動⇒対話活動による練り上げ 20 分確保）
③ ラスト 10 分の充実
（子どもによるまとめ，類似問題など）
3　ＩＣＴ機器の積極的・効果的活用
（タブレットの日常的な活用）

9か年を見据えた個々の確実な学力向上（どの子もプラスに！）

1　個別指導の充実⇒確実な見届けと補充指導（1単位時間：1人1回以上声掛け）
2　9か年を見通した確かな学力の定着
⇒学力定着状況個人カルテの活用
（どの子もプラスに！）
① 重点目標設定（5月まで）
② 達成状況確認と再指導
（諸学力検査結果分析⇒指導法の改善）
③ 年度末の達成状況の確認（ＣＲＴ）

豊かな心
【敬愛感謝（やさしく）】

《重点実践事項》

異年齢交流による心の教育の推進（自己肯定感・自己有用感の育成）

1　「人権の花」運動実践校としての人権同和教育の推進
・　ひまわり週間の取組充実（年５回）
・　ひまわりの栽培・種収集
・　プルタブ収集（生徒会活動）
2　縦割り班・ブロック別活動の充実
・　清掃活動，集会活動，栽培緑化活動，交流給食の工夫・改善
・　ブロック別集会での全員発表
3　道徳科授業の完全実施（35 時間）と授業参観時の道徳授業（年１回）

小中一貫して取り組む特色ある教育活動の充実

1　総合的な学習の時間の見直しによる交流活動・ふるさと学習の充実
・サツマイモ・ジャガイモの栽培（幼・小・中）
・獅子島一周遠行・つり大会・鰤料理教室（中）
・ひょうたん島活動・オサ・ミカン収穫体験（小）
・獅子島太鼓（小中）
※　地域人材や素材活用（昨年＋1回）
2　幼小中の一貫性を生かした基本的生活習慣の指導の充実
（生活のきまり・校則等の継続指導）
3　家庭と連携を図った読書活動の推進
・　目標読書冊数の達成（8割）

たくましい体
【継続錬磨（たくましく）】

《重点実践事項》

体力向上のための環境整備（日常の体力つくりや自主的な健康管理の推進）

1　一校一運動（縄跳び，ランニング）を中心とした体力つくり・運動遊びの推進
・「体力アップ！チャレンジかごしま」への積極的な取組
2　体力テスト結果に基づく体力・気力つくりの推進⇒個人カルテの活用
（記録向上 100%）
3　部活動（中）の推進

自主的・主体的で，発達段階に応じた健康・安全教育の推進

1　定期的容儀指導（週１回）の実施と性に関する指導の完全実施
（各学年２時間）
2　危険予知能力の育成に向けた自然災害や火災，不審者対応を想定した避難訓練の実施（学年のレベル差や地域との連携を考慮した防災訓練）
3　施設設備の安全管理の徹底⇒事故０，安全点検後の改善１週間以内
4　正しい食生活習慣形成と食事作法の定着～毎月「食育の日」における交流給食実施

【家庭との連携】

1　家庭学習の習慣化（小）学年×15 分，（中）２時間
2　家庭と連携した読書活動の推進
・　音読（毎日），読書目標冊数（昨年度＋5 冊）
3　自己肯定感を高める親子のふれあい（傾聴：１日１回）
4　運動遊びを通した親子のふれあい（週１回）
5　「早寝・早起き・朝ご飯」の実践（90%以上）

【地域連携・貢献】

1　コミュニティ・スクールによる４つの支援（教育活動・安全見守り・環境整備・健全育成）
・　学校支援ボランティアの積極的活用（学期１回）
2　地域活動への積極的参加（参加率 100%）
・　獅子島太鼓による地域行事への参加（一撥入魂）
3　コミュニティ・スクール制度を活用した地域支援の充実
（創立 10 周年記念事業の企画・立案⇒運営）

ある。小学校六年生では、多くの教科を中学校教員が教科担任制で授業することで、五・六年複式学級において学年別指導を行い、より個別に専門的な指導を行ってきた。

本校では、小中相互乗り入れ授業のねらいを大きく次の四点ととらえている。

中学校教諭の小学校への乗り入れ授業による小中の段差解消

小学校で教わったことのある先生に、中学校でも教えてもらえるという安心感がある。

中学校教諭の小学校への乗り入れによる小学校の複式指導の解消

複式学級である小学校五・六年生の授業に中学校教諭が乗り入れ、六年生の授業を担当することで、学年別指導となり、小学校教諭の負担軽減となる。また、六年生が中学校の先生の専門的な指導を受けられる。

小学校教諭の中学校への乗り入れによる中学校教諭の免許外教科担当の解消

中学校教諭に体育の免許をもつ者がいない場合、臨時免許状を取得させる代わりに、小学校教諭で保健体育の免許状をもつ教諭が中学校に乗り入れることで、中学校教諭の免許外教科担当が解消され、負担軽減につながる。

複式授業における間接指導時の個別指導の充実

これは、令和三年度以降、中学校の教員定数が削減されたために新たに取り組んでいる方法である。小学校五・六年生の複式授業に中学校教諭がＴ２として乗り入れ、間接指導時の個別指導に当たり、複式授業で培われる児童の主体性と個別指導の充実を兼ね備える形で実施している。

このように、小中一貫校の利点を生かしながら、より一層個別最適な学びの場を提供していくために、現在も、乗り入れ授業の形態を工夫・改善したり、ＩＣＴ機器の効果的な活用方法を小中合同で研修したりしている。

２　異年齢の交流活動やブロック別活動

本校では、幼稚園児・小学校児童・中学校生徒が同じ敷地内で過ごす利点を生かし、色々な形態での交流活動を行っている。

縦割り班活動（幼小中の園児・児童・生徒を四つの縦割り班に編成して行う活動）

七夕飾り作り　豆まき集会　清掃活動

運動会のリレー種目　など

校種間での交流活動

幼稚園児と小学生（低・中・高ごと）の交流

幼稚園児と中学生の交流（職場体験等）

幼小中合同で行う行事等

大運動会　文化祭　避難訓練　持久走大会

さつまいもやじゃがいもの栽培・収穫　など

ブロック別朝会

前期（小一〜四）・中期（小五・六、中一）・後期（中

獅子島太鼓発表会

二・三）の三つのグループに分かれて、総合的な学習等で調べたり学んだりしたことを発表し合う活動

その他、学校創立時に小・中学校が一体となって取り組む活動として『獅子島太鼓』が立ち上げられ、全児童生徒での和太鼓の演奏が伝統的に受け継がれている。そして、大運動会や文化祭、町音楽発表会等での発表の他、町主催行事のアトラクションとしても演奏の機会をいただき、子どもたちの自慢の活動となっている。

これらの異年齢交流は、上級生にはリーダー性と思いやりの心を、下級生には協調性と上級生への憧れの気持ちを育む機会となっている。

3　獅子島の本物に触れる体験活動

獅子島は、鰤や鯛、アオサの養殖の他、紅甘夏やデコポンなど柑橘類の産地として有名である。自然豊かな島の特色を生かして、獅子島ならではの本物に触れる体験活動に取り組んでいる。

一例として、コロナ禍前の令和元年度に行った中学生の釣り大会を紹介する。釣り大会は、中学校の伝統となっている行事の一つで、学校前の港で釣果を競うものであった。そこで、令和元年度には、生徒に釣り名人を訪ねさせ、教えられた島内のポイントごとに分かれて名人と一緒に釣りをし、大物賞と大漁賞を競わせるようにした。また、釣った魚を地元の方の手ほどきで調理して食べるようにさせた。その結果、各集落から多くの釣り名

釣り大会

人や料理名人に参加していただき、生徒たちが島の水産資源の豊かさを満喫するとともに、生徒と地域の方々が触れ合う絶好の機会となり、まさに地域とともにある学校を実感させる活動となった。

この他、小学生は、みかん農家で収穫を体験したり、ヒラメの稚魚を放流したり、アオサの養殖を見学したりして、地域で地域のよさを学んでいる。また、中学生は、漁業協同組合の方の指導による鰤のさばき方教室、島一周二十三キロの道のりを踏破する獅子島一周遠行などの体験活動を行っている。

こうした獅子島の自然や産業などに実際に触れる体験を契機に、島の自然環境の保全や島の活性化などについて探究活動を行わせることで、島の将来の担い手となる子どもたちに郷土愛を育むとともに、自らの将来の姿を考えさせる機会としている。

四　おわりに

子どもたちは、人口七百人にも満たない小さな獅子島で生活している。そんな子どもたちが獅子島で育った『誇り』と地域の方への『感謝の気持ち』、島立ちしても自立していくことのできる『自信とやる気』、他者を尊重し協調していくための『思いやりの心とコミュニケーション能力』をよりよく身に付け、島立ちの時を迎えられるようにしていきたい。

そのために、『幼小中全ての子どもを全ての教職員で見守り、育てる』をモットーに、九か年を見通した学校経営を推進していきたいと考えている。

3　新時代の特別支援教育を推進する学校経営

児童一人一人に対応した多様な学びの場を求めて

長野県茅野市立永明《えいめい》小学校長
飯　嶋　政　泰

〈本校の概要〉

本校は、明治六年、上原に愿志《げんし》学校、矢ヶ崎に迪蒙《てきもう》学校、塚原に勧善《かんぜん》学校が開設されたことに始まり、令和四年度で開校百四十九年目を迎えた。茅野市街の中心を学区にし、市役所や市民館、駅などの公共施設の他、ショッピングセンターなどが多く建ち並ぶ環境の中、児童は、素直で明るく、思いやりや豊かさを心にもって日々学校生活を送っている。

児童数五百四十一名、学級数二十三学級（特別支援学級五学級含む）で、学校教育目標「ともに拓く～なかよく・かしこく・たくましく～」を目指し、職員と共に学校経営に取り組んでいる。

一　はじめに

令和三年一月に中央教育審議会から、「『令和の日本型学校教育』の構築を目指して～全ての子供たちの可能性を引き出す、個別最適な学びと、協働的な学びの実現について（答申）」が出された。その中には、新しい時代の特別支援教育の在り方について、インクルーシブ教育システムの構築に向けた取組や特別支援教育の更なる進展について述べられている。

本校には、特別支援学級として、知的障害児学級が二つ、自閉症・情緒障害児学級が二つ、難聴学級が一つあり、通級指導教室として、言語障害児通級教室が一つ、ＬＤ等通級指導教室が二つある。通級指導教室においては、平成二十七年三月に定められた「茅野市立小学校の児童に係る通級による指導実施要綱」により、茅野市内だけでなく、隣接する富士見町や原村の公立小学校に在籍する児童に対しても対応することとなっており、令和四年度から富士見町立の小学校に、ＬＤ等通級指導教室のサテライト教室が開設した。

このように、本校は、特別支援学級や通級指導教室の種類や数が豊富で充実しており、多様な学びの場がある。また、特別支援教育について経験の豊かな職員が複数在籍している。このような環境を本校の強みととらえ、児童一人一人の教育的ニーズに対応し、通常の学級や通級による指導、特別支援学級を連続性のある多様な学びの場として、一層充実・整備していくことを目指して取り組んでいる。

二　校内体制及び外部機関との連携による支援の充実

本校では、特別支援教育コーディネーターを三名配置するとともに、教務・学年主任会のメンバーに位置付けている。また、令和三年度末に校務分掌組織表を一部変更し、令和四年度は、校内教育支援委員会とは別に組織されている児童理解・児童支援（サポート）委員会を特別委員会に位置付けた。そこでは、通常の学級の中で、配慮が必要な児童について情報を共有し、合理的配慮を考え、適切な支援・指導ができるようにするとともに、発達障害や知的障害などの可能性のある児童を早期に発見し、医療機関や保護者と連携しながら、通常の学級での適切な合理的配慮を行うようにしたり、必要に応じて適切な就学につなげられるようにしている。

図1は、本校の教育相談の進め方を表したものである。このようにして、通常の学級での支援について検討したり、特別支援学級への入級に関わる相談や手続きを進めている。

また、市教育委員会や県教育委員会、特別支援学校、医療機関、保健福祉関係や福祉機関などの外部機関との連携を大切にし、助言をもとに支援に生かしている。

三名の特別支援教育コーディネーターについては、特別支援学級の主任を担う者、在学児童の適正就学に係わる教育支援を進める者、新入学児童の就学相談や適正就学に係わる教育支援を進める者に役割を分担して対応している。

中央教育審議会の答申では、「就学前における早期からの相談・支援の充実」が挙げられている。本校では、市の発達支援センターから就学支援の必要な園児につい

図１　教育相談の進め方

○子どもの実態・困り感　○保護者の悩み・思い　○学級担任の悩み・思い
・子どもや保護者から話を聞く。・子どもの様子を伝える。→学年会へ
学年会での情報共有・支援の工夫と評価→学年報告　教務・学年主任会へ
児童理解・児童支援（サポート）委員会での情報共有・支援の方向検討→支援小委員会へ
支援小委員会での支援の方向検討（特Co・担任・関係職員）　→学校長・教頭報告
個々の支援をしながら評価し経過観察を行う
保護者との懇談
（学級担任・特Co・他）
個々の様子に応じて検査・受診等の情報を伝える。
《通常学級での個別の支援》
通常学級での合理的配慮
個別の教育支援計画・個別の指導計画作成（担任）
学習の場の提供
支援員対応
特Co：日程調整・申し込み書類作成　担任：保護者、児童への連絡
保護者申し込み
WISC-Ⅳ　K-ABC 等の検査
医療福祉センター
巡回相談（授業参観）
スクールカウンセラー
（本人・保護者）
医療機関受診
検査報告を受ける。
（保護者・検査者・担任・特Co他）
観察結果を聞く。（保護者・相談員・担任・特Co）
アドバイスを聞く。
（担任・教頭）
保護者から受診結果を聞く。（担任）（必要に応じて特Co）
保護者懇談前に検査・観察結果等から支援の方向の確認をする。（校長・教頭　特Co、学級担任、統括Co,他　）
保護者との懇談　支援の方向について。（特Co、担任、他）
・入級への合意の場合→支援ケース会へ　・経過観察の場合→通常学級での個別の支援へ
チーム支援ケース会議・入級の意思確認
（保護者・校長・教頭・特Co・学級担任・特別支援学級担任）
通常学級での支援
特別支援学級見学・体験　保護者への説明。入級に関わる相談
教育支援委員会　校内・市
・検査手続き（未検査の場合）→検査報告　・書類作成

図2　支援連携マップ

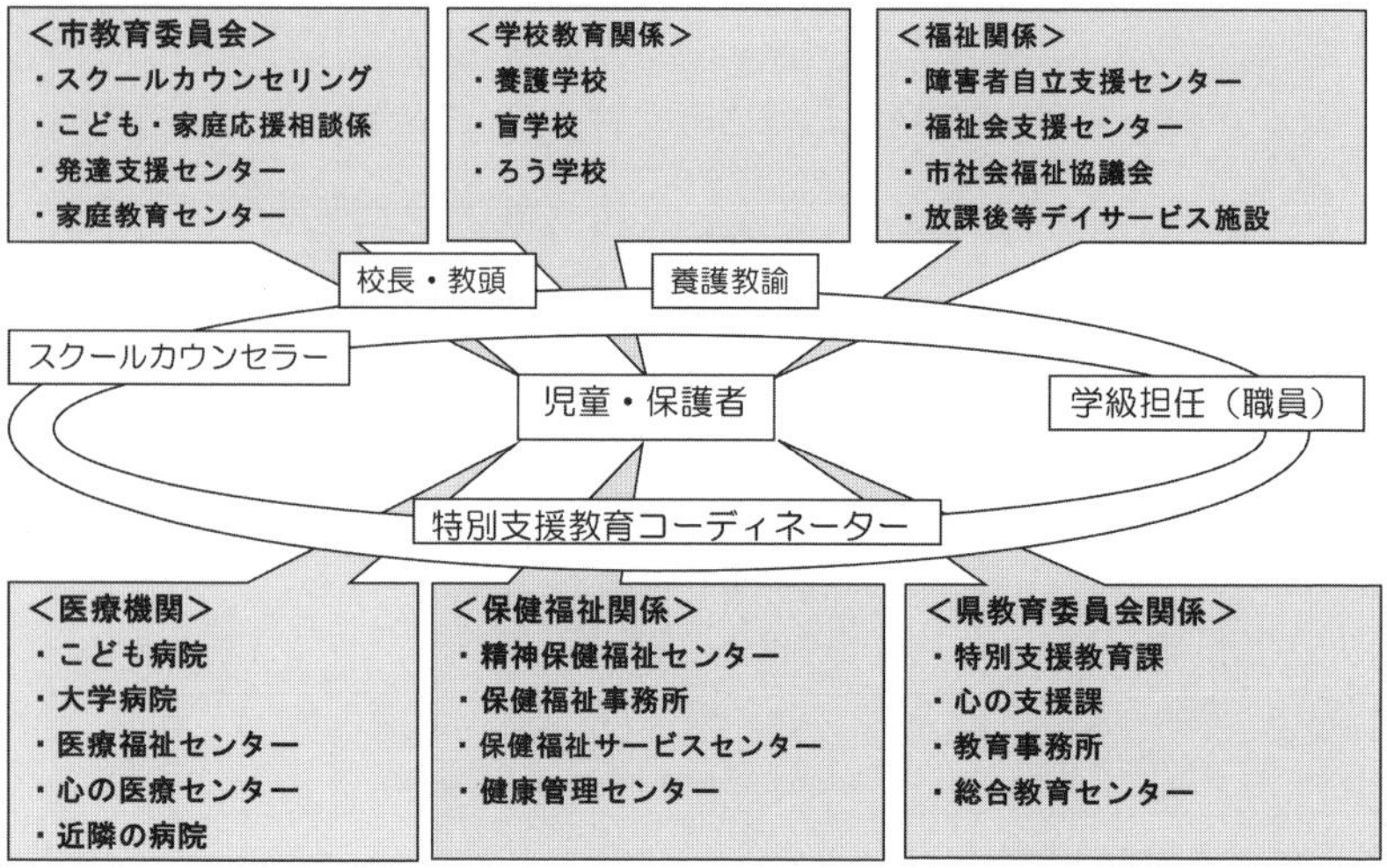

て情報を得た上で、校長や就学支援に係わる職員が園を訪問して対象園児の様子を観察するとともに、園職員と情報共有を行う。また、保護者の希望や必要により、事前に来校していただき、本校の特別支援教育の説明や特別支援学級の見学等、適切な学びの場について合意形成を図れるように進めている。

茅野市では、学区内の幼稚園や保育園の園長を含む職員と、就学前教育係と校長とが参加する連絡協議会を開催し、幼保小連携教育を推進してきている。幼稚園や保育園の遊びを小学校の学びへとゆるやかに接続するためのアプローチカリキュラム（幼稚園や保育園で実施）やスタートカリキュラム（小学校で実施）の相互参観等を通して、情報を共有しながら児童理解に努めている。このような早期の情報共有や相談が、入学後の支援の充実につながるものと考えている。

在学児童については、教育相談の進め方に沿いながら、特別支援学級への入級を勧めたり、特別支援学級を退級してLD等通級指導教室への通級へと学びの場を見直すなどして、配慮が必要な児童の適切な学びの場について検討している。

三　校内研修による特別支援教育の理解や実践

特別支援教育の視点は、児童理解や児童支援に必要であるとともに、学級経営や授業改善にも生かすことができると考え、校内研修を充実させてきた。

特別支援学級の主任を兼ねる特別支援教育コーディネーターによる研修は、授業のユニバーサルデザイン化に向けた児童一人一人への合理的配慮や、本人の願いや興味・関心、認知特性等から、力が発揮できる場面や伸びてきているところなどを明らかにしながら、本人と保護者との合意形成を図ることで、合理的配慮の必要性について学ぶことができた。

ＬＤ等通級指導教室担当教諭による研修では、学習障害の理解と支援について学んだ。学習障害は、知的な発達に遅れはないが、聞く・話す・読む・書く・計算するまたは推論する能力のうち、特定のものの習得と使用に著しい困難を示す様々な状態を示すものであり、視機能や視知覚・視覚認知、目と手の協応動作、音韻認識などに問題があるとされている。そのような傾向の見られる児童がいる場合、担任としてどのように対応していくか学ぶ機会となった。大切なのは、その児童を理解するために、どこでどのようにつまずいているのか見極め、理解の程度や認知、やる気を確認していくこと、そして、そのつまずきの原因を見極めて対策を立てることである。また、指示は分かりやすく、注意を促す、教室の中を落ち着いた雰囲気にする、前の方の席に座らせる、答えられる質問をする、教材を工夫するなど、児童に合った支援が必要であることを理解できた。

これらの研修を通して、児童理解の大切さや、本人と保護者との合意形成を図りながら、児童一人一人に応じた支援を検討していくことの必要性を学べた。放課後の職員室で、初任の職員が先輩職員に、気になる児童について相談している姿が見られた。また、互いの授業や教室環境を学び合う雰囲気も生まれてきた。研修により、職員一人一人が、支援の在り方について考え、学級経営や授業改善に生かしていこうとするようになっていった。

四　通常学級でのユニバーサルデザインと合理的配慮の在り方

令和四年度、諏訪地区教育課程研究協議会において、特別支援教育の発表校となった本校は、まず、特別支援教育として、どのような児童の姿を目指していくのか、日頃感じている現状と課題を明らかにしながら、地に足のついた研究、日常の授業改善となる研究を進めるよう研究主任や部会主任と確認した。

そこで、日頃感じている現状や課題の整理から始めてみた。すると、通常の学級においても、集団のペースと同じように行動したりコミュニケーションをとったりすることに困難さを感じる児童や、学びづらさを感じている児童がいることが見えてきた。また、全ての児童の違いを互いに認め合える学級づくりや、担任一人で、個々に対応することの難しさも挙げられた。

このことを踏まえ、通常の学級も含め、全ての児童に対して、居場所のある学級づくりや学びたいと意欲のわく授業づくりを求め、次の視点から授業研究を進めた。

● 一人の児童をじっくりと観ていく。（児童理解）
　「児童観察メモ」を活用し、学級の中で学びづらさを感じている児童について継続して観察し、支援の在り方を探る。

● 日頃実践しているユニバーサルデザインや合理的配慮について意識をもつ。

● 日々、感覚的に行っている支援について、言葉や写真で記録することでそのよさを再認識する。

● 日々の実践を児童の視点に立って情報交換する。
　児童の事実や困り感に対して立てた支援について意見交換することで、児童の見方や支援の方向を学び合う機会をつくる。

● 互いに授業や教室環境を見合う。
　少しの時間でも互いに授業や板書、教室環境を見合うようにする。また、授業者が気付かない児童の姿を伝え合うことで新たに児童理解のとらえ直しができる。

そして、授業づくりを通して以下の点が導き出された。

● 「児童観察メモ」を活用して継続して記録していくことで、客観的に個を見つめ、様々なとらえ方や支援の在り方を探ることができた。

●日頃実践しているユニバーサルデザインや合理的配慮を目的をもって行うことで、目の前の児童に寄り添った支援ができ、安心感のある学級づくりにつながっていく。

これらの研究の成果を全職員で共有し、日々の学級経営や授業改善に生かしていくようにしていきたい。

五　おわりに

本校の特別支援学級や通級指導教室の規模や担当する職員数などの環境を強みにして、特別支援教育の充実を図ってきた。特別支援教育コーディネーターを核にした校内体制の確立、教育委員会や特別支援学校、医療機関、保健福祉施設等の外部機関との連携により、支援体制が有機的・効果的に機能してきた。また、校内研修によって、職員の特別支援教育への理解が高まり、実践に結び付いている。さらに、通常の学級におけるユニバーサルデザインと合理的配慮の在り方について研究してきたことで、特別支援学級だけでなく、通常の学級も含めて、学びづらさを感じる児童に対する支援の在り方について検討できた。

本校は、令和六年度に、隣接する永明中学校と、校舎一体型の小中一貫校として開校する。今後は幼保小の連携だけでなく、中学校も含めた特別支援教育の在り方について更に研究し、実践を進めていきたい。

4　外国人児童生徒等への教育を充実させる学校経営

自分らしさを輝かせ、みんなが幸せになるための学校づくり

静岡県浜松市立瑞穂《みずほ》小学校長

柳　瀬　美　穂

〈本校の概要〉

本校は、浜松駅より北に約十キロ、航空自衛隊浜松基地に隣接している。戦後の軍用地解放後に入植が始まり、現在は多くの住宅や大小の工場、商業施設などが立ち並び、碁盤上に走る道路と緑豊かな公園も整備されている。現在児童数は七百五十九名、そのうち外国籍もしくは外国にルーツをもつ児童は十五％程度在籍する。平成二十六年度には国際文化理解教育部門で博報賞を受賞した。

学校教育目標「自分らしさを輝かせる子」の育成に向かい、多様な価値観や考え方を認め合い、一人一人が夢や希望をもち自分らしさを発揮することを目指している。

一　はじめに

令和四年度、浜松市の様々な国籍をもつ児童生徒は、千八百四十六名（令和四年五月一日現在）で、新型コロナウイルス感染症拡大による入国制限等の影響からか、令和三年度をピークに減少している。令和三年度、編入及び市外からの転入時、浜松市教育委員会で就学ガイダンスを受けた児童生徒の国籍は、ブラジルからが約半数を占めるが、フィリピンやペルー、中国、ベトナム、インドネシアなど、様々な国籍をもつ。

日本語の力がないまま、編入や転入をする外国籍児童生徒に対し、子どもたちが日本語で学校生活を営み、学習に取り組めるように、特別の教育課程を編成し、取り出し指導を実施している。そして、編入後三年で、在籍学級において自立した学習ができる子どもを育てることを目標にしている。

昭和五十三年の開校以来、外国人児童と日本人児童との共生は本校の課題の一つであり、地域ぐるみで共生社会づくりを地道に進めてきた歴史がある。

そこで、校長として、年度当初の学校経営構想の中で、どの子も自分のよさや個性を発揮し、誰かの役に立つ自己有用感を高める教育を推進していくことを示した。言語や文化の違いがあっても、相手を尊重することや感謝することを忘れず、みんなが幸せになるための学校づくりに向けた取組を、「外国人児童指導」と、「日本人と外国人の共生」の二つの視点で紹介する。

二　外国人児童指導

1　日本語指導から教科学習指導まで

編入や転入してきた外国人児童等の約半数は日本語力がほとんどない。そこで、生活で必要な日本語力を身に付けるために、まず、取り出し指導で四十時間の初期適応指導を行っている。次に、日本語の学習状況を観察しながら、八十時間の日本語基礎指導を継続する。こうした指導と並行して、教科学習で必要な言語の力を習得させるため、教科指導員や外国人担当教員による取り出し指導が始まる。教科学習では、在籍学級と同じ内容を学習することが基本である。

校長は、外国人担当職員に対し、子どもたちの母国文化の理解とアイデンティティの確立を大切にするよう話している。自尊感情を損なうことなく、自分に誇りをもたせること、また、在籍学級で困ったことがあれば、担任に聞いたり友達に相談したりすることなど、分からないことをそのままにしないで学び続ける力を身に付けられるように指導している。

2　「やさしい日本語」の活用

教職員には、常に「やさしい日本語」を使うように指導している。それは、外国人児童のためだけではない。相手を尊重し、相手に伝わる話し方をすることが、共生社会では必須だからである。子どもたちが自分のよさを知り、相手のよさを理解し、みんなが幸せになる方法の一つに、「やさしい日本語」があると話している。年度当初発行した校長室便りでも、「やさしい日本語」が全ての子どもたちを大切にする学級づくりに役立つと伝えた。また、学校便りの校長の話も、極力「やさしい日本語」を使うように努めている。さらに、学年便りや保健便りの担当者にも、同様のことを求めている。もちろん必要に応じて、ふりがなをふったり、ポルトガル語やベトナム語に翻訳したものを発行したりすることもある。このような便りを含め、子どもや保護者、教職員が教育活動のねらいや考えを、理解し共有することを大切にしている。

　また「やさしい日本語」を使うことは、子どもたちの考える力や人と関わる力を高めることにも繋がっている。言語や文化の違いによって起こる誤解やトラブルを防ぐとともに、他者と心と心を通い合わせ、相手を思いやる優しい心も育んでいきたい。

３　保護者対応

　編入や転入したばかりの外国人児童やその保護者からは、日本の学校文化に戸惑いを感じている様子が分かる。徒歩による登下校、給食や清掃活動、学校行事や学習方法等、母国の学校文化との違いから、不安材料は多岐に渡る。

　校長は、ＰＴＡの会合で外国人家庭との連携の協力をお願いしたり、外国人を対象にした保護者会で、学校教育への理解を求めたりしている。外国人保護者会は、多くの外国人が参加しやすいように参観会と同日に開催している。

　本校では、ＰＴＡ組織に（図１参照）外国人代表を置

図１　浜松市立瑞穂小学校PTA組織図（令和4年度）

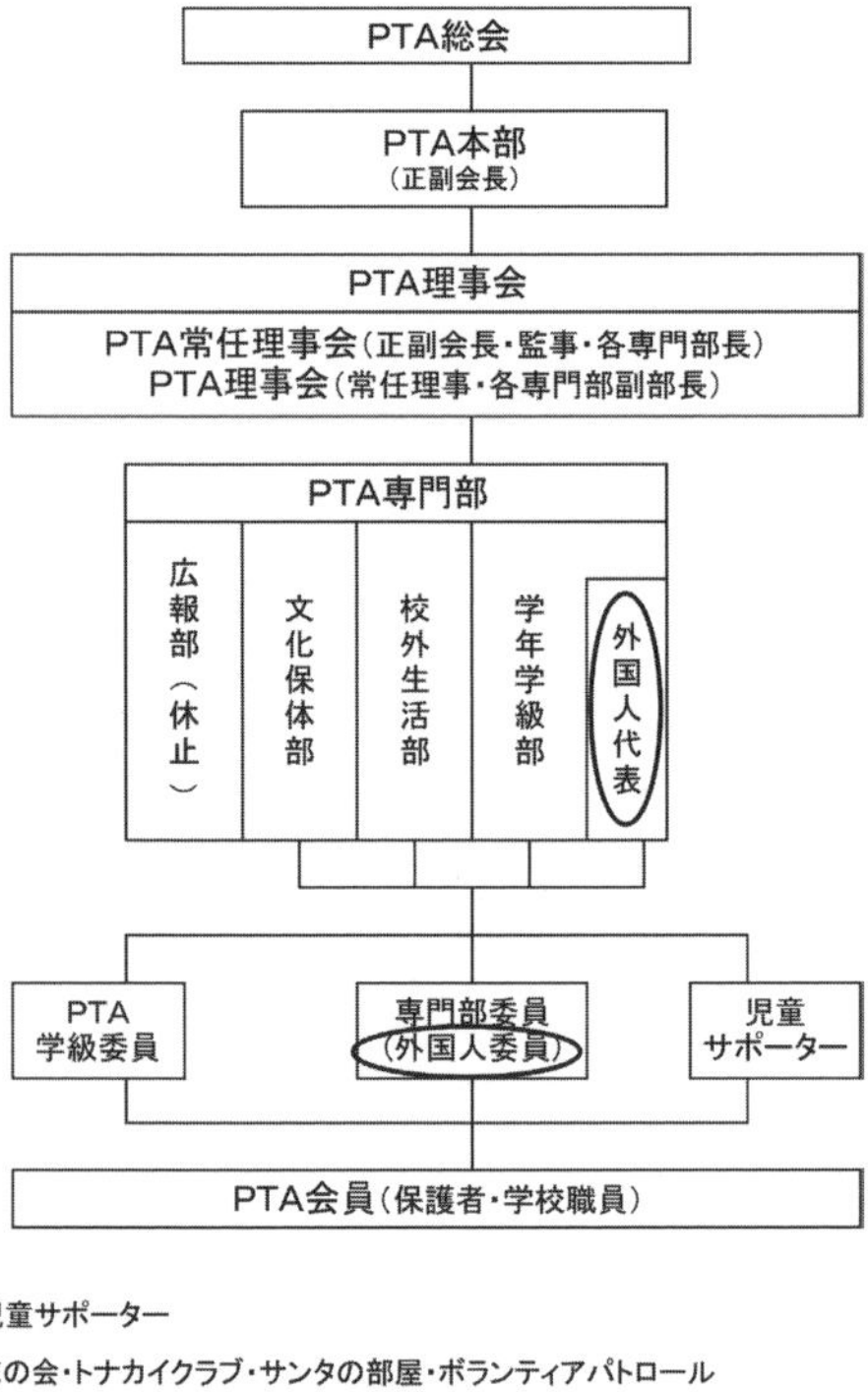

※　児童サポーター
　花の会・トナカイクラブ・サンタの部屋・ボランティアパトロール
※　広報部は、令和4年度は活動しません。

瑞穂小学校外国人児童支援体制

瑞穂小学校職員全員　４５人
外国人児童教育担当教員
（なかよし教室）２人

就学支援員　１人
ポルトガル語
（月～金 8:00～15:00）

在籍児童数
全校　７５９人
外国籍児童　８９人
ブラジル　５８人
ベトナム　２７人
フィリピン　４人

外国につながる児童
２５人
（令和４年４月７日現在）

ジャボラNPO　担当１人
日本語指導（月、火、水、金…午前　）

教科指導員　１人
算数取り出し指導
（水 1～４，金 1～5）

PTA 外国人役員
外国人保護者会

「べんきょうクラブ」
（放課後勉強クラブ）１人
放課後支援（金曜　午後）

近隣小中学校
外国人担当者
との情報交換

外国人支援委員会

＜学校関係者＞
・校長　・教頭
・主幹教諭
・生徒指導主任
・外国人児童教育担当教員
・就学支援員
・スクールソーシャルワーカー

＜外部団体代表＞
・教科指導員
・「ジャボラ」（NPO）
・「べんきょうくらぶ」
・放課後勉強クラブ
・主任児童委員

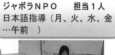

き、専門部委員を外国人にもお願いしている。これにより日本人と外国人との交流や、外国人同士の繋がりが生まれる。人と人との繋がりは、相互理解とともに安心感を育んでいく。保護者に安心感がわけば、それは子どもにも伝わり、安定した学校生活を送れるようになると考えている。また外国人担当職員には、個別に一つ一つの疑問に応え丁寧で温かな対応をするように指導している。

三　日本人と外国人の共生

1　世界の文化を知る活動

本校では、年度当初に国際理解週間を位置付け、イベント等を行っている。外国人児童が母国や自分のルーツに誇りをもち、自分らしさを輝かせることができる場になるように、外国人担当職員に指導をしている。新型コロナウイルス感染症が流行してからは全校で参集することが難しくなったが、子どもたちは母国のことを友達に知ってもらうための工夫をした。全校放送を通して、ブラジルやベトナム、フィリピン、ペルー、中国の挨拶や食事等についてクイズ形式で紹介した。放送の後、クイズを中央廊下に掲示し、多くの子どもたちや保護者の目に触れるようにした。

クイズの校内掲示

また、一年生の道徳の学習「世界のあいさつ」では、外国人担当職員が、ポルトガル語やベトナム語も使いながら授業に入り込み、支援をしている。一年生の早い段

１年生道徳の授業

階から積極的に外国人児童の理解を図ることで、温かい学級の雰囲気が生まれていく。

自国の文化や考え方が当たり前ではなく、多様な文化が存在していることを理解し合える温かい学校でありたい。

２　コミュニケーション力の育成

言語や文化が異なるというだけで相手を敬遠したり、意思が伝わらないためにトラブルに発展したりすることが多い。その解決の一助として、本校では長年、ピア・サポートによる学級づくりを進めている。

本校を含め、中学校区の学校はいずれも外国籍の子どもや転出入者が多く、常に新しい友達とも上手に関わっていく力が求められる。そこで年度当初に、転任職員と若手職員を対象に、中学校区の小中学校四校で合同研修会を開き、ピア・サポート研修を実施している。浜松市教育委員会指導主事を講師に招き、ピア・サポートの考えを一から学ぶ機会を設けている。また、中学校区の校長が連携して、同じスタンスで研修を深めるように努めている。

本校ではその他、グループエンカウンターやソーシャルスキルトレーニング等を特別活動等に取り入れ、「傾聴」の態度を身に付けられるようにしている。さらに、学級の問題を自分たちで解決していく自主的・自律的な態度の育成にも力を入れている。

また、異学年集団の活動も推進している。一年生から六年生の縦割りグループを編制し、昼休みの遊びや清掃活動を実施している。外国人児童が分散するように配慮し、普段接しない異年齢や外国人児童と一緒に活動する中で、垣根なく接することができるように指導している。こうした機会をつくり、様々な人と交流する経験を重ねることで、コミュニケーション力や人権意識が高まっていくと考える。

四　おわりに

自分らしさを輝かせるためには、どの子にも心地よい居場所があることが大前提である。外国人児童が「ここにいていいんだ。」と思える居場所を作りたい。心地よい居場所とは、担任や友達と一緒に安心して過ごせる学級、日本語が分かるようになる喜びを感じる外国人担当職員との取り出し指導の時間、母国語を話せる職員とのなにげないやり取りの時間などである。そのどれも、自分のことを大切に思ってもらえているという実感を十分に伴うものであってほしいと考えている。

また、自分らしさを輝かせるのは子どもたちだけではなく、教職員も同じである。多くの外国人の子どもたちが、「将来、日本と母国との懸け橋になりたい。」と話している。職員は、その夢をサポートする仕事に、誇りとやりがいをもって取り組んでほしい。そのための教育課程や職員配置など、更に工夫を重ねていきたい。

5　ＩＣＴを活用した学びを推進する学校経営

ＩＣＴを活用しながら、主体的に学ぶ子どもを目指した学校経営

富山県富山市立芝園《しばぞの》小学校長
國　香　真紀子

〈本校の概要〉

本校は、富山市の中心部に位置し、校区には富山駅、県庁、市役所等が所在する。現在、児童数五百八十八名、学級数二十四学級の中規模校である。

平成二十年に、平成十七年度からの段階的な四校統合により開校し、令和五年度で十五年目を迎える。校舎は芝園中学校と一体型校舎になっており、小学校と中学校が連携して九年間を見通した教育を行っている。

令和二年度から富山市教育委員会より、小・中学校とともに、「主体的な学び研修会」のモデル校に指定され、「主体的な学び」についての研究を推進している。

一　はじめに

1　教育目標「自ら考える力」の育成

本校の教育目標は、「自ら考える力とたくましい心と体をもった調和のある子どもの育成」である。「自ら考える力」を育成するために、研究主題を「問題解決を楽しみ、学び合う子どもの育成」とし、ＩＣＴを活用しながら、問題解決的な学習、自ら選択した学習活動、体験的な学習活動の充実を目指している。

学習指導要領総則では、学習の基盤となる資質・能力として「問題発見・解決能力」を示している。「考える力」という高次ともいえる資質・能力の育成の中核となるのが「問題解決能力」である。「問題解決能力」は、複数の学習活動を組み合わせた問題解決的な活動の繰り返しで育まれる。そのため、教師は、問題解決的な活動を繰り返す授業を構想し、活動の質を上げる手だてを講じること、子どもは、問題を解決する過程を楽しむことが、「自ら考える力」の育成につながると考える。

２　ＧＩＧＡスクール構想

本校では、令和三年四月に一人一台端末が導入された。本市の方針「『ＧＩＧＡスクール構想』はじめの一歩」にしたがい、導入の一年間は、第一段階として、子どもが学びのツールとして使えるように、とにかく触らせ、タッチタイピングのスキル向上、情報モラルへの意識向上等、発達の段階に合わせて情報活用能力の向上を図ることとした。

学習効果は問わず、「Google Workspace」のclassroom、Jamboard、スプレッドシート等の機能を授業の多岐に渡る場面で試すところからスタートした。

令和四年一月より、とにかく使ってみる第一段階から、第二段階に徐々に移行することにした。

第二段階では、中央教育審議会の答申「令和の日本型学校教育」の構築、個別最適な学びと協働的な学びの一体的な充実を図ることを踏まえつつ、本校の研究主題である「問題解決を楽しみ、学び合う子どもの育成」を目指し、一人一台端末を活用しながら、問題解決的な学習の充実を図ることにした。

表１　本校におけるICT活用の段階（Ｒ3.4～Ｒ4.9）

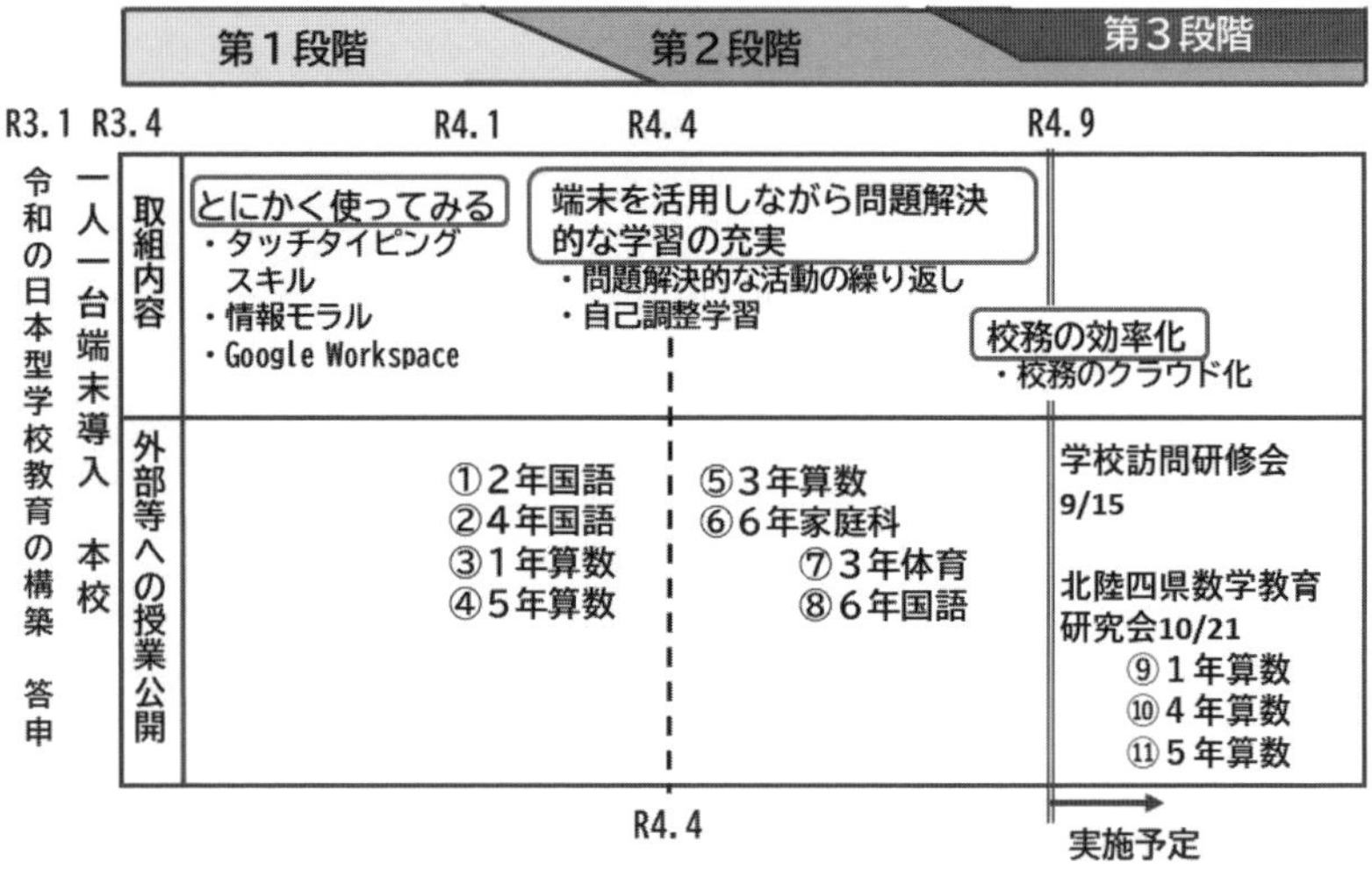

自身の学校経営を振り返りながら、第二段階の九か月の取組過程について整理してみる。

二　ボトムアップで取り組む授業改善

1　ICTを活用した学びの推進

ICTを活用した授業を行う場合に、ICTの活用そのものを目的としてはならない。主役は子どもであり、子どもが、必要に応じて自在にICTを使いながら、問題解決を繰り返し、自ら考える力を身に付けることが目標である。

一人一台端末は、問題解決活動には欠かせない道具であり、学習活動や問題解決の過程の質を上げるための手段である。加えて、端末＋クラウドには、従来のインターネットで調べる、レポートにする、プレゼンテーションを作成・発表するなどの活動にとどまらず、共同編集や共有する機能も加わった。さらに一人一人の活動もみんなで足並みを揃えなくても進められ、活動する時間も場所も同じである必要がなくなった。

しかし、管理職である私自身、これまでの実践と端末＋クラウドの特長をうまく組み合わせた実践のイメージをもつことができず、校長としてできることはわずかだが、授業改善に向けて、次のことを行った。

●大学の教授等の専門家からの指導を受ける機会の確保、先進校の取組・オンライン研修会・書籍等から、最新の情報を提供すること。

●教師集団のボトムアップで、本校らしい学校文化を継承しながら、新しい授業イメージを生み出すこと。授業研究で得られたアイデアや知見を整理し、共有すること。

●進むべき方向性に迷ったら、「自ら考える力」を育てているかという学校教育目標に立ち返ること。

2　自ら考える力と自己調整

自ら考える力の育成にあたって、「自ら」という言葉もキーワードとなる。「調べましょう」「考えたことをまとめましょう」と教師から指示されているだけでは、「自ら」とは言いがたい。「自ら」課題をもち、調べたり、整理・分析したり、まとめたり、伝えたりしていく活動の道筋を付けていくことが求められる。

図1『主体的な学びのある授業イメージ※』の学習過程を、子ども一人一人がつくることになり、学級の児童数分の学習過程があるということになる。また、子ども自身が、必要な時に、自分が求める相手と協働的に編集したり、対面又はクラウドを通して間接的に話し合ったりする。一人一台端末は、個々の子どもの学習過程の質を高めるツールとなり得る。また、児童数分ある学習活動の途中過程も、教師が端末で把握することも可能になった。

一人一人の学習過程を、子どもが自己調整しながら、主体的に問題解決していく授業実践が試行錯誤で始まった。

3　令和三年度三学期の実践と分析

令和三年度の三学期に行った四つの授業（表1参照）を、四名の授業者を中心に、問題解決的な学習のサイクルを子どもが「自己調整」しながら進めているかという視点に絞って分析した。四つの授業に共通する手だてと課題が明らかになった。

(1)　共通で行われた手だて（アイデア）

図1　主体的な学びのある授業のイメージ

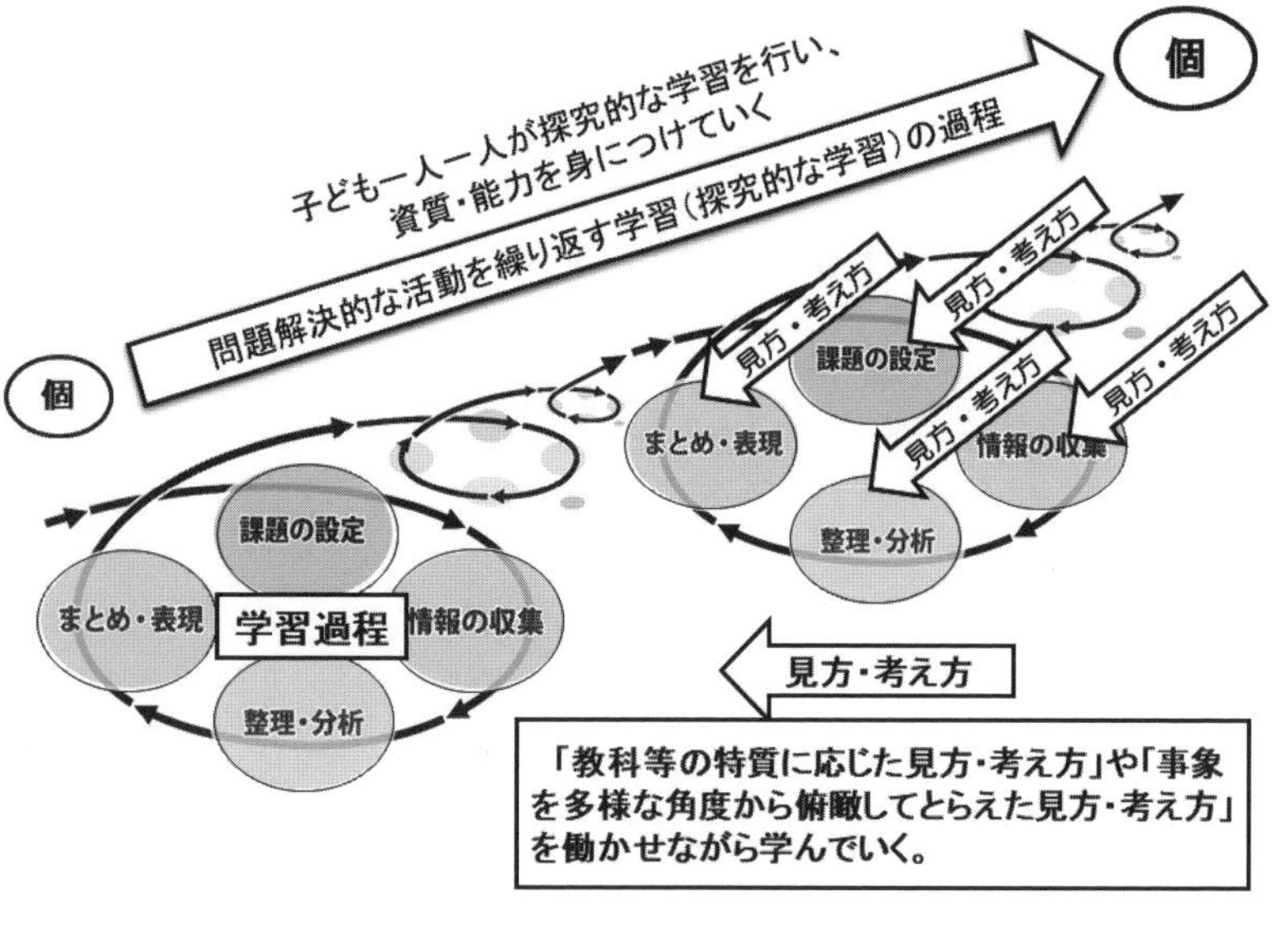

図2　学習の手引き例（掲示）

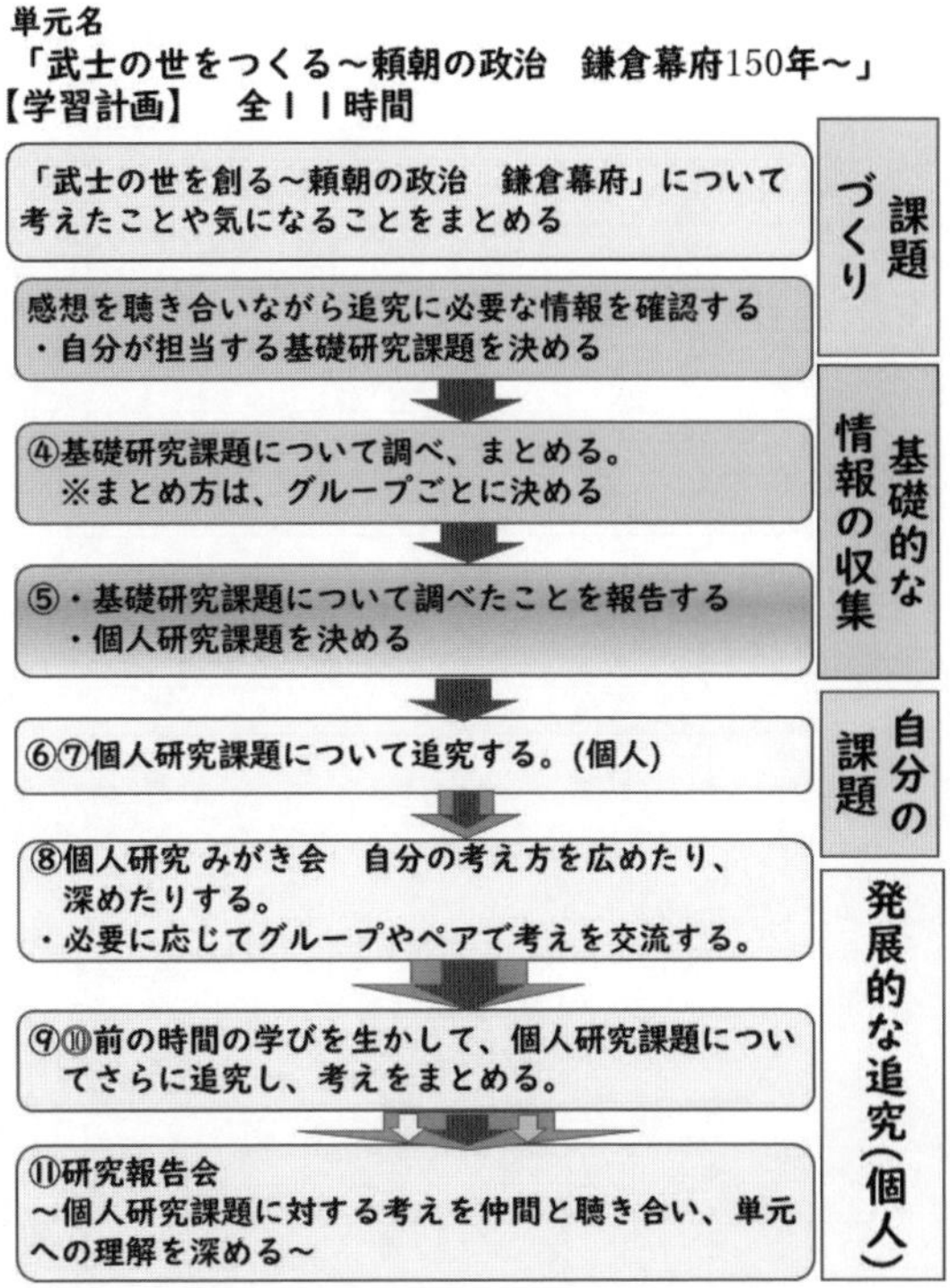
単元名
「武士の世をつくる～頼朝の政治　鎌倉幕府150年～」
【学習計画】　全１１時間
「武士の世を創る～頼朝の政治　鎌倉幕府」について考えたことや気になることをまとめる
感想を聴き合いながら追究に必要な情報を確認する
・自分が担当する基礎研究課題を決める
課題づくり
④基礎研究課題について調べ、まとめる。
※まとめ方は、グループごとに決める
⑤・基礎研究課題について調べたことを報告する
・個人研究課題を決める
基礎的な情報の収集
⑥⑦個人研究課題について追究する。(個人)
自分の課題
⑧個人研究 みがき会　自分の考え方を広めたり、深めたりする。
・必要に応じてグループやペアで考えを交流する。
⑨⑩前の時間の学びを生かして、個人研究課題についてさらに追究し、考えをまとめる。
⑪研究報告会
～個人研究課題に対する考えを仲間と聴き合い、単元への理解を深める～
発展的な追究(個人)

●低学年は、単元の導入や本時の導入で目標や学習の流れを共有する。中・高学年は、学習の手引き等（図2）を活用することで、目標を意識したり、学習進度を調整したりできるようにする。

●いろいろな学び方や学習方法を試し、それを共有し、学び方を自己選択できるようにする。

●仲間の課題や困り感、仲間の学び方や進め方、進度をネームプレート（ホワイトボードやJamboard）で示す。

●自分の学習をメタ認知できるよう、振り返り（ノートやスプレッドシート）を行う。

(2)　共通する課題

●教科等の「見方・考え方」や単元で身に付けたい力（本質）が一人一人に身に付いたか。

●今まで本県や本市で重視されてきた一斉の話合いが自己調整しながら学んでいる子どもにとって、必要感はあるのか。

四つの実践から得られた手だてと課題が、人事異動や担任の配置換えがあっても、次年度に確実に引き継がれるように配慮した。

4　令和四年度一学期の実践と分析

昨年度の実践の「共通する手だて」と「共通する課題」を踏まえて、令和四年度一学期に行った四人の授業者（前掲表1参照）は、事前研修会で検討し、次の二つの手だてをとった。

①単元の目標達成のために、指導すべきこと（学び方等）は確実に指導し、子ども一人一人が自己調整を図りながら問題解決的な学習を進められるようにする。

具体的には、教科等の目標を達成できるよう、国語の物語であれば、叙述に即して自分の読みを深めるよう指導した。体育であれば、走・跳等の技能が一人一人に応じて身に付くよう、場の環境を整え、基本となる技能のポイントを繰り返し確認した。その上で、一人一人の課題をもち、自己調整をしながら問題解決していくようにした。

②子どもの必要感に応じて一斉の話合い活動をタイミングを図って取り入れる。

具体的には、一人一人が、自己調整しながら問題解決活動を行っている中で、全ての子どもが教科等の本質や見方・考え方に気付くことができるように、子どもにとって必要感のある一斉学習（話合い）をタイミングを図って行った。

また、授業を参観する教師が、自己調整しながら学ぶ子どもの姿を客観的にとらえるために、「自己調整」の状況を三つの指標で観察することにした。指標については、東京学芸大学の高橋純教授より助言を受け、「学習課題」「学習過程（問題解決のサイクル）」「学習形態」の三つとし、それらが教師の意思決定によるものか、子どもの意思決定によるものかを、スケールに書き込むものである。

三年生体育「ミニハードル走」、六年生国語「やまなし」の授業を、参観者が評価したところ、教師の意思決定なのか子どもの意思決定なのか、参観者によって判断がまちまちであった（図3）。

子どもが自ら主体的に自己調整しながら学んでいるのか、教師の指示等により学んでいるのかを、参観者は同じ目線でとらえておらず、子どもが自己調整しながら問題解決しているイメージが異なるということが分かった。

さらに、授業者自身も、子どもに任せていたつもりでも、実際には自分の意思決定により授業を進めていたということも見えてきた。授業者が、子どもに任せる部分

図3　自己調整の度合い（3年体育科「ミニハードル走」）

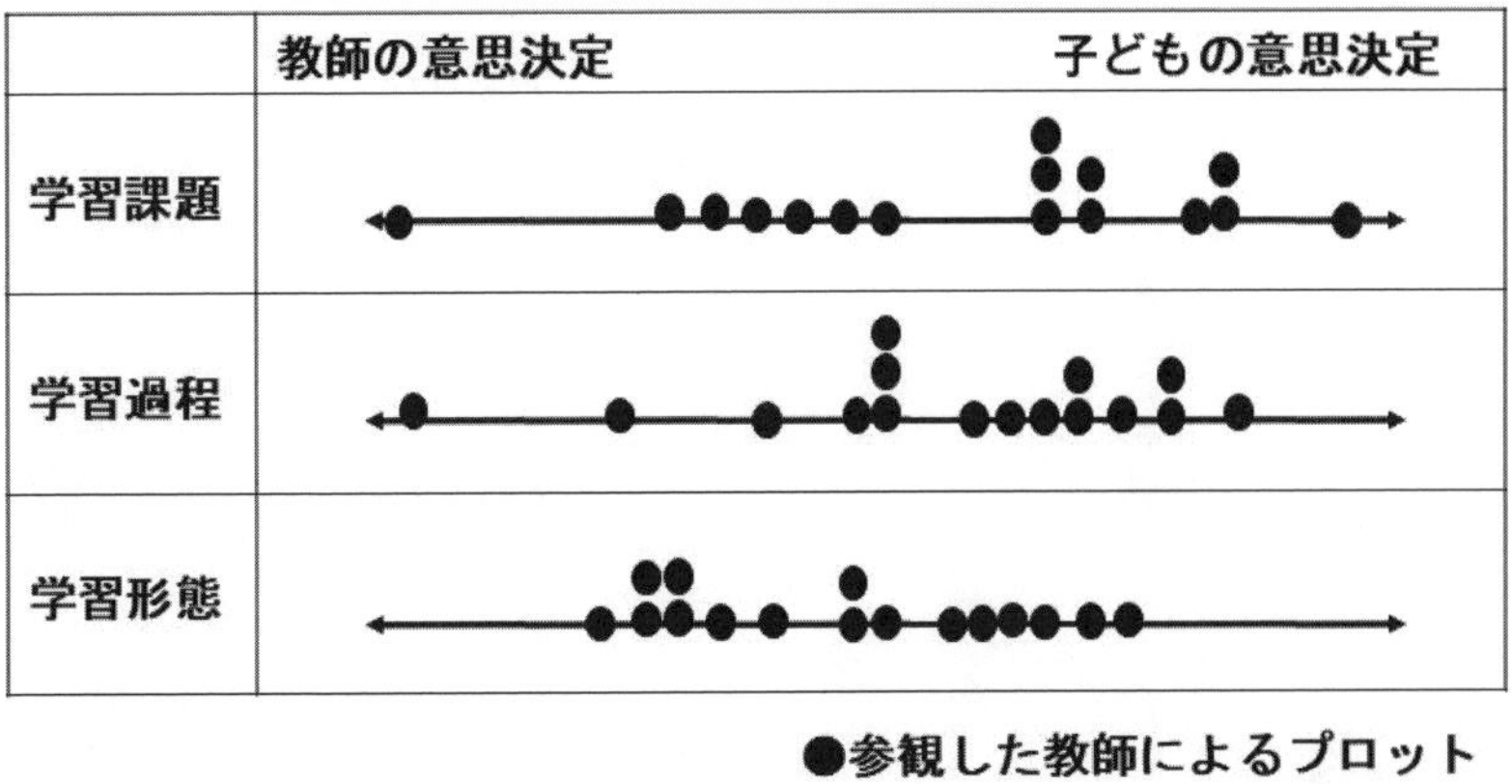

と教師が指導する部分を明確に意識できるようになることが授業改善の鍵になる。

授業後の全体研修会で検討した結果、同僚と話し合いながら評価を行ったり、教師自身が子どもを主体とする授業に取り組んだりする中で、次第に授業構想の仕方や見方について理解が深まるとし、それぞれの教師のとらえ方が似通ってくるまで、三つの指標を活用することになった。また、教師自身の意識も大切であるが、子ども自身の当事者意識が更に重要であると考え、二学期からは、三つの指標による子どもの自己評価も取り入れていくことになった。

5　子どもが自己調整しながら学ぶイメージ

教師が、自己調整しながら学ぶ子どものイメージについて、第二段階に取り組み始めてから、五か月後と九か月後に、教師の意識アンケートをとった（図４）。

取組五か月後の一回目のアンケート結果からは、四割の教師が、自己調整しながら学ぶ子どもの姿を明確に描けていないことが分かった。実際に取り組んでいる教師は二割弱にとどまり、多くの教師は、自己調整しながら

図4　教師の意識アンケート

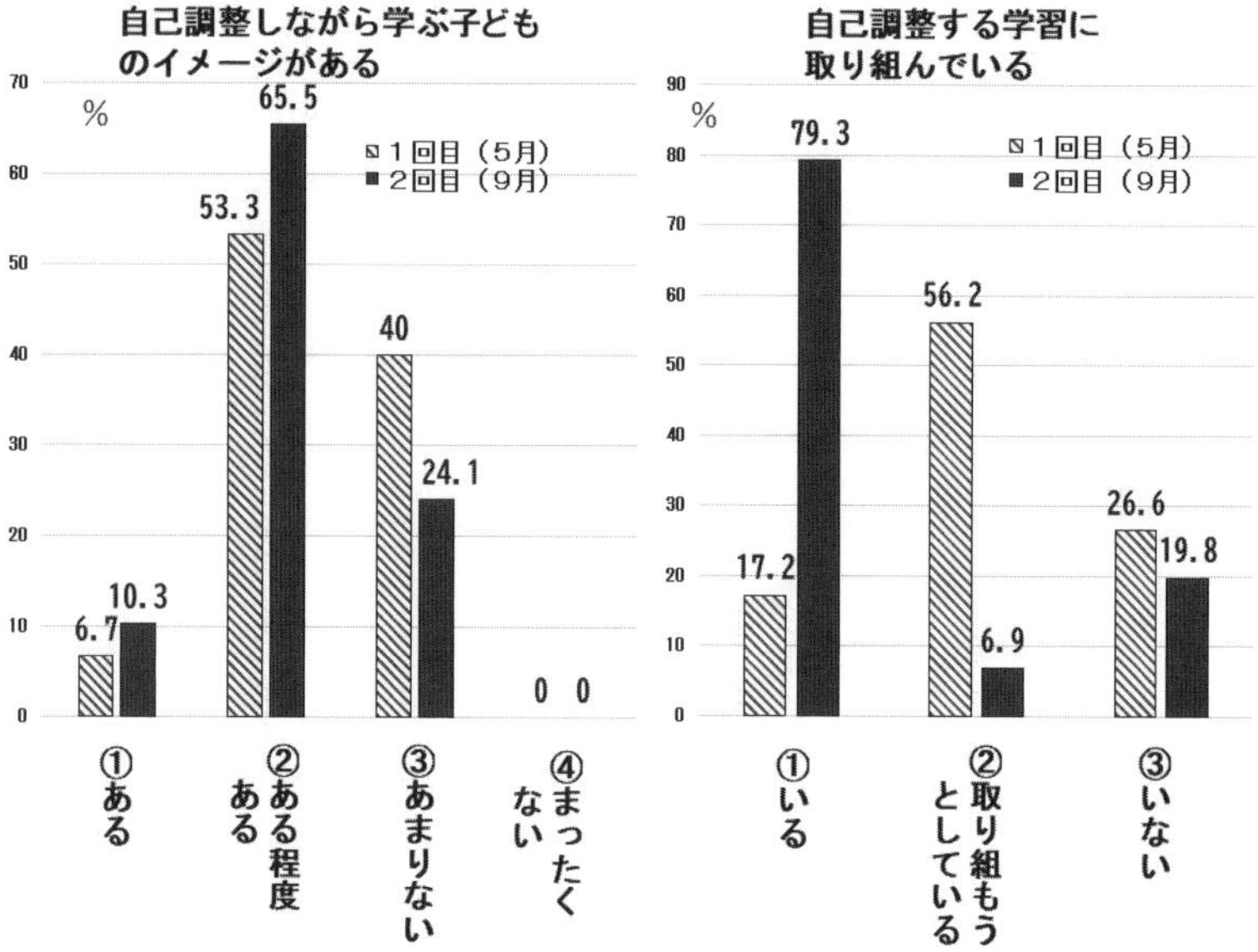

授業に取り組みたいが、どのように子どもが自己決定する授業を構想したらよいのか分からないことが読み取れた。

取組九か月後の二回目のアンケートからは、自己調整しながら学ぶ子どものイメージをもつことができたと回答する教師が増えているものの、まだ明確なイメージをもてない教師が二割以上いる。自己調整する学習に取り組んでいるという教師が八割と増えてきているので、今後、実践を重ね、成果と課題を分析し、イメージの共有化を図りながら、学校全体で地道に授業改善していきたい。

三　おわりに

デジタルの強みを最大限に活用しながら、主体的に学ぶ子どもを育むための授業改善は、道半ばであり、試行錯誤が続く。「子ども一人一人が主語」「子どもの主体性を育む」等、様々な言葉で、子どもの当事者意識を高め、自己決定できるようになることが、学校現場に求められている。教師と子どもの意識の両者が変わらねば、今までと何も変わらないであろうと推察する。

まずは、子ども自身が、学び手としての当事者意識をもつことが重要である。校内全ての教職員が、それぞれの立場で、子どもの発達の段階に応じて、「自分の責任において学習を進めていくことは、将来にわたって自ら考え、意思決定していくために、とても大切である」ことを繰り返し伝え、自己決定する機会を豊かに与えていかねばならない。

その上で、子どもが、学習課題や目標を設定し、自分のペースで自分にふさわしい学習を、多くの人と関わりながら協働的に学ぶことができる授業を目指したい。

教師も主体者として、子どもを主語にしよう、授業を変えようと、同僚とともにボトムアップで新しいことにチャレンジしていくことに期待する。

予測困難な時代に教育を担っている教員自身が、自ら「主語」となり、それぞれの個性を生かしながら、組織的かつ主体的に動くことができる環境をつくることが、校長としての役割であると考えている。

※図1『富山市学校教育指導方針』より一部引用

6　感染症の発生を乗り越えて学びを保障する学校経営

ＩＣＴを活用した学校経営により、全ての子どもに笑顔を

山口県宇部市立琴芝《ことしば》小学校長
藤　本　満　士

〈本校の概要〉

本校は、宇部市の市街地の中心にあり官公庁、各種学校及び商業地と住宅地からなる。昭和三十三年宇部市の発展による人口の急増に伴い新設された。児童数は、二百八十一名、学級数十六学級（特別支援学級四学級を含む）、教職員数三十二名の学校である。

平成三十年より宇部市「学びの創造」推進事業及び「ＩＣＴ教育」モデル校となった。令和三年度には山口県「授業力向上実践研究校」、令和四年度には「ＩＣＴを活用した個別最適な学び」の調査研究校として、やまぐち総合教育支援センターと新しい時代の教育について研究している。

一　はじめに

本校の学校教育目標は「挑戦し、未来を拓く『琴芝っ子』の育成」として尊重、協働、創造、自律できる児童を目指している。

この学校教育目標を具現化するためには、校長が示す学校経営構想を全教職員が共通理解し、学校のもつ強みと弱みをもとに取組について話し合うことから始まる。そして、ＳＤＧｓの視点をもとに持続可能な教育活動を展開することで、児童だけでなく教職員も含めた着実な資質・能力の向上を図った。

しかし、新型コロナウイルス感染症に翻弄され、学校行事や体験学習など様々な制約を受け、縮小・中止されたり、代替策を取らざるを得なかったりした。その影響は当然のことながら児童の成長やコミュニティの形成にも大きく及んできた。

そこで、校長として今までのよい点を踏襲しながら、現在の状況を分析し、これからの時代に必要な学校経営構想を教職員に示し、具体的方策を共通理解した。その

手だての一つがＩＣＴを活用した学校経営である。活用するための理念を含めた実践事例を次に記す。

二　学校教育における学校経営の変化と課題

今、日本の「教育」が行き詰っている。日本は、クオリティの高い人材を一斉に育て産業界に輩出する教育を行った。そこで日本は世界有数の工業国となった。しかし、「正解」をいかに早く覚え、再現するという従来の教育は、「答えのない時代」を迎えた今、機能しなくなった感がある。世界の中で従前の「大量生産型教育」に取り組む中国やインド等の巨大新興国が増えてきたため、日本の産業は海外に多く流出していった。また、画一化された学校教育の成功の裏には、教員が「答えのない教育」になかなか対応できていない現実もある。そのため「令和の日本型学校教育」という新しい時代にあった教育が提唱された。しかし、感染症問題が昨今浮上し、学校教育そのものも「答えのない時代」にさらされている。校長は、こういった現実を直視し、学校経営の変革の必要に迫られている。

三　新しい時代に求められる学びのビジョン

１　教室でしかできない学びを充実

コロナ禍が学校に影響を及ぼし始めたのは、二〇二〇年二月末からである。学校生活や学習、行事をたびたび縮小・変更せざるを得なかったため、児童や保護者からは、指導方針に一貫性を欠くと感じていたと思われる。そのため、学校における魅力を発信し、価値付けることが必要になった。例えば、日々の授業や学校行事の中で学んでいくべき「協働で課題解決に取り組む場面」や「地域の方々とのふれあいやコミュニケーション」等、一人ではできない学校のよさや児童の心の成長を地域や保護者に理解してもらうように、学校だより、学級通信、学校ホームページ等を利用した。同時に校内研修等で、授業における「学び合い」の時間と「ふりかえり」の確保を促し、協働的な学習における児童自身の価値付けを行うことで、他人のよさを確認したり、自己有用感を高めたりするなど教室でしかできない学びの大切さを示した（写真１）。

２　児童が自分自身で学ぶ方法の支援

教室内での対話や討論などで実現される「協働的な学び」は、児童が互いの知識や経験、発想や気付きを交換することで学びをより深いものとするのに加え、一人では解決できない課題に取り組むときに「集合知」をどう生かすのかを学ぶのにも欠かせないものである。しかしながら、対話が盛り上がったことと、一人一人のうちに学びの成果が蓄積され、深く確かな学びになっているかどうかは相関関係がない。大切なのは、対話に参加するまでの準備と対話を終えた後の学びの仕上げである。

写真１　タブレット端末を活用した協働的な学び

そこで、授業を終える時にアウトプットをさせる。そこでは、学びを振り返り、分かったことと分からないことを意識させることで、学びを整理させる。そして、次時への課題を解決するための手だてを考えさせることで、児童一人一人に目標をもたせることが大切である。そのためには、自らの学びをいつでも加筆・修正・整理できるＩＣＴ機器（一人一台タブレット端末）が有効である。児童が自分のためにＩＣＴ機器を活用して、自分自身の学びをマネジメントができるように授業で指導することが、個別最適な学びにもつながる。

３　教師による授業デザインの改革

これまでの授業では、教員主導で「最初の導入で課題をつかむ。次に展開で個の学びをする。その後、話し合いをし、価値の共有を図る。最後にまとめと評価をする。」という流れが多かった。しかし、感染症対策などで集合しての学びの時間が減り、一人学びの時間が相対的に増加した際に、個の学びの充実と集団としての学びの質の向上が重要になってきた。そこで、個別最適な学びを生かす授業デザインの改革を行うこととした（図１）。

最初に前時での課題について共通理解している状態を

図1　次時につながる授業のかたち

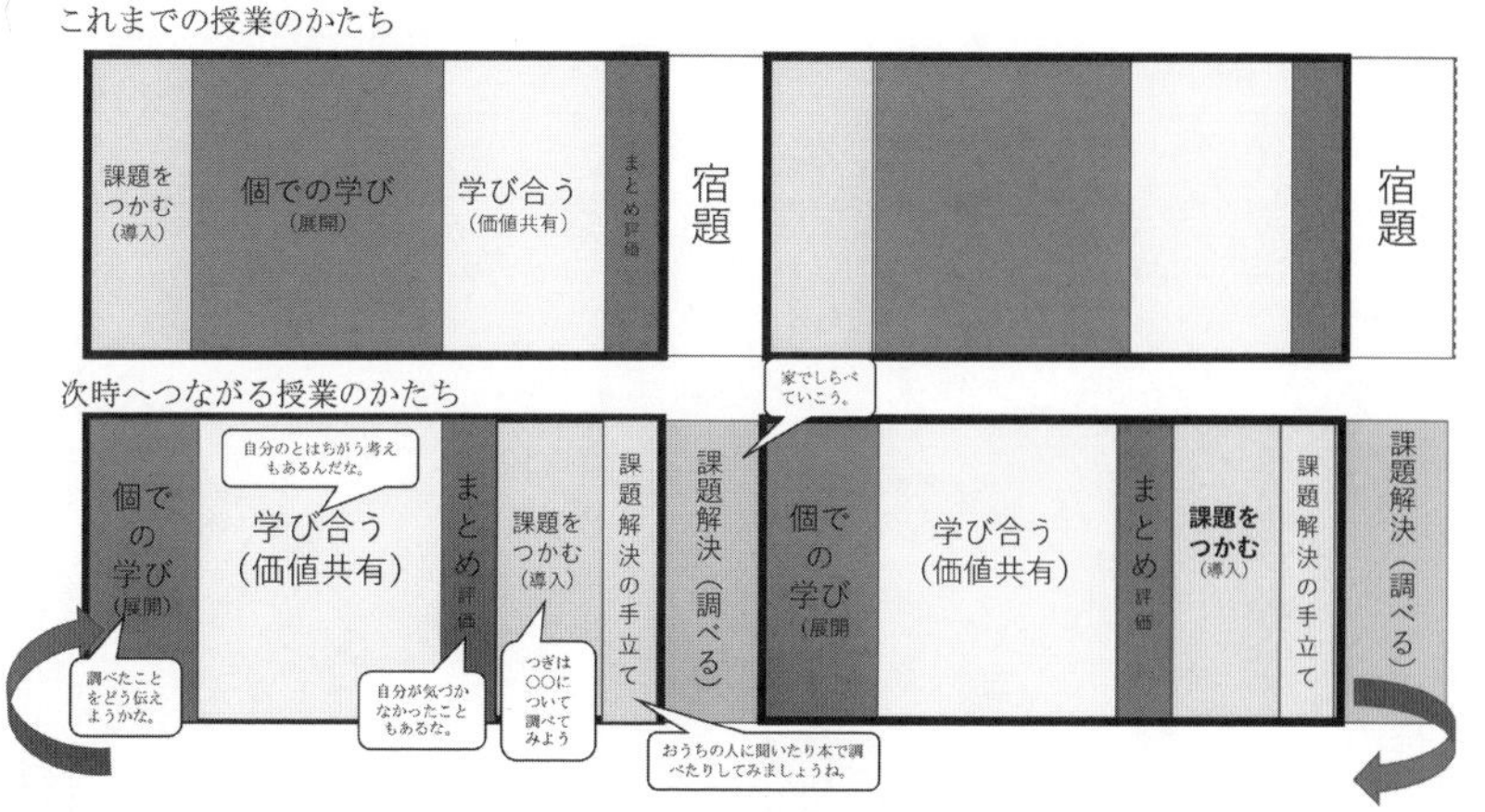

つくり、その上で学んだことをどう伝えるかをおさえる。次に課題に対して、集団で対話や討議することで学び合い、価値の共有を図る。その後、自分のもっていた価値の修正・加筆を行い、新しい課題を見いだす。

最後に次時に向けての具体的方策を練るといった授業時間の使い方をする。これは、従来の授業の時間の使い方を少し変えるだけで、指導方法や内容は大きく変わることはない。しかし、大きく変わるのは児童の授業と授業の間の時間（家庭学習も含む）の使い方や内容である。

従来の学校からの学習強化が目的の宿題から、自分の課題解決のための探究的な活動の時間に変えることがねらいである。

本校では校内研修を通じて、授業デザインの改革を具体的な学びにするために、ノートづくりやタブレット端末でのフォームを活用して取り組んだ（図2）。特に社会科や理科、家庭科等の探究的な学びの授業の際に行うことが多かった。そして、学校でしかできない協働的な学びの充実へとつなげていった。学習意欲の充実が、結果的に個の学びを保障する結果となったと考える。

図２　ノートづくりで個別最適化学習

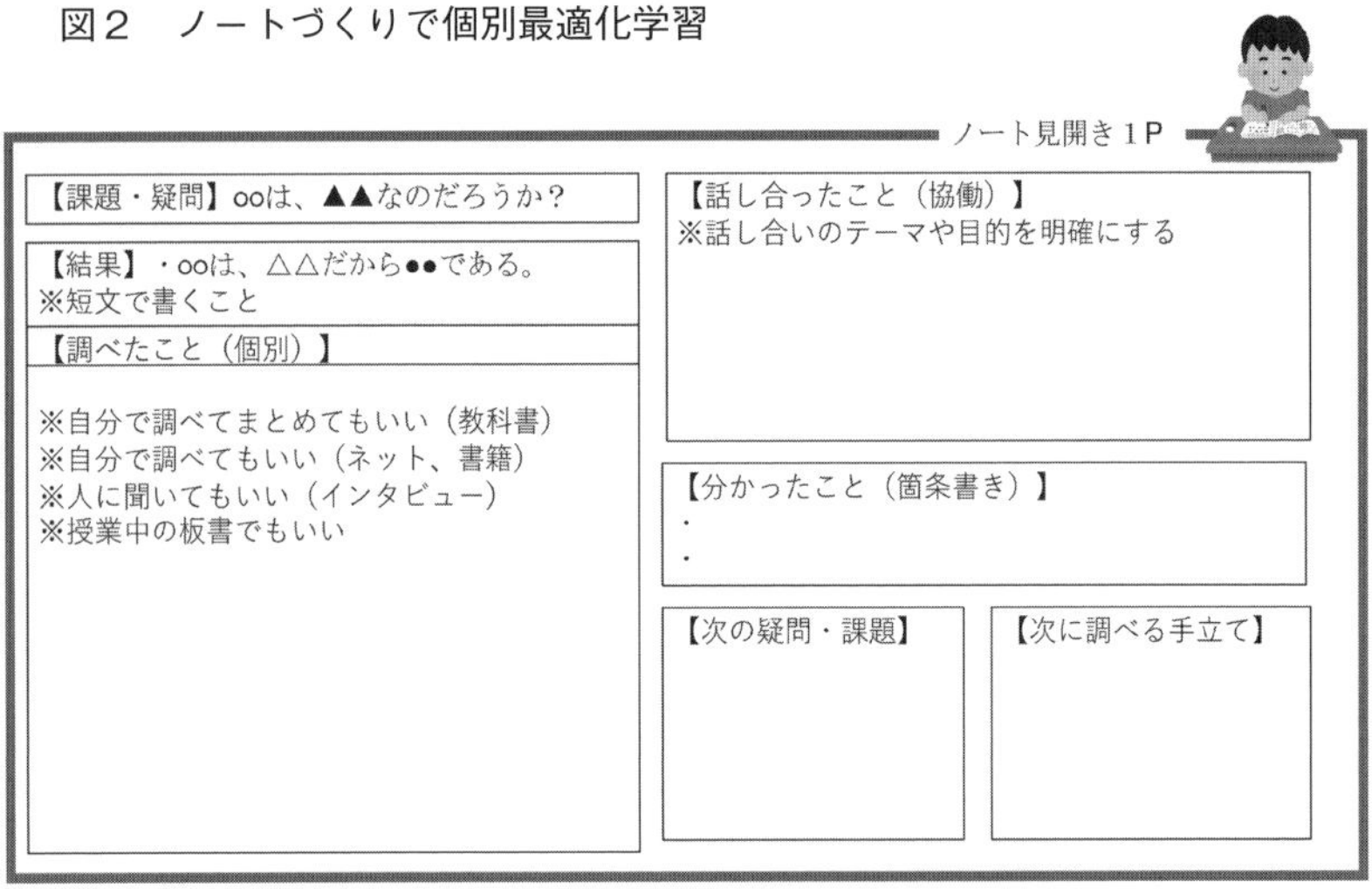
ノート見開き１P
【課題・疑問】○○は、▲▲なのだろうか？
【結果】・○○は、△△だから●●である。
※短文で書くこと
【調べたこと（個別）】
※自分で調べてまとめてもいい（教科書）
※自分で調べてもいい（ネット、書籍）
※人に聞いてもいい（インタビュー）
※授業中の板書でもいい
【話し合ったこと（協働）】
※話し合いのテーマや目的を明確にする
【分かったこと（箇条書き）】
・
・
【次の疑問・課題】
【次に調べる手立て】

４　授業のユニバーサルデザインと遠隔教育

感染症対策による行動制限で、通常学級で学ぶ児童の学びの環境が著しく低下し、学習の理解や効果が損なわれている。特に経験の少ない小学生は、今まで以上の学習支援が必要になってくる。そこで、授業のユニバーサルデザインにより、特別な支援が必要な児童だけでなく全ての児童を対象に分かりやすい授業、過ごしやすい学級になるように学校経営ビジョンの具体的取組事項として明記し、教室環境の改善と指導の共通理解を図った。そのことにより、「焦点化」「視覚化」「共有化」をキーワードとし、授業におけるＩＣＴ活用の効能と同様であるという面から、生活に見通しをもたせるための工夫や視覚的な手掛かりを示す等の教員の意識の向上が見られた。また、学級経営におけるユニバーサルデザインの活用により、全ての児童が自分なりの考えをもつようになり授業への参加意欲が高まった。

さらに、ＩＣＴの活用により可視化することで意見交換のしにくさが減少し、お互いが意見を言いやすく一体感をもって教育実践ができるようになった。

学校の基礎的環境整備によるユニバーサルデザインの活用として、遠隔教育の利用があげられる。感染症により、集団の中に入ることができない児童に対しても、時間的、空間的、情報的なハードルを越えて、学びを保障する。そのためには、普段の授業で児童一人一人のタブレット端末等と、教室環境における大型提示装置を結び付けることで個々の児童の学びの画面の共有化を図る。話し合いの場面では、誰一人取り残すことのない学びの場の構築が重要なポイントである。

本校の特別支援学級で、感染症対策のため教室に入ることができない時があった。図工の時間に自分の作品の紹介をするという授業だったが、遠隔授業により一緒に学ぶことができた。その際に、通常学級の担任と特別支援学級の担任による、連携のための三つの手だてがあった。一つ目は、通常学級の児童と特別支援学級の児童の机上の環境を同一にしたこと。同じ環境を作ることで、通常学級の担任の指示や手順が児童に理解しやすくなった。二つ目は、通常学級の児童の席に遠隔操作のためのカメラのついたタブレット端末を置いたこと。これにより、特別支援学級の児童は、平素の位置から学級の友達や先生を見ることになり、落ち着いて学習ができるようになった。三つ目は、通常学級の担任が、発表の場を全ての児童が見やすいようにタブレット端末を最も前の定位置に据えたこと。これにより、視線の移動がなされないで、発表者の言葉や図工作品のよさに集中して聞き取ることができた（写真２）。

写真２　感染症対策のための遠隔操作

このような授業の教員相互の連携も、児童に対する思いとユニバーサルデザインの視点に立った教員の意識による成果と言える。

5　学びを保障する教育環境のバージョンアップ

日々刻々と変化する社会の中で、教育現場である学校でも常に人・もの・ことを見直し、修正し、改善していくことが求められる。特に学校における一番の強みは、教職員であり、常に研修やＯＪＴを行い、よりよい教育活動を目指している。しかし、時代の変化を着実に察知し、次の一手を目指すためには、校長として外部機関との積極的な連携も必要になる。そのために、やまぐち総合教育支援センターや山口大学教育学部の方にも来校していただき、共に次の時代の教育を研究し、学校教育に示唆を与えていただいている。そうすることで、教職員集団の活性化を促し、保護者にも地域にも自信をもって教育活動を見せることができる環境をつくっている。

さらに、教材教具、施設の充実も欠かせない。事務職員、栄養教諭、養護教諭等の一人職の積極的な教育活動への参画を行うことで、横断的視点から担任や各主任等による教育現場の見直しを図り、より効率的に教育活動を行う等の業務改善に関わる意識の向上も図られた。

また、全校体制で取り組む生徒指導や給食指導、感染症に関わる保健指導等の教材をクラウド上に置くことで、全校一斉の統一した指導の徹底を図ることができた。指導の即時性と正確性を担保しながら、視覚的にも児童に分かりやすい教材を提供することで、学校全体としての機動性も担保することにつながった（写真３）。

写真３　内科検診でのICT活用

同時に教育環境を維持し、確実な実践を行うためには、ＩＣＴ活用を例にして示すと、タブレット端末や大型提示装置のみ導入しても効果の持続は難しい。タブレット端末の画面を大型提示装置に映すのに、有線では非効率である。そこで、授業の目的と教材教具の活用や運用について、整備する事務職員が積極的に理解することで、無線接続を提案したり、各学級への必要個数等を提案することで、活用頻度の大幅な改善を図ることができた。これは、感染症予防における密を防ぐという面でも効果的な提案につながった。

平素の教育活動について教職員がそれぞれの立場で持続可能な活動かどうかを常に見直し、有効な提案をして組織として実現していくことは、学びの保障に大きく寄与する。

そのためには、校長として学校の予算や使途、施設運用に関わる課題を把握して今後のビジョンや計画を策定し、教職員の思いや提案を実現することで受け止めることも重要である。

学びの保障は、人の努力だけに頼るのではなく、教育環境のバージョンアップを効率的に行うことで、成し遂げられるものだと言える。

四　おわりに

新型コロナウイルス感染症を乗り越えて学びを保障する学校経営を進めるためには、校長が教員一人一人に働きかけることは無論であるが、教職員全体の意欲を高め、カリキュラム・マネジメントも含めた授業デザインを改革したり、教育環境を効率化したりすることが求められる。アフターコロナの時代に、我々は常に今までの教育のよさとこれからの教育の可能性を相互に連携させながら教育活動をつくっていかなければならない。

7　災害の発生を乗り越えて学びを保障する学校経営

学びを継続させる保護者・地域とのつながりと学びの質や形

愛知県清須市立西枇杷島《にしびわじま》小学校長

海川　覚

〈本校の概要〉

本校は、校区が名古屋市の北西部と接し、学校は住宅や交通量の多い道路に囲まれている。一方、伝統の町並み（枇杷島美濃路《みのじ》地区）も残り、江戸時代から続く「尾張西枇杷島まつり」では、五輛の山車が練り歩く。児童数は五百三十一名、開校から百十六年目の伝統ある学校である。

校訓『明るい心　強いからだ』を踏まえ、一人一人の個性を伸ばし、知・徳・体の調和のとれた人間形成を目指している。令和三年度から、五・六年生の算数を教科担任制とし、専門性の高い数学の免許をもつ教員による指導を行い、更なる教育の質の向上を図っている。

一　はじめに

平成十二年九月十一日から十二日にかけて、秋雨前線と台風第十四号の影響により、名古屋地方気象台では、最大一時間降水量九七・〇ミリ、最大二十四時間降水量五三四・五ミリの記録的な大雨を観測した。校区北部を流れる新川の堤防決壊により、西枇杷島町（現清須市）内約四〇〇〇世帯が床上浸水し、町の過去最大規模の被害となった（写真1）。

写真1　東海豪雨の被害

本校の校舎内にも水が流れ込み、床上浸水四〇センチとなり、職員が駆けつけてみると、数百人の人が二階・三階に避難されている状態であった。当時の記録によると、職員は必死に書庫の大切な書類を上げ、ある職員は、四日後にやっと帰宅できたとある。授業再開は一週間後であったが、思ったより早く再開できたのは、地域のボランティアの方々が一生懸命後片付けを手伝ってくれたからであり、この時ほどその力を実感したことはないと、職員の感想にも残っている。過酷な体験をして心配された子どもたちも、意外に冷静に受け止め、高学年の子どもたちを中心に随分大人になったようである。

この災害の経験が、本校の危機・防災意識の原点であり、地域との連携を強固なものにしていった。また、逆境をチャンスに変え、子どもたちの学びを確かなものにしていこうとする原動力になっている。

二　学びを保障する視点

これまでの災害を乗り越えた経験、本市の地域性、時代のニーズ等から、「学びの保障」についてこれまで、三つの視点を中心に実績を積み上げてきた（資料1）。

「学びの保障」には、①「危機・防災意識をもち続け、子どもの命を守るための的確な対応ができるようにす

資料1　学びの保障の視点

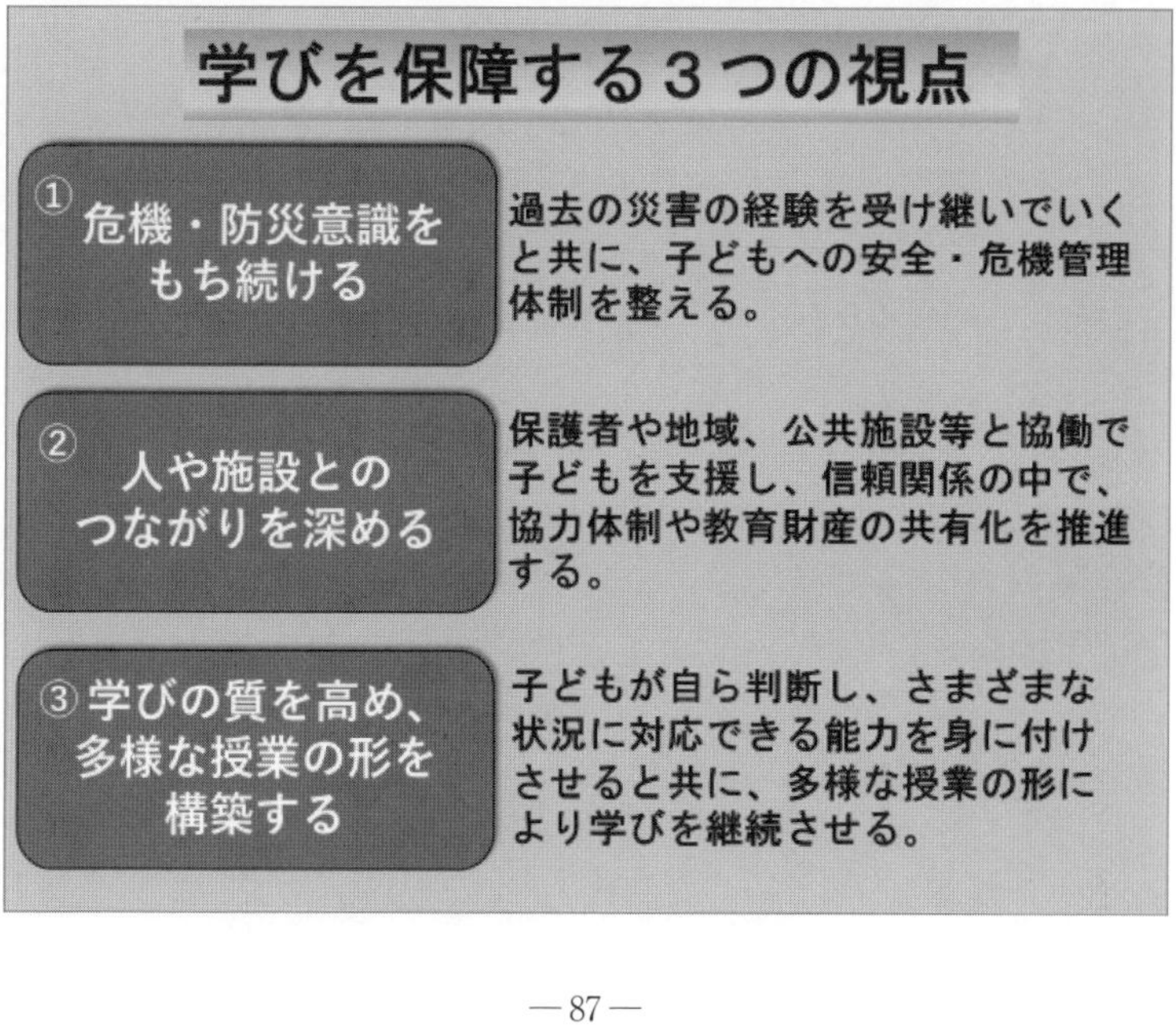
学びを保障する３つの視点
①
危機・防災意識をもち続ける
過去の災害の経験を受け継いでいくと共に、子どもへの安全・危機管理体制を整える。
②
人や施設とのつながりを深める
保護者や地域、公共施設等と協働で子どもを支援し、信頼関係の中で、協力体制や教育財産の共有化を推進する。
③学びの質を高め、多様な授業の形を構築する
子どもが自ら判断し、さまざまな状況に対応できる能力を身に付けさせると共に、多様な授業の形により学びを継続させる。

る」、②「人や施設とのつながりを深め、子どもを支援する協力体制や教育財産の共有化を推進する」、③「学びの質を高め、多様な授業の形を構築し、子どもの力を高め、学びを継続させる」ことが重要であると考えた。学校経営案の重点努力目標にも、これらにつながる内容を明記し、日頃の教育活動に結び付けられるようにしている。

三　学びを保障する各視点での実践

1　危機・防災意識をもち続ける

(1)　東海豪雨を語り継ぐ（東海豪雨紙芝居）

「忘れない東海豪雨、語り継ごう未来のために」と題し、清須市地域学校協働本部との協働で、大型紙芝居を用いて、毎年、六年生が一年生に東海豪雨災害を語り継いでいる（写真2）。これは、災害による辛い経験を風化させず未来に生かそうとするものである。ピアノ演奏や照明により効果を高めながら、六年生は発表を通して防災への認識を更に深め、一年生は初めて見る自分たちの住む町の被害の様子を見て、将来、下級生に語り継ぐ

写真2　東海豪雨を紙芝居で語り継ぐ

写真３　異常高温による引き取り下校

側となる素地を養う。

この取組を、職員が危機・防災意識をもち続け、再認識する場にも位置付け、東海豪雨から二十年以上が経った今でも、本校の欠かせない活動としている。

(2)　命を守る仕組みを整える（引き取り下校）

職員と保護者の防災意識を共有する活動として、一年に一度は引き取り訓練を行っている。災害への対応には、迅速で的確な判断が求められるが、日頃から、命を最優先する判断と、それを実行に移すシミュレーションは重要である。

令和四年度、この訓練が生かされた。名古屋では気温摂氏四〇度に達する予報がなされ、一・二年生の下校時刻が危険な時間帯であったため、午前中には引き取り下校を決断した（写真３）。保護者の負担など、様々な問題が懸念されたが、この対応に感謝の声を多くいただき、判断が適切であったことを改めて認識できた。

２　人や施設とのつながりを深める

(1)　子どもの支援を保護者・地域と共に

東海豪雨被害からの学校の復旧には、地域の力に大変助けられたが、現在も、地域との協力体制を築くことに心掛けている。

本校では、保護者来校の際には黄色いリボンを付けていただくようにしているが、それに由来し、過去のPTA会長の発案により「黄色いリボンの会」がつくられた。学校や子どものための活動を、できる時にできる人で集まって行うことを趣旨としている。運動会や学校公開などでは、不審者対応や校内への案内にも協力をいただいている。

保護者や地域との協働を推進するため、令和元年度は、ガソリンスタンドやコンビニなど地域にも協力をいただき、打ち水をしながら暑い時間帯での下校を見守っていただく「打ち水運動」を行った（写真4）。また、令和三年度は、感染リスクの少ない遊具の「ペンキ塗り」を行い（写真5）、日頃会話の少ない地域の人とも、新たなつながりをつくった。これらのつながりを大切に守り、災害時においても、強力な学校の応援団となっていただきたい。

写真4　打ち水運動

写真5　遊具のペンキ塗り

(2) 教育財産を共有する（市立図書館との連携）

本校では、市立図書館の協力により、定期的に市立図書館の本を学校で読むことができるようにして、朝の読書タイムや休み時間に大いに活用している。本は、学校の要望や図書館の推奨によって選んでいる。子どもたちは、新しい本を大変楽しみにしており、本校の重点努力目標である「読書好きの児童の育成」への取組に、一役買っている。授業で活用する場合は、随時必要な本を借りることのできるシステムも構築した。市の教育財産を共有することで、災害時にも学びを保障する有効な手段としている。

3　学びの質を高め、多様な授業の形を構築する

(1) 課題解決の方法は自己選択・自己決定で

災害時には、自分の判断で命を守る行動をとることが大切である。また、これからの時代を生きるためには、様々な状況に対応できる能力が必要である。

それらの資質・能力を育成するため、課題解決方法を「自己選択・自己決定」させていくことを、現職教育の中心に据えている（資料2）。子どもは、意見交換等を

資料2　現職教育の取組

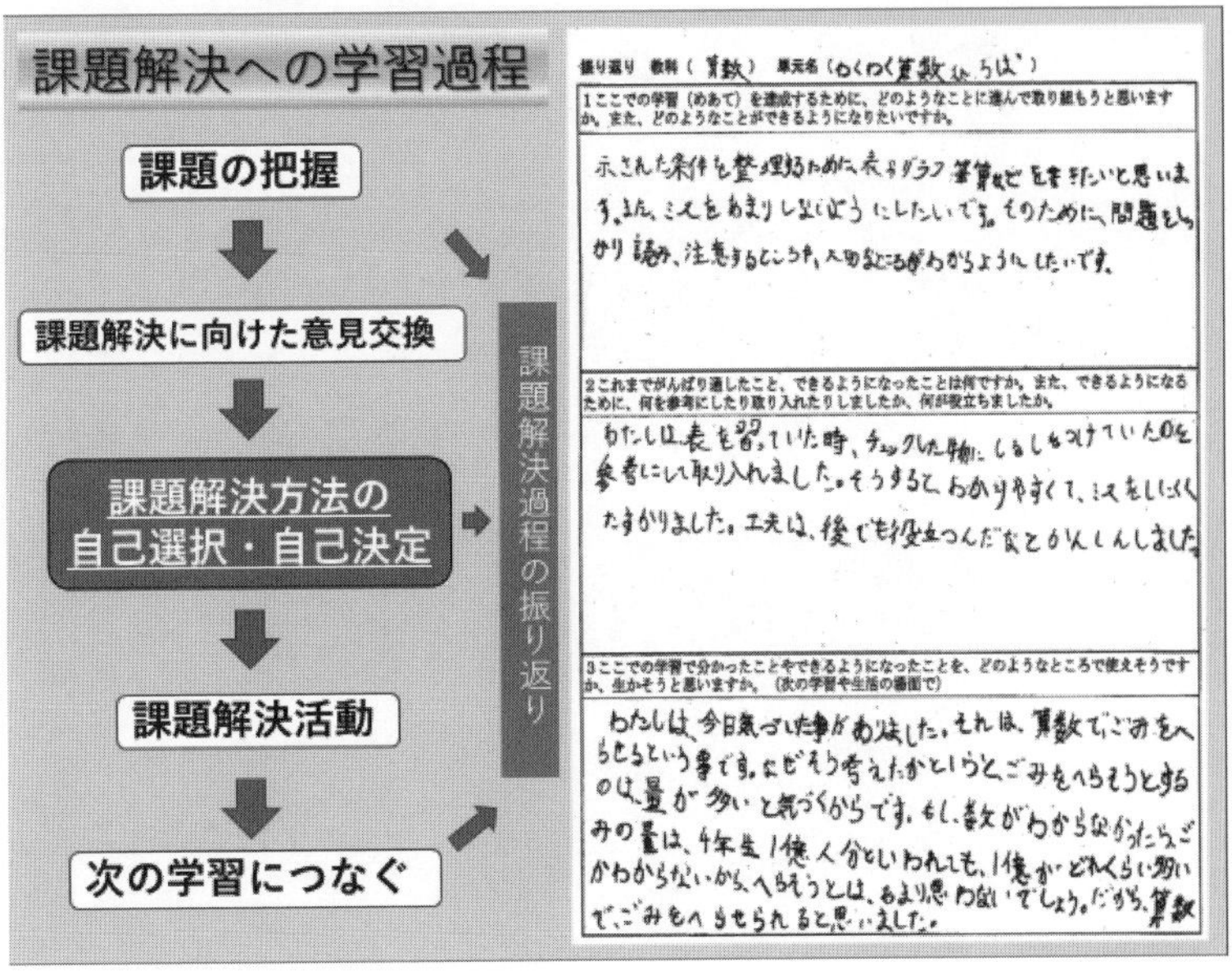

通して考えを深め、課題解決方法を「自己選択・自己決定」することで、主体的な学習にもつなげている。また、課題解決の過程を振り返ることで、学びを自覚し、次の学習に生かすようにした。

育てたい子どもの姿を全職員で確かめ合い、具体的な指導の手だてを共有することで、全ての子どもに等しく質の高い学びを提供することにつなげている。

(2) 親子交流授業をリビングで（オンライン授業）

新型コロナウイルス感染症により、家庭との双方向授業が求められているが、災害時においても同様である。例年、六月の土曜日には、親子交流を目的とした授業参観を行っているが、令和四年度は、新型コロナウイルス感染症により見送った。そこで、職員の発案を取り入れ、授業参観・親子交流を各家庭で行うこととした。「タブレットタイム」と名付け、全校一斉のオンライン授業とし（写真6）、授業内容は各学年で親子交流が充実するよう工夫した（資料3）。保護者と一緒に作品を作ったり、課題に取り組んだりと、教室での親子交流と同様の活動を行い、学校（担任）・子ども・保護者がつながる

資料3　家庭でのオンライン授業・親子交流の内容

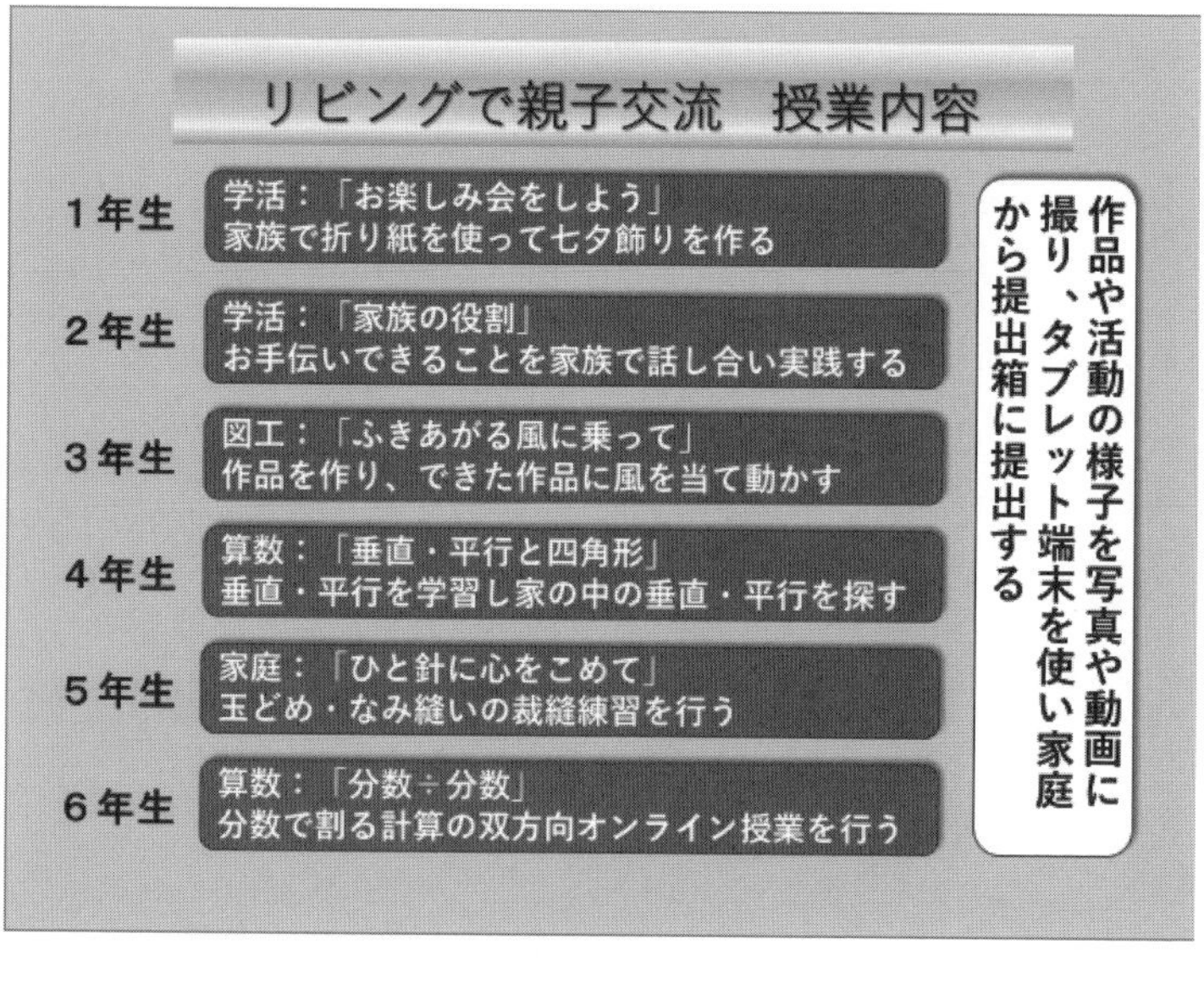

学年	授業内容	
1年生	学活：「お楽しみ会をしよう」 家族で折り紙を使って七夕飾りを作る	作品や活動の様子を写真や動画に撮り、タブレット端末を使い家庭から提出箱に提出する
2年生	学活：「家族の役割」 お手伝いできることを家族で話し合い実践する	
3年生	図工：「ふきあがる風に乗って」 作品を作り、できた作品に風を当て動かす	
4年生	算数：「垂直・平行と四角形」 垂直・平行を学習し家の中の垂直・平行を探す	
5年生	家庭：「ひと針に心をこめて」 玉どめ・なみ縫いの裁縫練習を行う	
6年生	算数：「分数÷分数」 分数で割る計算の双方向オンライン授業を行う	

写真６　オンラインによる双方向授業

写真７　オンラインで異学年交流

ことができた。今後も、オンライン授業が、日常的にできるように授業の質を向上させ、学習効果が更に高まるように改善していきたい。

また、日頃の集会での異学年交流においても、オンラインを活用しクイズを出し合い、全校で交流を図った（写真７）。アイデアを全職員で出し合い、できることを実行に移し、学びを継続させるようにしている。

四　おわりに

子どもは、年齢や発達段階に応じて学ぶべき課題がある。その意味においても、継続的な学びは、子どもの健全な成長に欠かせない。ＩＣＴ機器は日々進歩し、それを使いこなしていくことも必須であろう。

保護者や地域の協力のもと、子どもに力を付けさせていくことは、学校経営の本質である。学びを保障するため、あらゆる手段を探り、広い視野をもって物事に対応していく姿勢が、私たちには求められている。災害にも負けない、そんな基盤をこれからも整えていきたい。

第二章　新しい時代の特色ある学校づくりを推進する学校経営

提言

新しい時代の特色ある学校づくりを推進する学校経営
――特色を魅力とする学校づくりをするために――

大阪府堺市立三宝《さんぼう》小学校長
安原　巧

一　はじめに

新型コロナウイルス感染症が五類となり、ようやくアフターコロナの世界が見え始める中、まさに時代は「新しい時代」を迎えようとしている。実際、今を生きる子どもたちにとって、新しい時代は「これからの時代」を指し示すものであり、これまでも未来を「新しい時代」と呼んできたはずである。では、なぜ今、「新しい時代」をこんなにも特別な時代として認識していかなければならないのか、二〇二三年現在、未来をどのような時代だと想定しているのか、そしてそのような時代を子どもたちがどのような資質・能力を発揮することでよりよく生き抜いていくことができるのかを再度確認したい。また二〇三〇年を一区切りと考えた上で、特に初等教育の基幹ともなる小学校教育の方向性とその学校教育を方向付ける学校長による学校経営の今後の指針について論じていきたい。

二　新しい時代とは

まず、これからの時代として取り上げられるのは「Society5.0時代」の到来である。これは狩猟社会、農耕社会、工業社会、情報社会に続く、新たな社会を指している。この新たな社会は、仮想空間と現実空間を高度に融合させたシステムにより、経済発展と社会的課題の解決を両立する、人間中心の社会（Society）とされている。しかしこれまでの情報社会では知識や情報が共有されず、分野横断的な連携が不十分であるという新たな問題が指摘されている。これは人が個人で行う能力に限界があるため、あふれる情報から必要な情報を見付けて分析する作業が負担であったり、年齢や障害などによる労働や行動範囲に制約があったりしたためである。Society5.0で実現する社会は、IoT（Internet of Things）で全ての人とモノがつながり、様々な知識や情報が共有され、今までにない新たな価値を生み出すことで、これらの課題や困難を克服し「希望のもてる社会、世代を超えて互いに尊重し合える社会、一人一人が快適で活躍できる社会」の実現が期待されているのである。

しかし、一方では、新型コロナウイルス感染症の流行など、これまでにない先行き不透明な「予測困難な時代」であるとも言える。そのため「生涯学び続け、どんな環境においても〝答えのない問題〟に最善解を導くことができる能力」を育成することが、大学教育でも必要とされている。子どもたちの六五％は将来、今は存在していない職業に就くとの予測や、今後一〇年～二〇年程度で、半数近くの仕事が自動化される可能性が高いなどの予測がある。また、二〇四五年には人工知能が人類を越える「シンギュラリティ」に到達するという指摘もある。このような中で、グローバル化、情報化、技術革新等といった変化は、全ての子どもたちの生き方に影響するものであるという認識に立った教育の在り方についての検討が必要である。

三　新しい時代を生き抜く子どもを育てるための学校の在り方と校長の姿勢

我が国の近代学校制度は、明治期に公布された学制に始まり、およそ七〇年を経て、昭和二十二年には現代学校制度の根幹を定める学校教育法が制定された。今また、それから更に七〇年以上が経っている。この一四〇年以上にも渡る我が国の教育は大きな成果を上げ、蓄積を積み上げてきた。しかし、大きな変化を迎えようとしている今こそ、これまでの蓄積を踏まえ評価しつつ、新しい時代にふさわしい学校の在り方を求め、新たな学校文化を形成していく必要がある。予測できない未来に対応するためには、社会の変化に受け身で対処するのではなく、主体的に向き合って関わり合い、その過程を通して、一人一人が自らの可能性を最大限に発揮し、よりよい社会と幸福な人生を自ら創り出していくことが重要である。そのためには、教育を通じて、解き方があらかじめ定まった問題を効率的に解ける力を育むだけでは不十分である。これからの子どもたちには、社会の加速度的な変化の中でも、社会的・職業的に自立した人間として、伝統や文化に立脚し、高い志と意欲をもって、蓄積された知識を礎としながら、膨大な情報から何が重要かを主体的に判断し、自ら問いを立ててその解決を目指し、他者と協働しながら新たな価値を生み出していくことが求められる。学校の場においては、子どもたち一人一人の可能性を伸ばし、新しい時代に求められる資質・能力を確実に育成していくことや、また、求められる学校の在り方を探究する文化を形成していくことがより一層重要になる。また、学校教育の舵取り役である校長は子どもの実態、保護者・地域の願いなどの現状を考慮しながら、教職員の育成、学校環境の醸成などの教育インフラを整えていくことやカリキュラム・マネジメントなどを活用しながら独自の教育的方策を示す必要があり、その特色を学校経営方針として示し続けていかなければならないのである。

四　今求められる「学校の意義」～特色を学校づくりに反映させるために～

子どもたちに必要な資質・能力を育成していくため、今後の学校教育にはどのような役割が期待されるのだろうか。それを考えるためには「学校の意義」についても今一度とらえ直しておく必要がある。

まず、「学校」とは、社会への準備段階の場であると同時に、学校そのものが、子どもたちや教職員、保護者、地域の人々などから構成される一つの社会でもある。子どもたちは、学校も含めた社会の中で、生まれ育った環境に関わらず、様々な人と関わりながら学び、その学びを通じて、自分の存在が認められることや、自分の活動によって何かを変えたり、社会をよりよくしたりできることなどの実感をもつことができる。そうした実感は、子どもたちにとって一人一人の活動が身近な地域や社会生活に影響を与えるという認識につながる。これを積み重ねることにより、いずれは地球規模の問題にも関わり、持続可能な社会づくりを担っていこうとする意欲をもつようになることが期待できる。学校はこのようにして、社会的意識や積極性をもった子どもたちを育成する場としての役割を担っていく必要がある。子どもたちが、身近な地域を含めた社会とのつながりの中で学び、自らの人生や社会をよりよく変えていくことができるという実感をもつことは、未来に向けて進む希望と力を与えることにつながるものである。

このように考えると、子どもたちに、新しい時代を切り拓いていくために必要な資質・能力を育むためには、学校が社会や世界と接点をもちつつ、多様な人々とつながりを保ちながら学ぶことのできる、開かれた環境となることが不可欠である。このように、学校は、今を生きる子どもたちにとって、現実の社会との関わりの中で、毎日の生活を築き上げていく場であるとともに、未来の社会に向けた準備段階としての場であることを強く意識しておく必要がある。日々の豊かな生活を通して、未来の創造を目指す。そのための学校の在り方を探究し、新しい学校生活の姿と、求められる教育や授業の姿を描き、教科等の在り方を探究していく。この社会と学校とを行きつ戻りつする、広く総合的な視野をもち未来の学校像を語っていくことが、学校経営の改革を考えていく視点となるはずである。

五　新しい時代の特色ある学校づくりを推進する学校経営の視点

1　「社会に開かれた教育課程」の実現と学習指導要領の着実な実施

子どもたちの学校生活の核となる教育課程について、その役割をとらえ直していくことが必要である。学校が社会や地域とのつながりを意識する中で、社会の中の学校であるためには、教育課程もまた社会とのつながりを大切にする必要がある。学校がその教育基盤を整えるにあたり、教育課程を介して社会や世界との接点をもつことが、これからの時代において各校独自の特徴を反映させた特色となりうるからである。実際にこれからの教育課程には、社会の変化に目を向け、教育が普遍的に目指す根幹を堅持しつつ、社会の変化を柔軟に受け止めていく「社会に開かれた教育課程」としての役割が期待されている。このためには、教育課程の基準となる学習指導要領も、各学校が「社会に開かれた教育課程」を実現していくことに資するものでなければならない。

そのためにはまず、各教科等の在り方を考える際に、教育課程の要素全体が相互に有機的に関係し合って機能しているかどうかが問われなければならない。改訂を重ねるごとに各教科等の独自性が増していく状況に対して、果たして教育課程が、学校全体の教育活動のバランスや調和といった観点から、その総体的な意義や存在感をどこまで示しているか、学校教育目標の達成にどのような役割を果たしているかを検討する必要がある。前回改訂においては、各教科等を貫く改善の視点として言語活動の充実を掲げ、教科等の枠を越えた具体的な展開を求めたことによって、一定の成果は得られたとされている。そこでさらに、教育課程の全体像を念頭に置いた教育活動の展開という観点から、一層の浸透や具体化を図る必要があり、それには、学習指導要領等やそれを基に編成される教育課程の在り方に対する更なる見直しが一つ目の視点として考えられる。つまり、これまでの学習指導要領は、知識や技能の内容に沿って教科等ごとには体系化されているが、今後はさらに、教育課程全体で子どもにどういった力を育むのかという観点から、教科等を越えた視点をもちつつ、それぞれの教科等を学ぶことによってどういった力が身に付き、それが教育課程全体の中でどのような意義をもつのかを整理し、教育課程の全体構造を明らかにしていくことが重要となってくるからである。目指す方向は、教科等を学ぶ本質的な意義を大切にしつつ、教科等間の相互の関連を図ることによって、それぞれ単独では生み出し得ない教育効果を得ようとする教育課程である。そのために、教科等の意義を再確認しつつ、互いの関連が図られた、全体としてバランスのとれた教育課程の編成が課題とされるのである。

2　幼児教育との接続と九年間を見通した義務教育の充実

次に、小学校においては、「各個人の有する能力を伸ばしつつ社会において自立的に生きる基礎」を培うこと及び「国家及び社会の形成者として必要とされる基本的な資質」を養うことを目的とする義務教育のうち、基礎的なものを施すことが目的となっている。幼児教育までの学びを生かしながら、小学校段階において育むべき資質・能力を、三つの柱に沿って、教育課程全体及び教科等ごとに明確化し、中学校以後の学びに円滑に接続させることが求められる。その中で、学習指導要領の各教科等の授業時数や指導内容を前提としつつ、「特にこれからの時代に求められる資質・能力」を踏まえ、関連する各教科等の改善を図るとともに、教科等における具体的な指導内容によって育まれる資質・能力の関係性を具体的に可視化していくことが必要である。そのためには、九年間を見通した義務教育を充実させていく視点が必要である。

例えば、国語や外国語を使って理解したり表現したりするための言語に関する能力を高めていくには、国語教育と外国語教育のそれぞれを充実させつつ、国語と外国語の音声、文字、語句や単語、文構造、表記の仕方等の特徴や違いに気付き、言語の仕組みを理解できるよう、国語教育と外国語教育を効果的に連携させていく必要がある。こうした言語に関する能力を向上する観点からの外国語教育の充実は、積極的にコミュニケーションを図ろうとする態度の育成や国語の能力の向上にも大きな効果があると考えられる。

また、幼児教育と小学校教育の接続に関しては、全ての教科等において幼児教育との接続を意識した教育課程を編成したり、幼児教育の特色を生かした総合的な指導方法を取り入れたりするなど、スタートカリキュラムの編成等を通じて、幼児教育との接続の充実や関係性の整理を図る必要がある。また、中学校教育との接続については、小中一貫教育の制度化に関係する動き等も踏まえた検討が必要である。こうした接続を確かなものとするため、接続を担当する教員のみならず、小学校全体の教職員による取組が求められる。

3　ＧＩＧＡスクール構想、ＩＣＴの活用が進められる教育環境づくり

多様な子どもたちを誰一人取り残すことなく、子どもたち一人一人に公正に個別最適化され、資質・能力を一層確実に育成できるＩＣＴ教育環境を実現するためにＧＩＧＡスクール構想の実現は必須である。環境の整備も含めてＩＣＴは学校において個別最適な学びと協働的な学びを一体的に充実し、全ての子どもたちの可能性を引き出す教育を実現するために不可欠のものである。ＧＩＧＡスクール構想に基づくＩＣＴ環境の整備と活用を進める中で、教科書・教材のデジタル化を推進するとともに、既存の教科書・教材等との関係を整理し、個別最適な学びと協働的な学びを一体的に充実することが求められている。これらは教育インフラの整備や教育課程の再編、教職員の指導能力の向上など各小学校独自で改善に取り組むだけでは十分とは言えず、教育委員会などとの協力を仰ぎながら教育環境を整えていく必要がある。そのためには、人・物といった教育的資材を中・長期的に投入していく計画的な学校経営の

方針を示す必要を感じている。

4　多様な教育的ニーズのある児童生徒への対応

特別支援教育を巡る状況の変化も踏まえ、インクルーシブ教育の理念を実現し、特別支援教育を進展させていかなければならない。そのため、子ども一人一人の教育的ニーズに最も的確に応える指導を提供できるよう、連続性のある多様な学びの場の一層の充実・整備などを着実に進めていくことや、それらを更に推進するため、障害のある子どもの教育的ニーズの変化に応じ、学びの場を変えられるよう、多様な学びの場で教育課程が円滑に接続する学びの連続性の実現を図っていく必要がある。子ども一人一人の自立と社会参加を見据えて、その時点での教育的ニーズに最も的確に応える指導を提供できる、多様で柔軟な仕組みを整備することが重要である。このため、小中学校等における通常の学級、通級による指導、特別支援学級や特別支援学校といった、連続性のある「多様な学びの場」を用意し、積極的に結び付けていくことが必要である。

六　おわりに

全ての子どもたちの可能性を引き出す、個別最適な学びと、協働的な学びを実現するために、現状の学校経営が十分な機能を発揮しているかを校長としてチェックしていく必要があるだろう。学校経営として本稿では「特色」を生み出す視点について述べてはいるが、学校経営を司る者としては教職員とともに協働的な組織運営をもってこれらの実現に努めたいものである。働き方改革も含め、特色づくりをこれまでの取組に上乗せして考えていくのではなくスクラップ・アンド・ビルドの原則を忘れず、新しい時代を担う子どもたちの成長を、笑顔で共に創り出していくような魅力ある学校経営を目指していきたいと強く願っている。

実践事例

1　人権教育を推進する学校経営

地域に開かれた人権教育の推進

大分県大分市立南大分《みなみおおいた》小学校長

吉　良　正　幸

〈本校の概要〉

本校は明治九年（一八七六年）二月に大円寺内に開かれた「太田学校」に始まり、令和四年度で開校百四十六年を迎えた。昭和二十一年に「大分師範学校付属小学校」となった後、昭和二十四年（一九四九年）四月より「大分市立南大分小学校」として現在に至る。児童数は八百二十一名、学級数三十四学級、教職員数五十二名の大規模校である。

昭和五十八年と平成三十年には県指定「ＰＴＡ研究発表会」を開催、平成十七年の開校百三十周年記念集会として始まった「地域ふれあいデー」を継続するなど、学校と保護者、地域が一体となった教育活動を推進している。昭和五十二年（一九七七年）より「同和教育」推進校となり、以来、「友愛の教育」を目標に、教育活動全般において人権教育の研究実践を重ねている。

一　はじめに

本校は市の中心に学区をもち、古くからの町並みとバイパス沿いには大型量販店や数々の商店、病院などが立ち並ぶ交通量の多い地域である。また、地域は連帯感が強く、学校に対し非常に協力的である。

本校の玄関には、「友愛の像」がある。開校百四十六年を迎え、「友愛教育」を軸に学校経営を行っている。「友愛」とは、友人や兄弟に対する親愛の情（Ｙｏｕ＆Ｉ）を意味し、「自分や友達を大切にする心」を育む教育を伝統的に継承している学校である。シンボルマークに

友愛の像

「友愛マーク」がある。これは、二十年前に児童会が中心となり作成し、「友愛宣言」を毎年十二月の人権週間に全校で確認し合う伝統が続いている。地域や保護者も「友愛の学校」という認識が強くしっかりと根付いている。また、本校は昭和五十二年に、大分市の人権教育推進校となり、校区内に隣保館（旭町文化センター）が存在し、人権教育を地域ぐるみで推進している学校である。

さらに本校は、コミュニケーションの原点ともいえる「挨拶」に力を入れている。低学年からＴＰＯに応じて、大きな声で挨拶をしたり、会釈をすることができるという学校の自慢がある。これも、地域ぐるみで児童を育てる取組の成果だと感じている。また、学校のいたるところにこのマークが存在し、行事や活動にも友愛のマークを活用している。（友愛運動会　友愛委員会等）。現在世

友愛マークと友愛宣言

友愛マーク

「Y 」：「手」をあらわし、You（友）の意をもつ。

「♡」：「心」をあらわし、I（私）・Love（愛）の意をもつ。

このマークは、手と手で友だちの心をあたたかくつつみこんでいる姿を表現しています。（児童作）

南大分小学校
友愛宣言

わたしたちは、一人ひとりを大切にして、みんなが笑顔で楽しく気持ちよく過ごせる学校にするために、次のことを宣言します。

1　わたしたちは、気持ちのよいあいさつを自分からし、みんなが笑顔で過ごせる学校にします。

2　わたしたちは、友だちの気持ちを大切にし、相手に思いやりをもって接します。

3　わたしたちは、友だちと声をかけ合い、助け合って、つながり合うことを大事にします。

の中では、ＳＤＧｓ（持続可能な開発目標）がうたわれているが本校の人権教育の取組は、まさにこれにあたると言っても過言ではない。長年に渡り地域と一体となった取組を継続し現在に至っている。

持続可能な教育を数十年前から行っている本校の取組を紹介する。

二　具体的な実践

1　人権教育を基盤にした学校経営

(1)　目指す学校の姿

人権教育は教育活動の基盤となるものであり、子どもたちが人権の意義や内容、重要性について理解し、態度や行動に表れるようにすることが重要であるため、

①子どもたちが安心して過ごせる温かい雰囲気づくり
②自他の大切さを認めることができる人権感覚
③豊かな人間関係を築くことができる力

以上の三点を柱に、学校教育目標、子ども像、学校像を設定した。

「目指す子ども像」は、知・徳・体のバランスの取れた児童の育成。「目指す学校像」は、規律と温かい人間関係のある学校づくりを掲げ教育課程を作成した。

(2)　学校教育目標達成に向けた組織的な取組

教職員の自主性・主体性を高めるため、本校の重点目標等の達成に向けた三つのプロジェクトチーム（学力向上プロジェクト・体力向上プロジェクト・『友愛の心』育成プロジェクト）を構成し、ＰＤＣＡサイクルによる検証と改善を短期・長期で行い、教職員の意識を高めている。

(3)　人権教育を意識した授業改善

本校の校内研究（国語科）の研究主題は、「互いの言葉を大切に、考えを伝えあい、自らの考えを深める児童の育成」である。授業において、伝えるための手段である「言葉」を大切にし、相手意識、目的意識をもったコミュニケーションができる児童を育成することは、まさに人権教育である。日々の授業実践において、その力を付けていけるよう校内研究の中で授業改善を行っている。

(4)　教職員の人権教育研修

年間研修計画に従い、計画的に実施している。研修内

令和４年　大分市立南大分小学校　学校教育全体の構想

＜大分市の目指す学校教育＞

確かな学力、豊かな心、すこやかな体をバランスよく育成し、自ら学び、自ら考える力などの生きる力をはぐくむ学校教育

＜南大分小学校　学校教育目標＞

豊かな心と知性にあふれる、心身ともにたくましく生きる児童の育成

友愛の教育

＜目指す子ども像＞

やさしい子（徳）・考える子（知）・すこやかな子（体）

＜目指す学校像＞

規律と温かい人間関係のある学校づくり

活 力 あ る 学 校

①「確かな学力」の育成
②「豊かな心」の育成
③「健やかな体」の育成
④集団活動を通して自己を活かす能力と主体性を養う特別活動
⑤個を活かす特別支援教育の推進

安全・安心な学校

①学校施設・設備の点検整備
②学校内の体制整備と取組
③いじめ・不登校の取組
④地域との連携

地域と共に育つ学校

①保護者・地域に向けての学校公開
②保護者・地域に向けての情報発信
③三者（学校・保護者・地域）一体の学校づくり
④地域の特色を活かした学校づくり
⑤幼・保・中学校との連携

＜目指す教師像＞『チーム南小（なんしょう）』

（1）危 機 管 理 に 強 い 教 師
（2）児童としっかり向き合い、温かい人間関係を築く教師
（3）学習指導や生徒指導を工夫し、指導力を高める教師
（4）組織の中で自分を意識し、自分の役割を果たす教師
（5）子ども・保護者・地域と信頼関係を築く教師
（6）地域の人や地域の行事に積極的に関わる教師

容は、若手教職員の研修会には同和教育の歴史的な内容を、ベテラン教職員にはインターネットによる人権侵害、性的マイノリティなど現代的な諸課題に関する内容を中心に研修するよう担当に伝えている。教職員の人権意識が高まることで、児童理解、授業力の向上、保護者や地域からの信頼等の効果が期待できる。

四月　講師を招いての研修

八月　学年部ごとの教材づくり

十二月　人権週間に向けた取組

二月　アンケートの分析結果と来年度に向けての課題

その他の研修

四月　転入者研修

七月　ミニ研修会（夏季休業中　少人数で三回開催）

(5)　地域との連携

教育課程に人権教育に関わる行事を位置付け、近隣の小・中学校、PTA・地域ボランティア、公民館・隣保館等の施設との連携など管理職・校内担当が窓口となり、コロナ禍ではあるが感染対策を講じ、工夫しながら行事等を継続している。

2　人権意識を高める実践例

(1)　友愛委員会の取組

①「友愛の花」の取組

一年間を通じて、毎週二回「自分の頑張ったところ」「友達のいいところ」を記入し、委員会の担当が厳選する。人通りの多い昇降口付近の掲示板にハート形の用紙を張って還流する方法をとっている。月に一度、校内放送で選ばれた内容を発表する。自他のよい点を探す思考

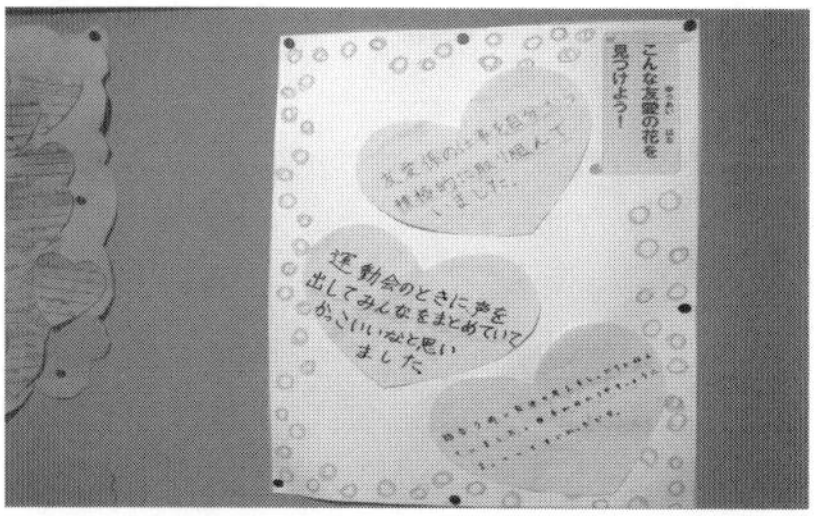

友愛カード

友愛カード掲示板

は、自己肯定感を高め、相手を尊重する態度を育てるため人間関係づくりに非常に効果的である。

②「心をつなぐあいさつ運動」の取組

各学年の発達段階に応じ、委員会が中心となって年間の見通しをもち、様々な取組を行っている。月に一回、保護者や地域ボランティアの方々と児童が一緒に朝の挨拶運動を行っている。

③なかよし班（縦割り班活動）の取組

コロナ禍で計画通りに実施はできていない面があるが

ふれあいデー（ダンス）

ふれあいデー（工作）

学期末の清掃活動や遊び集会などの交流により、異学年との豊かな関わりができている。

(2)　地域の方々から学ぶ「ふれあいデー」

毎年十月に全校児童対象で、地域の方々がゲストティーチャーとなり、工作・料理・ダンス・昔の遊び・音楽・絵画等の教室を開設し、自由に子どもたちが楽しむイベントを行っている。日頃、地域の方々と触れ合う機会が少ない昨今、保護者も加わり活動できるこのイベントは、ふるさと南大分地区を愛する心情を育てることにつながり、安心・安全な学校づくりに大切な学校行事である。

二月には、六年生の卒業プロジェクトの一環で、これまでお世話になったお礼や感謝の気持ちを育てるため、公民館や公園の清掃活動を行っている。

(3)　人権意識を高める学習の場

地域の公民館が主催する「子ども人権教室」が夏休みに行われる。五・六年生が対象で、令和四年度は、講師に大分市国際課職員を招き、「外国人と私たち」というテーマで、自分とは異なる文化をもつ方々とともに暮らしていくために必要な知識やコミュニケーションの仕方を、講話とディスカッションから学んだ。

令和三年度は、「高齢者の人権」をテーマに認知症などの理解を深めた。また、五・六年生児童対象に、部落差別の学習を毎年二学期に講師を招き行っている。

三　おわりに

「部落差別の解消の推進に関する法律」が公布・施行されてから六年が経過し、その後も様々な法が整備された。しかし、差別意識や偏見は依然として存在し、世界的に広がった新型コロナウイルス感染症に関わる人権問題、インターネットを利用した差別情報、多様性への対応など、身のまわりの新たな課題も見えてきた。社会の変化や、子どもの発達段階に応じた人権教育の推進が、これからますます必要だと考える。

本校では全ての教育活動において、「友愛の精神」を基盤に、地域や友達同士のふれあいの中で自主的、協働的な活動を通して自己有用感が身に付いていくような実践を続けている。今日的課題であるＳＤＧｓ（持続可能な開発目標）の視点に立って学校の環境・行事等を見直していくことも大切である。本校の「友愛の精神」は、まさに持続可能な教育の例であり、今後とも継続していくべき大切な理念だと感じる。新たなる課題と向き合いながら、新しい取組にも挑戦できる柔軟な学校経営を目指したい。

2 「特別の教科　道徳」を推進する学校経営

「行きたいよ淵野辺東小学校」
道徳教育の推進を通して

神奈川県相模原市立淵野辺東《ふちのべひがし》小学校長

岡　部　尚　紀

〈本校の概要〉

本市は神奈川県北部の人口七十万人を超える政令指定都市である。三つの鉄道・二つの高速道路が通り、東京都心まで数十分という利便性がありながらも、相模川・丹沢山地・相模湖・津久井湖などの自然も豊かである。

本校は本市中央区に位置し、交通アクセスがよく、大型商業施設や住宅地が多い。本校全児童数は約八百五十名、教職員数は六十名超である。創立四十一周年であり、平成二十三年度に市教育委員会から「授業改善研究推進指定校」の委託を受け、二十年間以上、道徳教育に関する教育実践を進めている。

一　はじめに

学校は本来、全ての児童が楽しく通い、学び、その能力を発揮する場である。しかし、全国的に不登校者数は増加傾向にあり、その解消が喫緊の課題となっている。また、我が国の未成年者の自殺者数の多さは依然として深刻な問題であり、自殺予防教育を推進するとともに、児童の自己有用感の育成が求められている。いじめによる重大事案も後を絶たない中、教員のいじめの見逃しや児童の心や体を傷付ける人権感覚を欠いた言動などがあり、学校への信頼が揺らいでいる実情がある。

これらの諸課題に対応するため、教職員の資質能力と組織力の向上を図る。教職員一人一人が日々の教育実践にやりがいを感じ、教職に誇りをもてるよう、複雑化・多様化した教育課題に対応した学校経営に取り組む。

本稿は、道徳教育の推進を通して、教職員の教師力・授業力の向上を図るとともに「子どもたちが行きたいと思う学校」「楽しく学ぶ学校」づくりのための学校経営の具体策の一端を記したものである。

二　学校経営グランドデザイン

1　学校教育理念

学校は、子どものためにある。学校は子どもにとって学びの場であり楽しいところでなくてはならない。そのためには、教職員が子どもたちとじっくり向き合って子ども主体の授業、活動を考えていかなければならない。子どもが学びたくなる、明るく楽しい学校、出番と居場所のある学校にしていきたい。また、気持ちよく帰宅し、明日も、学校へ行きたいと思う学校づくりを目指したい。

そのために、職員一同、共通の目的（学校教育目標）に向かって協働して取り組む姿勢を大切にしていきたい。「風通しのよい職場」（一つになって考えられる職場、共通理解ができる職場）づくりを目指す。教育の担い手は教職員自身であることを自覚して、おのずからの意識改革と資質向上に努めていくようにする。教職員も自分の学校を誇れるような学校づくりを目指す。

この教育理念のもと、図1のように、「令和四年度学校経営グランドデザイン」を定めた。

2　学校経営スローガンの具現化

本校の学校教育目標は「豊かな心・たくましい体・考える子」である。学校経営スローガンは「行きたいよ淵野辺東小学校」である。この意識化と定着を図るため、道徳教育の推進に取り組んだ。ここでは、スローガンの具現化のために取り組んだうちから、次の二点の詳細を後段に記す。

(1)　情報発信・心の育成

学校での子どもたちの頑張りを、学校ホームページ・ブログ、学校だよりなどで積極的に情報発信した。これは保護者や地域の方々に子どもたちの様子を知っていただき、児童を励まし・褒め、子どもたちの心の育成のサポート体制や連携・協力体制を構築するためである。

(2)　「特別の教科　道徳」の授業改善

個に寄り添う授業、子どもを主体とした授業、子どもの心に残る授業、魅力のある授業、満足感・充実感のある授業は、「学校に行きたいと思う心を育む」と考え、特に「特別の教科　道徳」の授業を校内研究の主要教科として定め、その改善・推進に取り組んだ。

図１　令和４年度学校経営グランドデザイン

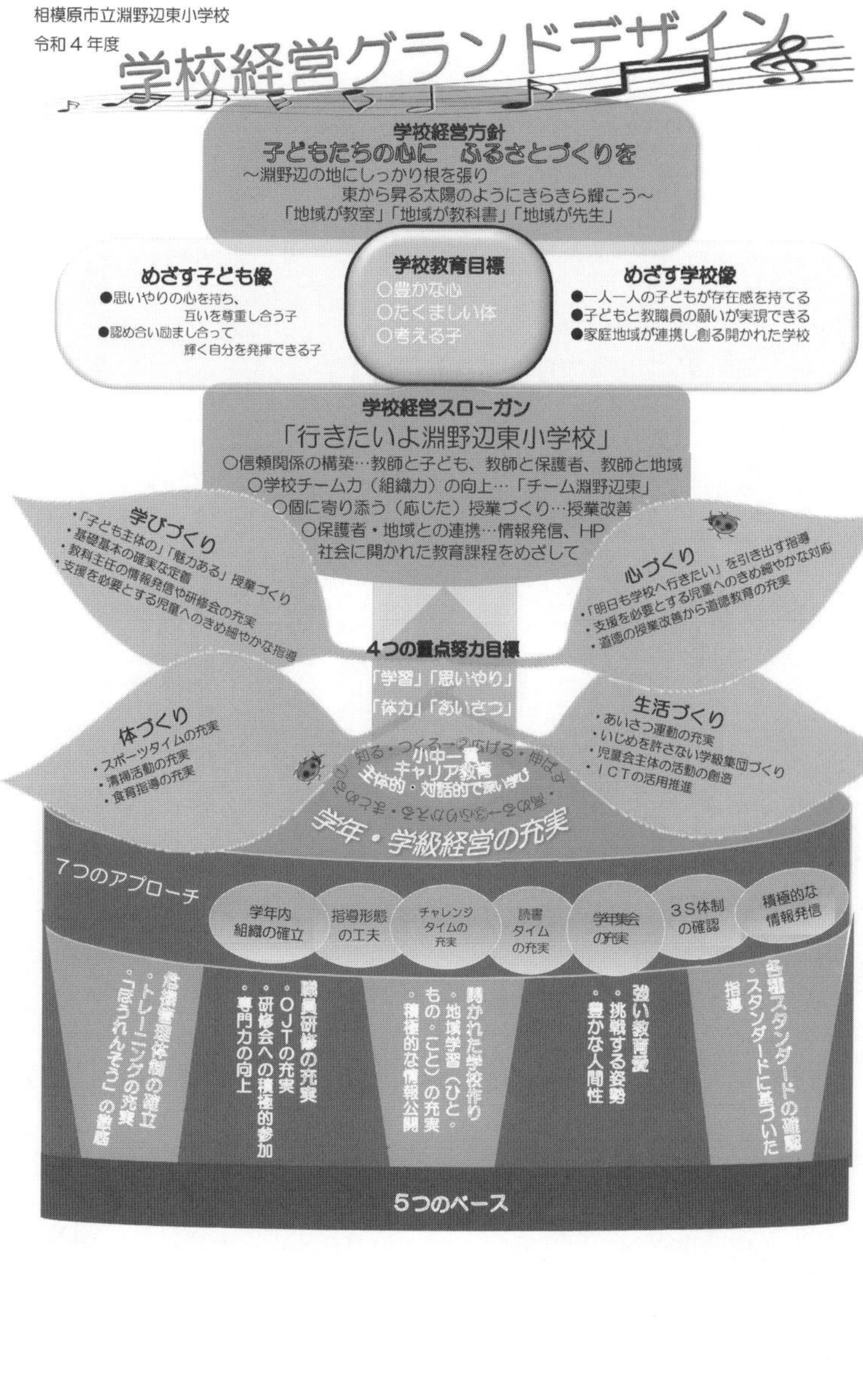

三　道徳教育の推進体制

1　道徳教育の校内研究組織

学校教育目標の具現化は道徳教育の推進なくして語れない。学習指導要領には「学校における道徳教育は、道徳を要として学校の教育活動全体を通じて行うものである」と記されている通り、本校では、様々な場面を通して、全教育活動を通じた道徳教育を意図的・計画的に推進することとし、次の校内研究組織を構成した。

道徳教育の校内研究組織（図2）は、校長を筆頭として研究企画会を設置した。これは管理職・研究推進委員長・研究主任を構成員とし、研究内容は「研究の方向性などの検討」とした。研究推進委員会は、研究企画会の構成員に、各学年から一名選出した推進委員を加えた。ここでは主に推進に関わることの全般を検討したが、特に「道徳科を中心とした各教科等との関連」「豊かな人間関係をつくる心づくり」などの具体事項を検討した。全体会は全職員で構成し、協議事項の検討と共通理解を図った。学年部会は道徳の授業を検討した。

図2　道徳教育の校内研究組織

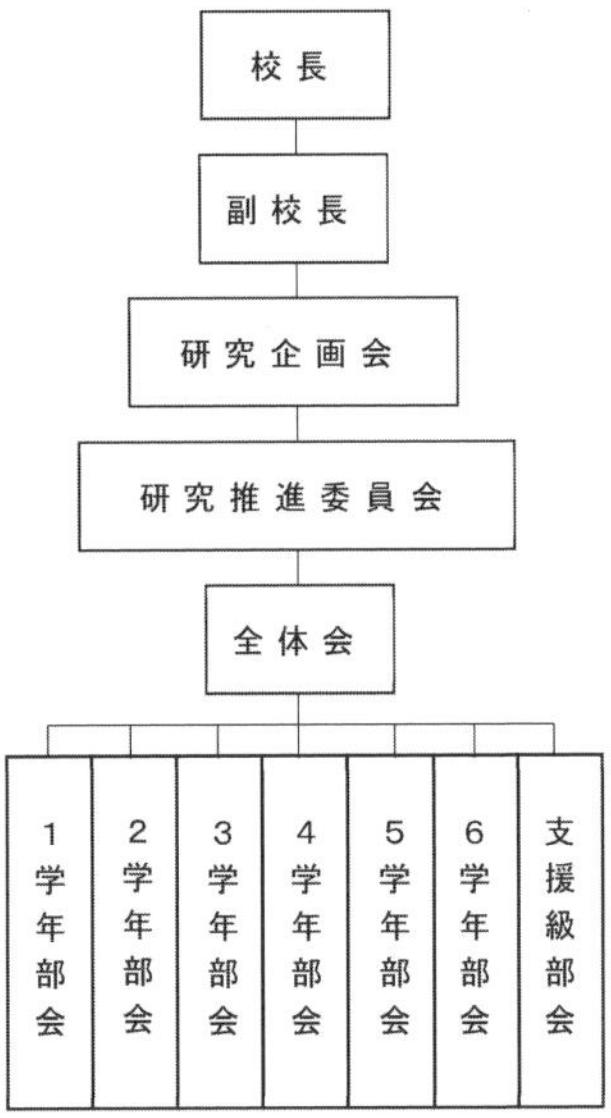

2　道徳教育全体計画

「道徳教育全体計画」（図3）は、学校教育活動全体で行う道徳教育を俯瞰するものとして定め、この活用に励んだ。学級担任は、この計画を基に、全員が指導案を作成し、年間一回以上、研究授業を公開することとした。この指導案は単一授業の本事案を記すだけでなく、本時と関連する内容項目の授業、各教科等とのつながりを考え、「関連図」を記すこととしている。学級担任が関連図を考える際は、随時更新し、生きて活用できるものとなるように促した。重点的に関連を図る教科や単元を定め、実施後には掲示し、全職員と共有した。

四　具体的な取組

1　情報発信・心の育成

(1)　校長講話（全校集会）

校長講話は校長の思いやビジョン、考えを伝える絶好の機会である。また、児童との親しみのある人間関係の構築にも役立つと考える。全校児童へ一斉に道徳的な価値観を高めるにも効果は高い。

そこで、校長講話は、子どもたちが興味をもち、笑いながら、楽しみながら、考え、悩み、知らず知らずのうちに学び、心の育成が図れるものとなるよう努めた。

講話内容は、「楽しく学ぶ学校について」「考えることの大切さ」「みんなと仲良くしよう」「自信をもとう」「未来を切り拓く力」など道徳観も養えるものとした。

具体物なども取り入れた。アニメやTV番組などの流行ものや、パペット・ぬいぐるみ・フィギュア、プレゼンスライド、写真・動画、音、クイズなど、興味を高める工夫をした。これは、教師が授業に具体物を取り入れようとする意欲の向上、授業力向上もねらった。

(2)　学校ホームページ・ブログの活用

学校ホームページのブログは、保護者や地域へ学校の情報を配信したり、学校ビジョンを共有したりするために欠かせない。本校はブログを積極的に活用し、子どもの様子を適宜伝えることとした。

ブログは毎日の最新状況を写真と説明文で構成した。写真は一ブログにつき六枚掲載し、より多くの子どもたちの活動状況が的確に伝わりやすいものとした。一日十ブログほどアップしたので、一日につき六十枚の写真と六十名以上の子どもの様子を伝えることになる。

保護者からは「毎日楽しみにしている」「子どもの活動の様子が分かりやすい」「家庭で子どもとの会話の話題となっている」と声を掛けられた。子どもはカメラを向けると喜んで写ろうとする。「ブログに載ることで家庭で会話がはずむ」という心地よさを感じているようである。ブログは、家庭に親子のコミュニケーションを芽生えさせ、子どもたちが、認め、励まし、褒められることで、自己有用感が高まるなど、子どもたちの心の育成にも役立っているようである。

社会
国家・社会の形成者として必要な公民的資質の基礎を養う。

算数
物事に対して、合理的・論理的に考えを進めることを通して、公正・公平な態度を育てる。

理科
生き物の観察や飼育の活動を通し、自然を大切にしようとする態度や生命を尊重しようとする態度を育てる。

音楽
音楽を愛好する心情と音楽に対する感性を育て、豊かな情操を養う。

図画工作
感性を働かせ、つくりだす喜びを味わい、豊かな情操を養う。

家庭
家族の一員として生活をよりよくしようとする態度を育てる。

体育
健康の保持増進を図り、楽しく明るい生活を営む態度を育てる。

生活
生活上必要な習慣や技能を身に付けさせ、自立への基礎を養う。

外国語
他者を配慮し受け入れる寛容の精神や平和・国際貢献などの精神を育てる。

補充・深化・統合

親切、思いやり
規則の尊重
〈中学年〉
希望と勇気、努力と強い意思
友情、信頼
善悪の判断、自律、自由と責任
〈高学年〉
希望と勇気、努力と強い意志
相互理解、寛容
規則の尊重
【各学年に共通した内容】
生命尊重

指導方針
○全教育活動で行う道徳教育を補充、深化、統合し、要としての役割を果たす。
○年間指導計画に基づき、計画的、発展的に指導し、計画の改善を行っていく。
○道徳的価値の自覚、自己の生き方についての考えを深め道徳的実践意欲を育成することを目標とする。

資料を通した共通体験
友だちとの多様な考えの交流
自分を振り返る活動
→ 高められた道徳的価値観に照らして自己を内面的に自覚する
→ 道徳的実践意欲

指導の工夫（基本型から広がりを求めて）
・指導過程
・資料提示
・発問（中心・基本）
・話し合い
・書く活動、表現
・板書
・評価（見取り）
・道徳的価値の振り返り

補充・深化・統合

児童会活動
学校生活の向上を目指し、自治的、自発的活動をすることで、自主性と社会性を養い、個性の伸長を図る。

クラブ活動
学校生活を楽しくするために、共通の関心を追求する中で、自主性と社会性を養い、個性の伸長を図る。

学校行事
集団での行動を通して集団の一員としての自覚を高めるとともに、所属感、連帯感を高める。

なすことによって学ぶ

総合的な学習の時間
・花と緑の活動
植物を育てる活動を通して、いのちと関わり、自然の不思議や生命の力を感じ、自然や動植物を大切に守り育てていこうとする気持ちを育む。
・体験を通した課題の解決
道徳教育で培われた道徳性を基盤として、体験的な活動を通してそれを「生きる力」として根付かせていく。

生活指導
子ども自ら自己実現を図っていくための自己指導能力の育成

その他の教育活動における道徳教育
日常活動、当番活動、地域活動、朝の会、帰りの会等

環境整備
・潤いのある教育環境の整備に努め、学習意欲を促す学習条件を整える。
・正しい言葉遣いを励行し、礼儀や善悪をわきまえた道徳的心情を育てる。

家庭・地域との連携
・家庭における日常性、地域のもつ広汎性等、子どもたちの基本的生活習慣や社会的な行動規範の定着を図ることで、豊かな人間性・社会性を培う。
・「道徳一斉授業参観・懇談会」や校内研便り「ともに生きる」を通して、学校の道徳教育の取り組みを積極的に発信し、家庭や地域との連携を図る。
・家庭や地域との連携を深めるために意図的、計画的な道徳教育を展開していく。

指導体制
・校長の方針の下、道徳教育推進教師を中心とした全教職員が参画する協力体制をつくる。
・道徳科の指導、各教科・総合的な学習の時間・特別活動・外国語活動などと道徳教育の関わりを考えながら、全教育活動における道徳的実践の場の意図的、計画的な指導を行う。

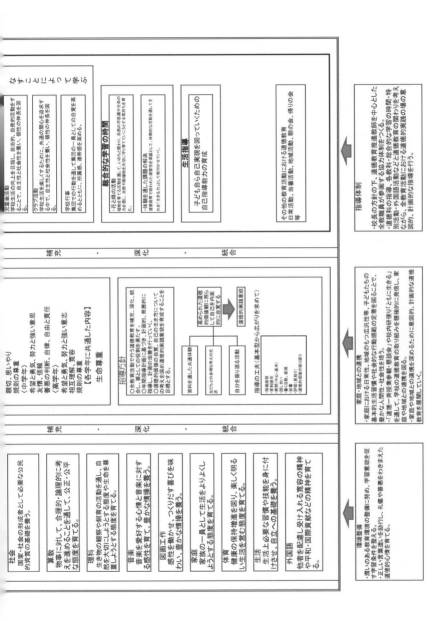

図３　令和４年度　道徳教育全体計画

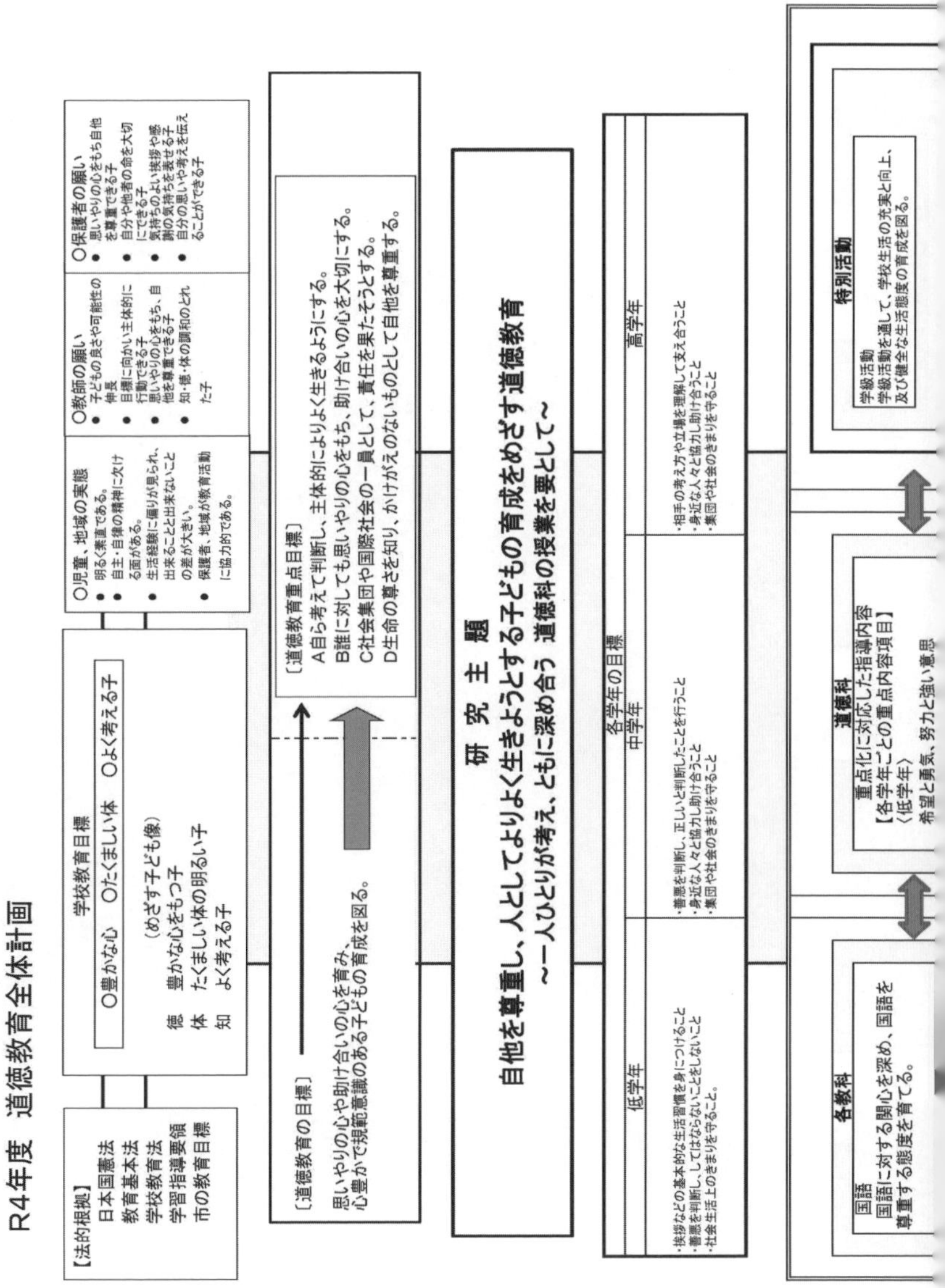

２「特別の教科　道徳」の授業改善

⑴　授業公開

校内研究の主題は「自他を尊重し、人としてよりよく生きようとする子どもの育成を目指す道徳教育」である。サブテーマは「一人ひとりが考え、ともに深め合う、道徳科の授業を要として」とし、「考え、議論する道徳」への転換に重点的に取り組み「一人ひとりが考え、ともに深め合う」とはどのような姿なのか、協議を重ねた。

授業を構成する際には「価値観、児童観、教材観」のていねいな分析に基づき、明確な指導観をもった授業づくりに取り組んだ。どの教材がよいか、どのような発問がよいか、どのような具体物を提示すべきか、板書はどうあるべきか、自己の生き方を見つめさせるにはどのような展開がよいかなど、多様な手だてについて、学年ごとに話し合わせた。

学年で協議した授業案のもと、学級担任は一年間で一回、必ず授業を公開することとした。学年で研究協議を重ね、授業実践を積み重ねることで、道徳科の授業の充実と改善を図ってきた。

⑵　研究協議

学年団が公開した研究授業は、全教員が参観した。生参観、オンライン参観、録画動画参観など多様な参観方法を選択できることとした。

参観後は、全体会を行った。授業者自評ののち、三グループに分かれた。グループは十数名で構成したが、四名程度の小グループに分けることもあり、話し合いの活性化をねらった。グループは学年職員を分散させ、各学年の視点も取り入れられるように工夫し、協議の質の向上を図った。

グループ協議後の全体会では、各グループの協議報告をもとに、全体協議を行い、教職員同士の学びを共有化した。大学教授や教育委員会指導主事を招聘し、指導助言をいただくことで学びを深めた。

五　おわりに

１　児童の変容

令和四年度全国学力学習状況調査・児童質問紙項目の「学校に行くのは、楽しいと思うか」に楽しいと答えた児童は九割を超えた。「当てはまる」「どちらかといえば当てはまる」と回答した児童の合計である。これは、神奈川県や全国の値を超えている。

また「自分にはよいところがあるか」の肯定的な回答も八割を超え、県・国の値を上回った。「友達と協力するのは楽しいと思うか」「人が困っている時は、進んで助けているか」「自分と違う意見について考えるのは楽しいと思うか」に対する肯定的な回答も九割前後であった。

2　教職員の変容

この結果をもとに、教職員でグループ協議を行った。「学校に来ることや友達と協力することを楽しく感じているようだ。」「友達を大切にする・いじめを許さないなどの心情を育めている。」などの感想が多くあり、本校の取組の成果を実感している様子がうかがえた。

また「自己有用感・自己肯定感を育成することの大切さに改めて気付いた。」「友達と違う意見について考えるのは楽しいと感じている子どもが多かったのは嬉しい。」など「考え議論する道徳」の授業づくりの手ごたえを感じているようであった。

3　今後にむけて

この調査結果が本校児童の全容を明らかにしているわけではない。本調査は六年生だけの調査結果であり、全校児童の値ではない。

また、その他の質問項目においては、肯定的な回答だけが高いわけではない。課題も多数ある。

今回の調査結果を励みにしながらも、課題を真摯に受け止め、今後も組織運営と教師力向上に努め、全校児童が「行きたいよ淵野辺東小学校」と心から思い、楽しく学ぶ学校づくりを推進していきたいと考える。

子どもたちが、仲間と、議論しながら、悩みながら、考えながら、認め合い、高め合い、力を合わせて、たくましく、未来を切り拓いていってほしいと願っている。

子どもたちの未来のため、夢のため、希望のため、そして笑顔のために、校長として鋭意努力する所存である。

3　外国語活動・外国語科（英語）を推進する学校経営

「チーム出水南」のチャレンジングな取組

熊本県熊本市立出水南《いずみみなみ》小学校長

上　妻　　薫

〈本校の概要〉

本校は、政令指定都市熊本市の中央区に位置し、創立四十三年となる。令和四年五月一日現在の児童数八百十五名、学級数二十九学級、教職員数五十名の学校である。創立当初から隣の熊本支援学校との交流を継続しており、心の教育にも力を入れてきた。これまで、特別活動、道徳、図画工作、体育科など様々な研究校として取り組んでいる。

令和二年度は、全国学校体育研究優良校を受賞するなど体育科を中心に取り組んできている。

一　はじめに

本校の学校教育目標は、「主体的に考え、仲間と協働し行動できる子どもの育成」である。子どもたちが、社会の課題を自分ごととしてとらえ、仲間と協働して取り組んでいくように育ってほしい。サブテーマは、『「チーム出水南」の挑戦』としている。変化の激しい社会、予測困難な時代である。課題解決に向けて、一人のスーパーティーチャーではなく、チームで取り組んでいかなくては解決できない。そんな思いから、この学校教育目標を設定した。

本校は、これまで様々な研究校として取り組んできた歴史がある。令和三年度は、九州学校体育研究会の会場でもあった。そこから、外国語活動や外国語科を推進するまでの経緯を次に記す。

二　職員が参画する学校経営への方策

1　年度初めの学校教育目標の共有化

令和四年度当初の職員会議では、学校教育目標の共有化を行った。年度初めの会議は、たくさんの会議題があるが、職員の共通理解のために必要なので、最優先した。この学校教育目標は二年目となるので、職員に「実現できている子どもの姿」と「今年目指したい子どもの姿」を学年部で話し合わせ、共有できるノートに書き込むようにワークショップを行った。

学校教育目標共有化のためのワークショップの様子

このワークショップを行うことで、学校教育目標を子どもの具体の姿で語り合うことができたと考える。さらに、各学年の実態に応じて、今年一年間の取組を考える上で、大きな示唆を与えることができたと思う。子どもたちにやや消極的な面があり、自信がないことや進んで取り組むことが苦手であること等、職員がそれを課題だと考えていることも分かった。とにかく、このワークショップを無駄にしないためにも、出てきたキーワードを学校だよりにも掲載したり、学年経営のキーワード等で用いたりするなど工夫した。職員が学校教育目標を自分ごととしてとらえることができたと思う。

次に、学校経営の全体構想を示しながら、外国語活動・外国語科への取組を職員へ語っていった。目指す子どもの姿は、いろいろなところからアプローチできると考える。令和三年度から取り組んできたカリキュラム・マネジ

図1　ワークショップのときの共有ノート（記録）

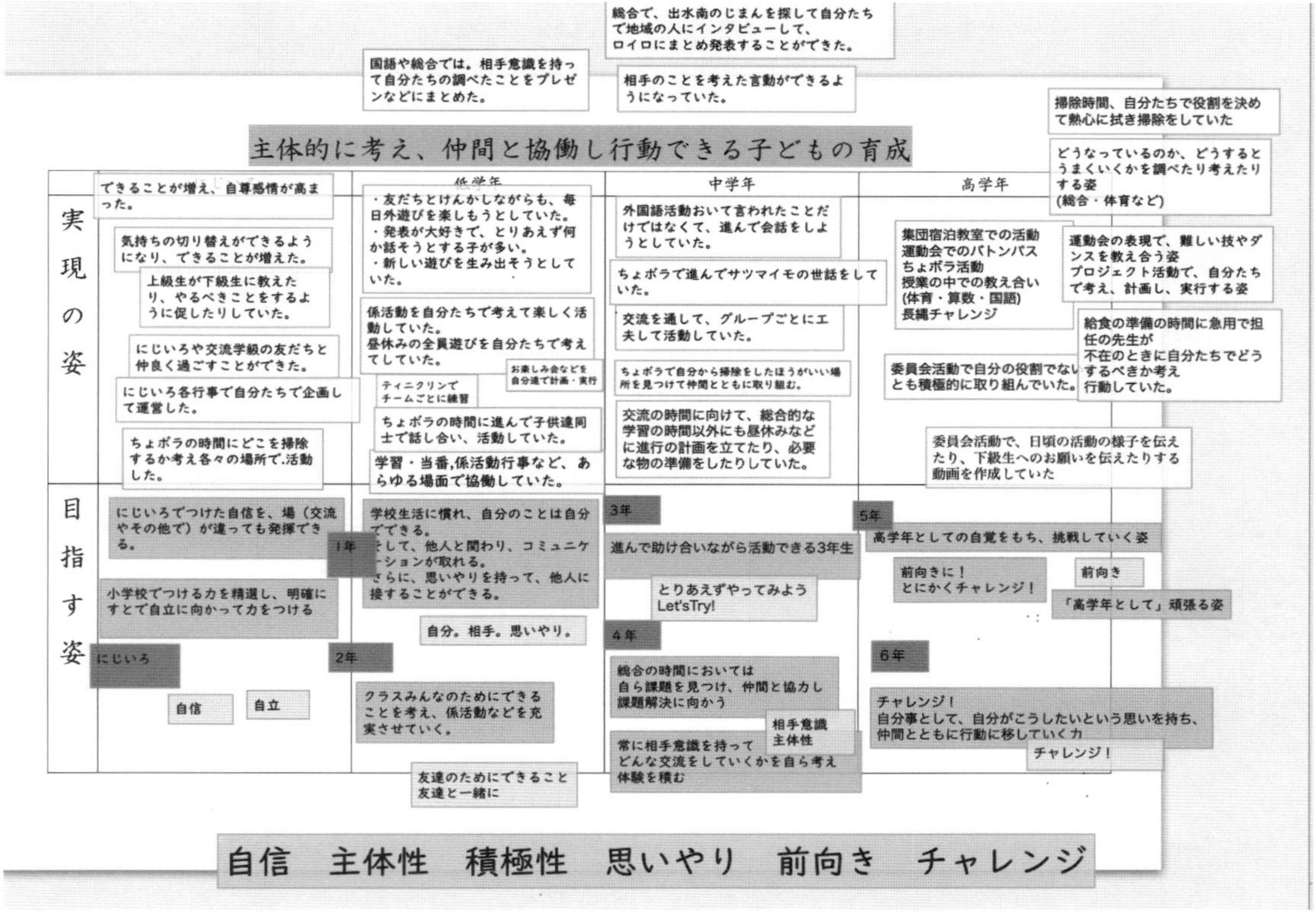

メントを中心に外国語活動や外国語科の授業に取り組むことを語っていった。また、熊本市の現状として、外国語専科が授業を行っている（複数校の兼務）のは、市内の三十七校である。九十二校のうち、それ以外では、自分で外国語の授業をしていくことになる現状からすると、今、この学校で外国語の授業ができるようになることが長い教員生活のなかでも意義があることであるのでないかということを職員の前で語っていった。職員にも、教師としての授業の質の向上を目指す研修としたいという考えは伝わったと思う。

2　四部会での取組

学校教育目標を具現化する上で、学年部はもちろんのこと、学年部から一人ずつ（または複数名）が四つの部会のどれかに属するような組織をつくっている。具体的には、徳・知・体・環境部会の四つである。知部会は、研究推進委員会を兼ねているので、そこでの話し合いが、外国語活動・外国語を推進する上での大きな役目を果たす。次に示すのが学校経営の全体構想である。

3　四部会での話し合いの共有化

部会の時間が確保できないのは、どの学校でも同じであろう。本校は、毎月、第四週の放課後の三十分間を四部会の時間として確保している。それぞれの部会に各学年の代表が参加するので、各学年の進捗程度や悩み等が共有できる。そこにおいても、共有シートを活用し、必ず記録として残し、全職員が共有できるように工夫している。

各部会は、部会長が中心となって進めている。話し合い等の進め方が分からない時には、部会長が管理職に相談することはあるが、基本は、学校教育目標の実現に向けて、各部会で取り組むことについての共通理解や共通実践を話し合う場である。この取組は二年目であるが、最近は部会長から、「これについては、部会で話し合います。」というような発言が聞かれるようになり、職員参画の組織が確立してきたと考えている。

図２　学校教育目標ならびに全体構想

令和４年度　　教育目標及び学校経営の方針　　熊本市立出水南小学校

日本国憲法
教育基本法
学校教育法
学習指導要領

学校教育目標
主体的に考え、
仲間と協働し行動できる子どもの育成
～「チーム出水南」の挑戦～

市教育振興計画
市人権教育基本方針
学校評価・地域の願い
児童の実態・保護者の願い

校　訓　やさしく　かしこく　たくましく

《めざす子ども像》

- ○　進んで人の役に立ち、さわやかな挨拶をする子ども
- ○　自ら学び、主体的に社会の課題を解決できる子ども
- ○　命を大切にし、意欲的に運動に親しむ子

《めざす学校像》

- ○　あいさつの声が響き、笑顔あふれる学校
- ○　緑や花が豊かで安心・安全な学校
- ○　家庭・地域と共に歩む学校

《めざす教職員像》

- ○　時間を意識した働き方を心がけ学び続ける教職員
- ○　教育的愛情をもち、子どもたちから信頼される教職員
- ○　社会性と高いコミュニケーション能力をもった教職員

ESD for SDGs（持続可能な社会の創り手を育む教育　～みんなが幸せな学校～　）

本年度の重点実践事項

徳	知	体	環境
進んで人の役に立ち、さわやかな挨拶をする子ども ○ボランティア活動の推進 ○挨拶と掃除で心を磨く ○スマイルアンケートの着実な実施と早期対応 ○交流教育（校内外）の充実 ○互いのよさを認める文化を育む	自ら学び、主体的に社会の課題を解決できる子ども ○カリキュラムマネジメントの実現 ○「教わる」授業から「学びとる」授業への転換➡子ども主役の授業 ○パフォーマンス課題とルーブリック評価の充実 ○外国語教育の充実	命を大切にし、意欲的に運動に親しむ子ども ○感染症対策を取り入れた新しい生活様式の確立 ○自らの健康習慣を見直し、よりよい生活を営む態度を育む取組 ○体力テストの結果分析と教科体育の充実 ○総合運動部の円滑な実施	最適な教育環境の整備「環境は人を育てる」 ○年間計画に基づいた環境緑化活動の推進 ○一人一苗　一人一鉢運動の推進 ○校内環境の整備（職員室・教室・廊下の整理整頓・掲示物等）

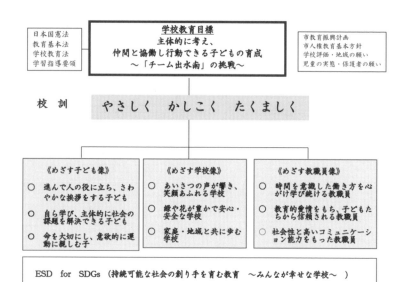

三　校内研究の推進

1　研究の全体構想

研究主題は、「豊かな学び手が育つ授業の創造」にした。「豊かな学び手」とは、他者と協働して課題に取り組んだり、自らを動機付けたりしながら学び続ける「資質・能力」を主体的に高めている姿ととらえている。これは、全ての教科等について、必要な「資質・能力」であると考える。

このような「豊かな学び手」が育つために、二つの視点から研究を進める。

一つ目は、子どもの主体性を引き出す学習課題の設定である。現実的で真実味のある真正な場面を設定するなど、子どもが様々な知識やスキルを総合して使いこなすことを求めるような課題、いわゆるパフォーマンス課題の設定を研究する。

二つ目は、子どもが学びを実感できる評価の工夫である。具体的にどのような学びを目指すのかの具体的な姿を表す評価の規準（以下、「学び方ルーブリック」）を作成した。さらに、パフォーマンス課題の達成に向かう際に、そのパフォーマンス（筆記や実演）を評価する「成果物のルーブリック」を作成した。これは、この単元のねらいを達成するためのものであり、子どもの実態をもとに、どう目標に近付けていくかの指標になるものである。この「成果物のルーブリック」を作成することで、授業者も子どもも、どのようなパフォーマンスを目指しているのかを共有できる。これら二つの視点から研究に取り組んだ。

これは、どの教科を研究するにも、必要なものであるので、様々な教科の研究に取り組んできた本校においても、取り組みやすいと考えた。

2　具体的な実践

(1)　単元構想を練る

パフォーマンス課題をどのように設定するのかを実際に、学年部で話し合う研修を行った。学年で話し合う時間を設定し、その成果をお互いに共有し合う時間をつくることが大事である。図4に示すような単元構想図を作成した。これをもとに、学年での授業を考えるようにした。

図３　学び方ルーブリックの具体

低学年

観点	◎	○	○	△
すすんで	・めあてがわかり、とりくんだ。 ・友だちの考えもとり入れた。	・めあてがわかり、友だちにも聞いた。	・めあてがわかり、とりくんだ。	・何をどうしていいのか分からなかった。
みんなで	・自分の考えと、友だちの考えを合わせた。	・自分の考えと友だちの考えのちがいに気付いた。	・自分の考えのよさに気付いた。	・自分の考えがもてなかった。
生かす	・自分の考えが友だちの考えでもっとよくなったことを伝えることができた。	・自分の考えと友だちの考えの違いを伝えることができた。	・自分の考えをだれかに伝えることができた。	・自分の考えを伝えることができなかった。

中学年

観点	S	A	B	C
自ら	今日することが分かり、やる気をもって進んでがんばり、今日のめあてがたっせいできた。友達にもアドバイスをすることができた。	今日することが分かり、やる気をもって進んでがんばり、今日のめあてがたっせいできた。	先生や友達に手伝ってもらって、今日することが分かり、今日のめあてがたっせいできた。	今日することが分からず、今日のめあてをたっせいできなかった。
みんなで	自分の考えをもち、進んで友達と考えを伝え合うことができた。友達の考えのよさを見つけ、伝えることができた。	自分の考えをもち、進んで友達と考えを伝え合うことができた。	先生や友達に手伝ってもらって、自分の考えをもち、伝え合うことができた。	自分の考えをもつことができず、友達と考えを伝え合うことができなかった。
生かす	新しい気づきや問い、考えなどを伝えようとした。これからの学習にいかそうとした。	新しい気づきや問い、考えなどを伝えようとした。	先生や友達に手伝ってもらって、新しい気づきや問い、考えなどを伝えようとした。	新しい気づきや問い、考えなどがなかった。

高学年

観点	S	A	B	C
主体的な学び	今日の課題がわかり、進んで取り組み、今日の課題が解決でき、友達をサポートすることもできた。	今日の課題が分かり、進んで取り組み、今日の課題が解決できた。	先生や友達にサポートしてもらって今日の課題が分かり、課題を解決できた。	今日の課題がわからず、今日の課題を解決できなかった。
対話的な学び	自分の考えをもち、進んで友達と意見交換をする中で友達の意見の良さを見つけたり、自分の考えを高めたりすることができた	自分の考をもち、進んで友達と意見交換をすることができた。	先生や友達にサポートしてもらって友達と意見交換をすることができた。	自分の考をもつことができず、友達との意見交換もできなかった。
深い学び	課題を解決するために新しい気づきや問い、考えなどを学習や生活の中で生かそうとした。	課題を解決するために新しい気づきや問い、考えなどを学習の中で生かそうとした。	先生や友達にサポートしてもらって、新しい気づきや問い、考えなどを伝えようとした。	課題に対する気づきや問い、考えがなかった．

実際に、学年間で授業の構想を練って、授業計画を立てることで、授業のイメージを共有できた。

(2)　実技研修

英語専科教諭やＡＬＴが中心となって実技研修を行った。本校は、英語専科教員の配置校であり、外国語科の授業は、専科教員が行っているため、担任は空き時間となる。実際に授業で使える簡単なゲーム等を職員と共有することで、外国語科の授業への助走となった。

(3)　実際の研究授業

実際の研究授業においても、一人一授業ということで、全員が研究授業をするようなシステムにしている。研究授業をすることで、本校の研究が自分ごととなり、自身の教師としての成長の機会にしてほしいと願っている。

図４　単元構想図

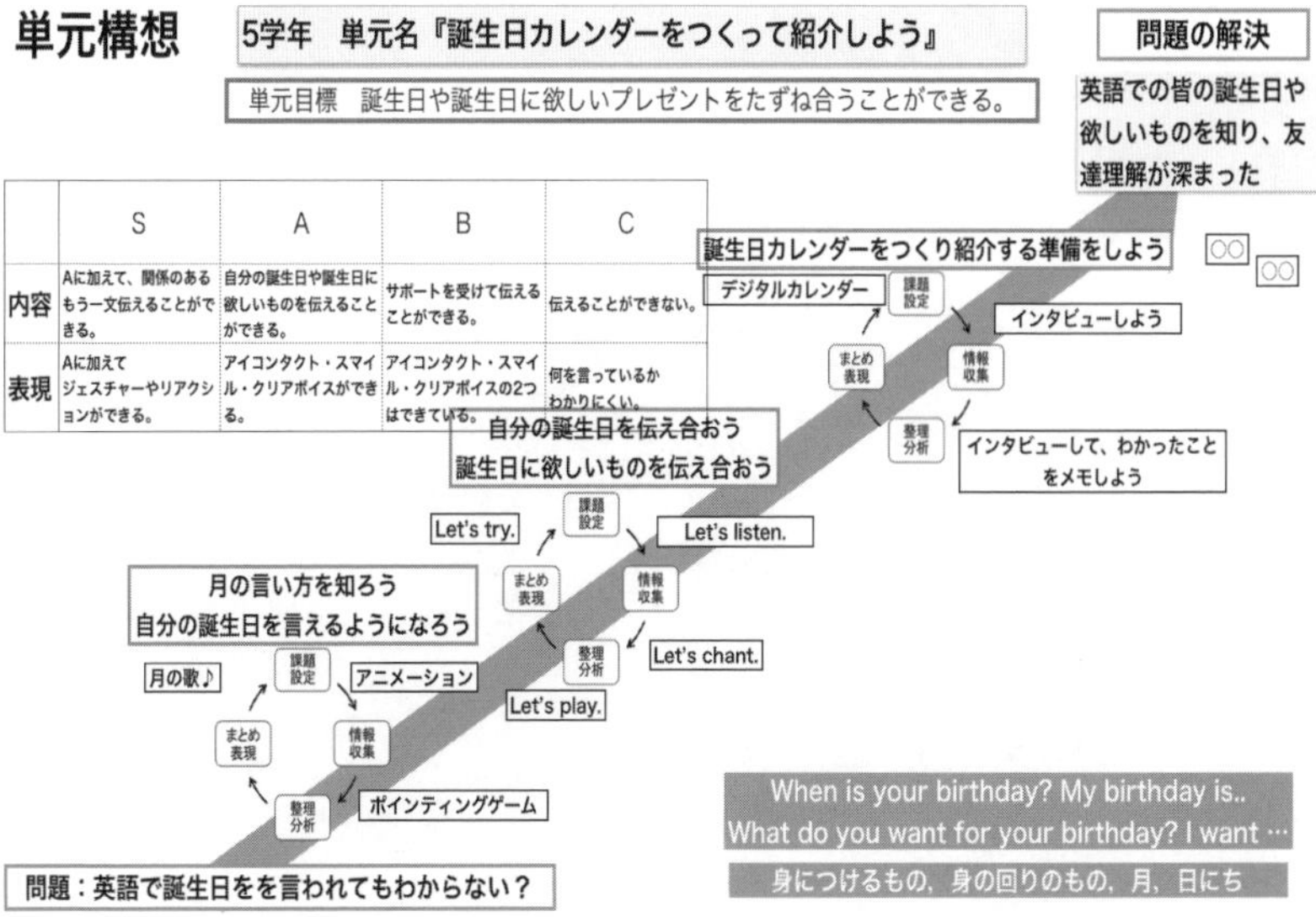

四　おわりに

本校に赴任して二年目となった。赴任した当初、本校は、体育科を中心に研究してきており、研究発表の会場校でもあった。自分が赴任したから、研究の教科を変えていいのだろうか、また、外国語の研究大会を受けているからといって、職員を巻き込んでいいのだろうかと大変悩んだ時期もあった。

だからこそ、この研究が他教科にも生きるものであり、「令和の日本型学校教育」を象徴するものであってほしいと考え、二年目は、カリキュラム・マネジメントの実現を目指した外国語教育を推進している。職員にも、自分の成長につながったと思えるような研究でありたいと願うばかりである。いつか、本校で学んだことが、教師人生の中で、役立つ日がくることを願ってやまない。

4　コミュニティ・スクール（学校運営協議会制度）を活用する学校経営

組織を活用してチーム力を高める学校経営

島根県雲南市立西《にし》小学校長

梅木喜嗣

〈本校の概要〉

六年前、国の特別天然記念物であるコウノトリが校区内で営巣し、四年前からは校地内に設置された人口巣塔で連続して四羽のひなが誕生している。これにより、地域をあげてコウノトリが子育てしやすい町を目指して取り組んでいる。

本校は、現在児童数は百四十名、学級数は九学級、教職員数二十二名の学校である。教育目標は、「自分と人とふるさとを愛し、心豊かでたくましい子どもの育成」である。本校の特色である「コウノトリ学習」を柱にカリキュラム・マネジメントを推進することで、ふるさとへの愛着を育み、主体的に学び、仲間と切磋琢磨して学び合う児童の育成を目指している。

一　はじめに

平成二十九年、国の特別天然記念物であるコウノトリが校区内で営巣し、ひなが誕生してから、地域をあげてコウノトリが子育てしやすい町を目指した取組が始まった。令和元年には、本校に設置された人工巣塔に営巣し、以降、四年連続して四羽のひなが巣立っている。コウノトリは、児童にとってより身近な存在となるとともに、本校のシンボル的存在であり、児童にとってふるさとや学校の自慢、誇りであるととらえている。

こうした児童の実態を踏まえ、本校では、巣作りに使える木の枝を集める「一人一枝運動」や「見守りボード」などの活動を『げんきくんとひなたち応援プロジェクト』と名付けて取り組んでいる。さらに、教科等の学習と関連させながらコウノトリを題材とした単元を構想した「コウノトリ学習」に取り組んでいる。

本校は、自然環境に恵まれるだけでなく、地域の人材や素材も豊富で、地域の学校教育に対する協力支援も得やすく、地域から学べる環境にあると言える。

二　中学校区で一つのコミュニティ・スクール

1　雲南市の目指すコミュニティ・スクール

雲南市では、学校が地域住民等と目標やビジョンを共有し、地域と一体となって子どもたちを育む「地域とともにある学校づくり」を目指し、中学校区に一つのコミュニティ・スクールを設置している。

この中学校区でのコミュニティ・スクールの導入は、①「『夢』発見プログラム」を核とした、保幼こ小中での一貫したキャリア教育の推進

②地域・学校・家庭が中学校卒業時の生徒像を共有し、そこに向かい対話を進めることにより、地域総がかりで地域の子どもを育てていこうとする意欲の醸成と取組の充実化を目指している。

2　大東中学校区学校運営協議会

本校の所属する大東中学校区学校運営協議会（中学校一校、小学校四校）は、令和元年度に設置され、委員を地域自主組織からの代表、小・中学校、保育園、幼稚園及びこども園の保護者からの代表、民生児童委員からの代表、校区の小・中・高校の校長並びに園長等で組織している。

目指す子ども像を「自分と人と地域を愛し、挑戦し続ける子ども」とし、次の目的と役割をもって活動に取り組んでいる。

●学校運営協議会の主な目的

学校・家庭・地域が共通したビジョンをもった教育活動を展開する。（十五の春の旅立ち・たくましく生きる力をもった子どもの育成）

●学校運営協議会の役割

・一貫教育推進に関する取組について、承認や意見を述べることができる。（保護者や地域のニーズを学校運営に反映）

・大東中学校区の学校等と地域との連携・協力に係る総合的な支援の企画、提案、意見交換等を行う。

3　大東中学校区一貫教育推進構想

雲南市では、幼児期から高等学校（後期中等教育期）までの発達段階において解決すべき課題に取り組むために、目標を一つにする系統化・体系化した「『夢』発見プログ

図１　組織図

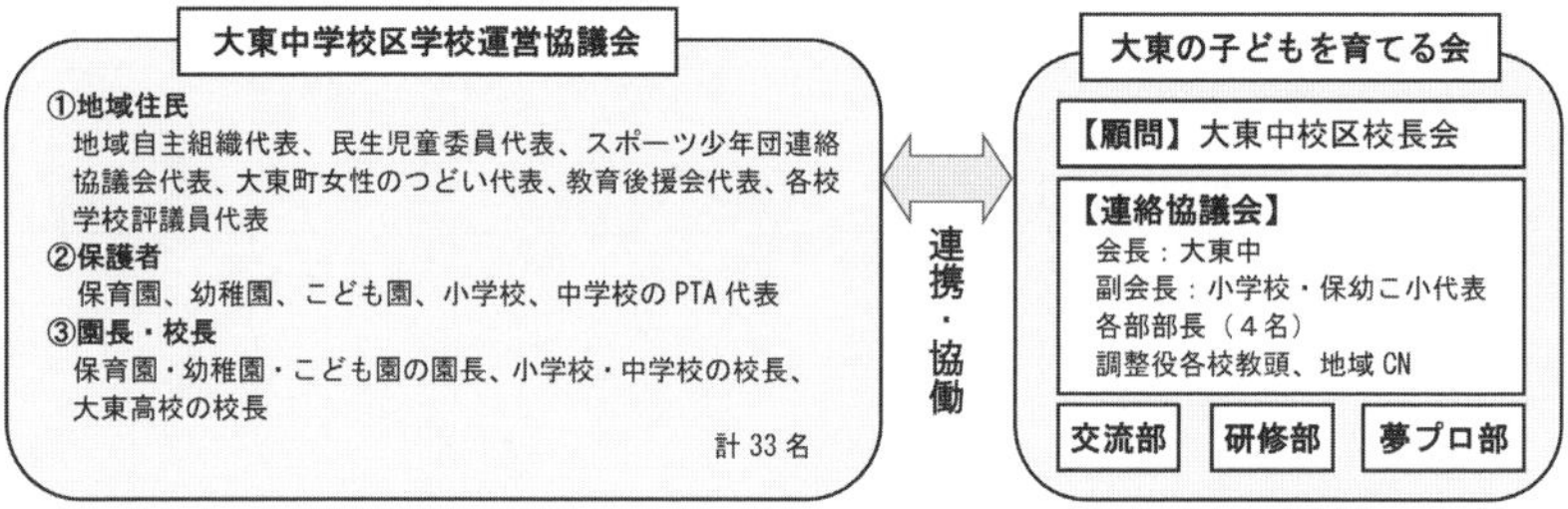

ラム（雲南市キャリア教育プログラム）」を策定し、育成したい力を共有し、段階的に身に付けさせていくようにしている。大東中学校区でも『夢』発見プログラム（大東中学校区版）」（図2）を作成し、小中学校の一貫したキャリア教育を推進することで、ふるさと教育の充実を図っている。

本校においては、学校の特色である「コウノトリ学習」も「『夢』発見プログラム」に位置付け、カリキュラム・マネジメントを推進することで、ふるさとへの愛着を育み、主体的に学び、仲間と切磋琢磨して学び合う児童の育成を目指している。

さらに、校区の学校や保育園、幼稚園、こども園などからなる「大東の子どもを育てる会」で進める一貫教育の取組は、学校運営協議会において共有するとともに内容を検討、評価しながら意見をもらっている。（図１）

令和三年度においては、「性の多様性に関する指導」を「『夢』発見プログラム（大東中学校区版）」に位置付け、校区内の各学校の養護教諭が中心となって協働して取り組み、実践の内容を学校運営協議会において実践報告するとともに意見交換を行った。

三　「性の多様性に関する指導」の組織的な取組

１　性の多様性に関する現状

最新の調査では、日本のセクシュアルマイノリティは全人口の約一〇％（ＬＧＢＴ意識行動調査２０１９）いると言われている。大多数のセクシュアルマイノリティ当事者が、いじめ被害経験や自死念慮を経験していることからも、学校現場においても、性の多様性が認められる学校づくりが求められている。

図２　『夢』発見プログラム（大東中学校区版）

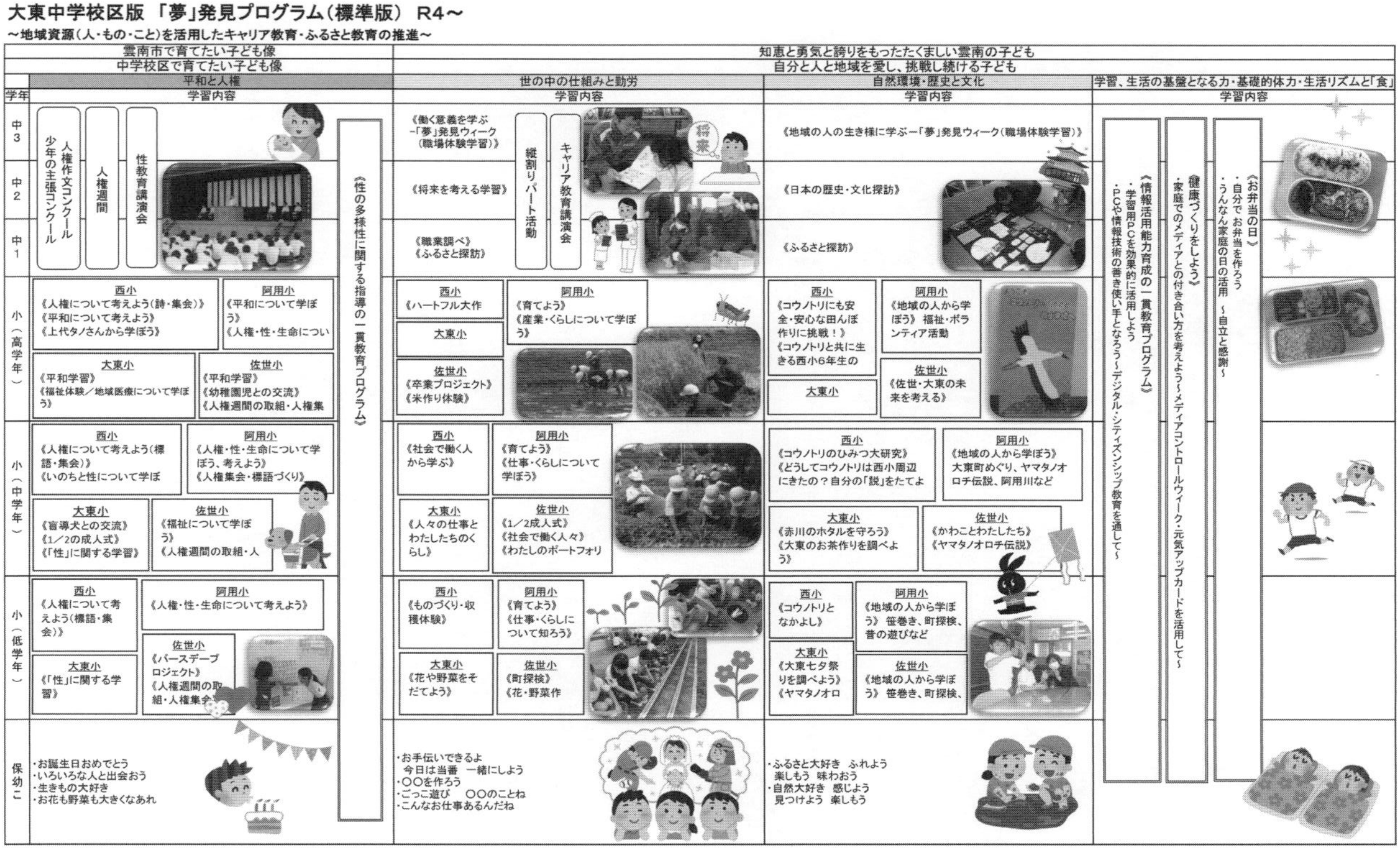

大東中学校区では、これまで性の多様性についての取組に学校間で差があり、子どもたちの知識や認識、理解にも差があった。また、小・中での連携した指導も十分とは言えない状況であった。性の多様性に関する指導は、大東中学校区全体で考えていかなければならない課題であった。

このような背景から、大東中学校区の小・中学校では、「性の多様性」に関する教育を人権教育に位置付け、「みんなちがって　みんないい」と互いに個性を認め合い、児童・生徒が自分らしく安心して過ごせるようにと、発達段階に応じて系統的・計画的な指導を行うこととし、取組をスタートさせた。

2　中学校区全体の取組

校区内で組織的、系統的な指導を行っていくために、まずは「大東中学校区性の多様性に関する指導全体計画」の作成に取り組んだ。（図3）これは、大東中学校区の子どもたちが、性の多様性について同じ知識や認識（素地）をもった状態で入学できるようにすること、発達段階ごとの到達目標を決め、中学卒業までの系統立てた指導を行うことができるようにと、各校の養護教諭が協働して作成にあたった。

この全体計画は、大東中学校区で作成している保幼こ小中一貫教育プログラムである「『夢』発見プログラム（大東中学校区版）」にも位置付け、校区内の全教職員が意識できるようになった。この計画に基づいて、各校で教員研修を行い、さらに、これも養護教諭が作成した具体的な指導案例をもとに、各学校で子どもたちの発達段階に応じて、様々な実践に取り組んだ。

3　西小学校における性の多様性に関する指導の取組

(1)　性の多様性に関する指導に取り組むにあたって

本校ではこれまで、性の多様性に関する内容を取り入れた授業等に積極的な取組は行ってこなかった。また、教員を対象に行った実態調査結果（令和三年七月）（図4）を見ても、これまで性の多様性に関する内容を取り入れた授業を行った教員は少ないこと、取組（授業実施）の必要性に対する意識が高まっていないことが分かった。

そこで、本校での実践をより確実で実のあるものにし

図３　性の多様性に関する指導全体計画

大東中学校区でめざす子ども像

「自分と人と地域を愛し，挑戦し続ける子」

【　大東中学校区夢発見プログラム　】

「平和と人権」　重点目標

○家族の温かさを基盤として，いろいろな人とのかかわりを通して命の尊さを感じたり，他者への共感性や自分を大切にしたりしようとする態度を育む。

○「生きること」の尊さを実感させることを通して，他者の個性を尊重し，自己理解を深め，夢や希望をもって将来の生き方を考えていこうとする態度を育てる。

【実態】

（子どもの実態）

○各学校によって，性の多様性についての知識，認識に差がある。

（教師の実態）

○各学校によって指導方法や指導内容に違いがある。

○小中での連携した指導ができていない。

【今日的課題】

○性の多様性が認められる学校づくり

・正しい知識や理解の習得

・支援体制の確立と相談しやすい環境づくり

・人権教育として発達段階に応じた系統的・計画的な指導の実施

大東中学校　**大東小学校**　**西小学校**　**阿用小学校**　**佐世小学校**

発達段階に応じた学習内容

知的理解

性的マイノリティの人権

人権課題　多様な性のあり方

【多様性の尊重】　「みんなちがって　みんないい」　違いを認め合う，個人の尊厳　※全ての人権課題解決のために必要

	小学校低学年	小学校中学年	小学校高学年	中学校１・２年	中学校３年
学年別到達目標	○自分らしくすごすことの大切さを知り，友だちも自分も大切にしようとする態度を育てる。	○性のあり方は一人ひとり違うことに気づき，自他の違いを認め，互いに相手を尊重できる態度を育てる。	○「多様な性」のあり方に関心をもち，正しい知識を身に着けて，よりよい人間関係を築こうとする態度を育てる。	○性的マイノリティについて正しく理解し，当事者の思いに共感し，誰もが自分らしく安心して暮らせる社会について考え，行動しようとする態度を育てる。	○自他の良さや違いを認め，自分らしさを大切にし，性の多様性だけでなく，社会全体の様々な多様性も認め合い，よりよい社会や人間関係づくりをしようとする態度を育てる。
学習内容とおさえたいこと	○１年生 「すきないろはなあに」 ○２年生 「自分らしくていいんだよ」 ★キーワード 「一人ひとりちがう」 「自分らしさが大切」 ・一人ひとり好きなものは違う ・性別に関係なく，好きなものを選んでもよい ・一人ひとりが大切な命、宝物 ・自分らしさを大切にする ・友だちの違いも大切にする	○３年生 「らしさって何だろう？」 ○４年生 「いろいろな性，いろいろな家族」 ★キーワード 「性別の固定観念」 「いろいろな家族の形」 「傷つける言葉」 ・性別の固定観念に捉われず，自分らしくすごすことが大切 ・家族にはいろいろな形や幸せがあり、違っていてもいい ・一人ひとりに違いがあることが素晴らしいことであり、お互いを認め合うことが大切 ・異性を好きになっても同性を好きになっても好きにならなくてもいい ・性的マイノリティの人を傷つける言葉を使ってはいけない	○５年生 「いろいろな性ってなんだろう」 ○６年生 「自分らしさのものさし」 「みきという女の子」 ★キーワード 「４つの性」 「自分らしさのものさし」 「自分らしくいられる社 ・性には，「身体の性」「心の性」「好きになる性」「表現する性」の４つの性があり、性のあり方は一人ひとり違う。 ・自分を含めた誰もが，性のものさしのどこかに位置づいている。 ・性的マイノリティの人達への差別や偏見があり、苦しい思いをしている人もいる ・お互いの違いを認め合い，誰もが自分らしくいられる社会にすることが大切	○中学１年生 「いろいろな性にもっとくわしくなろう」 ○中学２年生 「僕のもやもや」 ★キーワード 「正しい理解と判断」 「痛みや感情への共感」 ・性は他人ごとではなく，自分を含めた全ての人が当事者である ・性的マイノリティをめぐる様々な人権問題がある ・差別や偏見に捉われない，正しい理解や判断が大切	○中学３年生 「誰もが自分らしく暮らせる社会について考えよう」 ★キーワード 「全ての人が 生きやすい社会」 ・性の多様性だけでなく，社会にはあらゆる「違い」があり、違いを認め合い、誰もが安心して自分らしく暮らせる社会にすることが大切。 ・正しい知識や理解のもとに行動することで、差別や偏見を未然に防ぐことができる。

【共通】　「みんなちがって　みんないい」「困ったことや悩みがある時は、家族や先生、友だちなど信頼できるだれかに相談しよう」

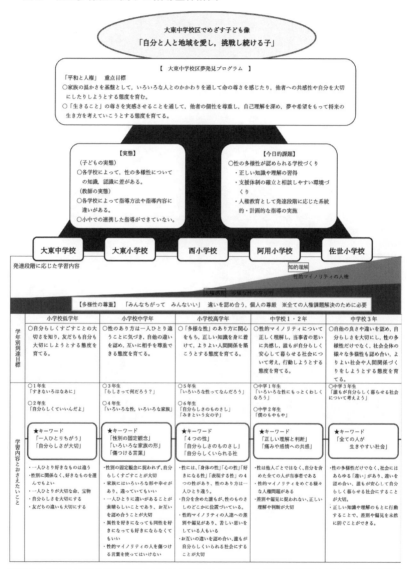

ていくために、次の手だてをとることとした。

①養護教諭と人権・同和教育主任を中心に教職員研修を実施（七月）

②性の多様性に関する授業づくり研修を実施（七月～）

③学習公開日等を活用して、全校で性の多様性に関する指導（授業）を実施（十月）

(2)　教職員研修の実施

教職員が性の多様性に関する基礎知識や、性の多様性を取り巻く状況、日常の学校生活や指導にあたっての心構えなどを身に付けるために、教職員研修を実施した。

研修では、指導主事自身が校長時代に心と体の不一致で悩んでいる児童との出会いをきっかけに、全校をあげて理解教育の実践に取り組んだ経験のある雲南市教育委員会指導主事を講師として招聘した。講師からは、性の多様性に関する基礎的な知識だけでなく、当時の小学校における教職員研修、サポート体制の構築、児童への理解教育の推進など、自ら中心となって取り組んだ話を聞いた。教職員が、多くの示唆を得るとともに、教職員の実践意欲を高めることになった。

図４　性の多様性に関する指導実態調査（実施前）

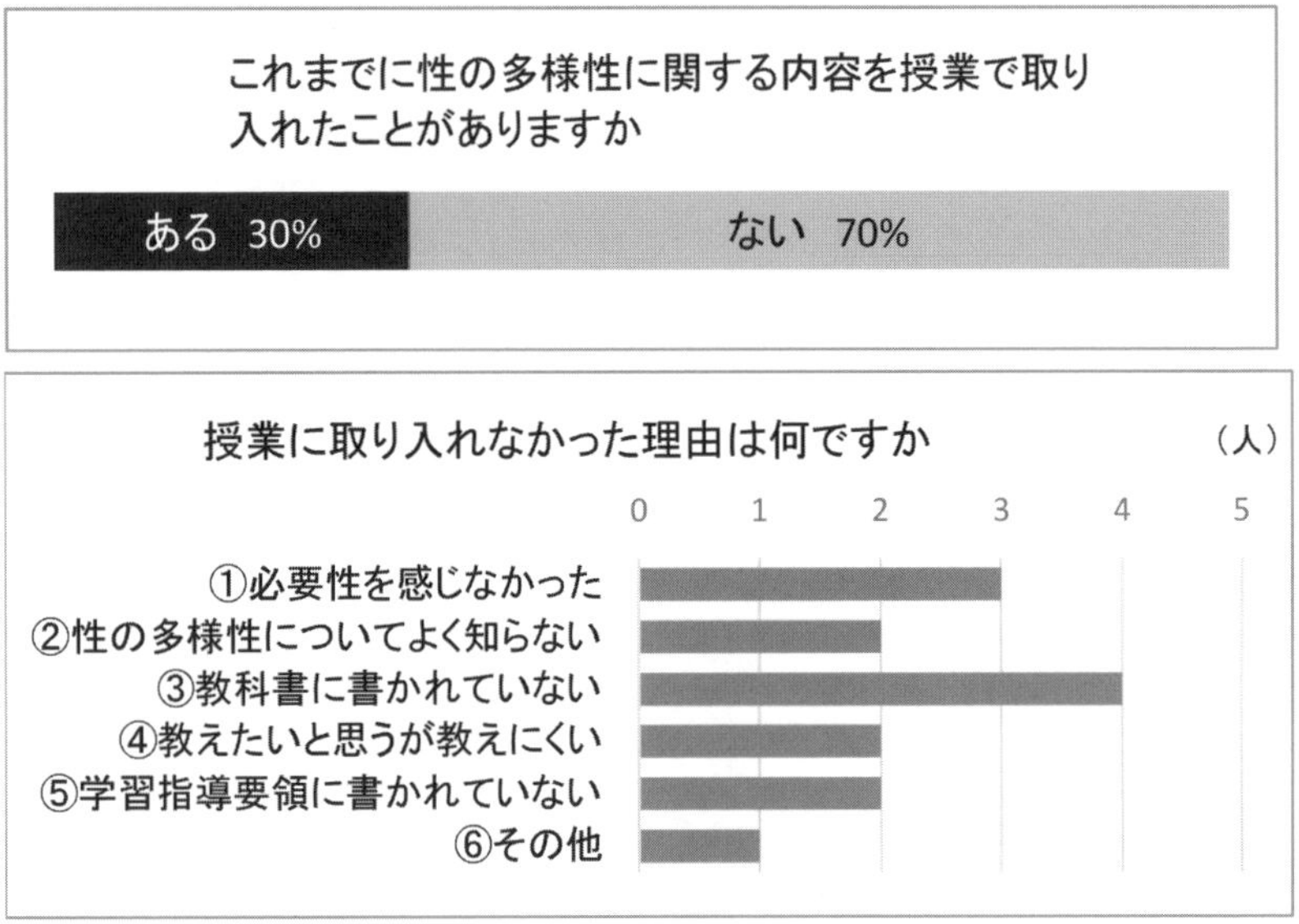

(3)　授業づくり研修の実施

「命・性に関する授業公開」に向けて授業づくり研修（学習指導案及び教材作成）を実施した。研修内容は以下の通りである。

①養護教諭による大東中学校区内養護教諭が作成した「全体計画」及び「学習指導案例」の説明

②「学習指導案例」を参考に、各学年の児童の実態を考慮した学習指導案の作成

③授業に向けた教材・教具の作成及び選定

また、研修にあたっては、雲南市教育委員会指導主事から指導、助言を受けた。

本校の教職員にとっては、これまで経験の少ない内容ではあったが、指導案例を参考にしながら指導主事に相談したり、養護教諭からのサポートを受けながら指導案の検討を行ったりすることで、指導に対する具体的なイメージをつかんでいった。また、教職員が同じ時間、同じ場所で授業づくり研修を行ったことは、系統的・計画的な指導につながるとともに、教職員間の協働意識の醸成や性の多様性に関する指導への意識の向上となった。

(4)　授業を通しての理解教育の推進

作成した指導案例をもとに、性の多様性に関する指導の授業実践を人権教育の学習公開日に行った。

六年生では多様な性について、実際に悩みを抱える人の事例を紹介し、その人の生きづらさの理由とその原因についてグループで話し合った。最後には、誰もがありのままの自分でいるために大切にしたいことは何かを考えた。

性の多様性に関する授業のようす

児童からは、自分たちが大切にしたいこととして、「見た目などで決めつけない」「違いを否定しない」「男子だから女子だからと決めつけて言わない」などの意見が出された。授業後は、「みんな一人一人違って当たり前だということが分かりました。」「男らしさ、女らしさ

を気にせず、誰もが自分に自信をもてるような社会になったらいいなと思いました。」という感想があった。

また、授業後、心と体の不一致について自分なりに考えたり、不一致でも変ではないと自己肯定感を高めたりする児童や担任に自分の悩みを相談する児童の姿が見られた。

(5) 教職員の意識の変容

実践後、教職員の意識調査（図５）を行った。性の多様性に関する指導に必要性を感じると全教員数十七名のうち十六名の教職員が回答していることから、取組を通して教職員の間に、性の多様性に関する指導の必要性の意識が高まったことがうかがえる。

また、指導を継続するために必要事項として、次の項目が高い回答率だった。

・校内研修の推進　・指導案、教材整備　・養護教諭の協力　・保護者への啓発　・校内体制の確立
・授業時間の確保

図５　性の多様性に関する指導実態調査（実施後）

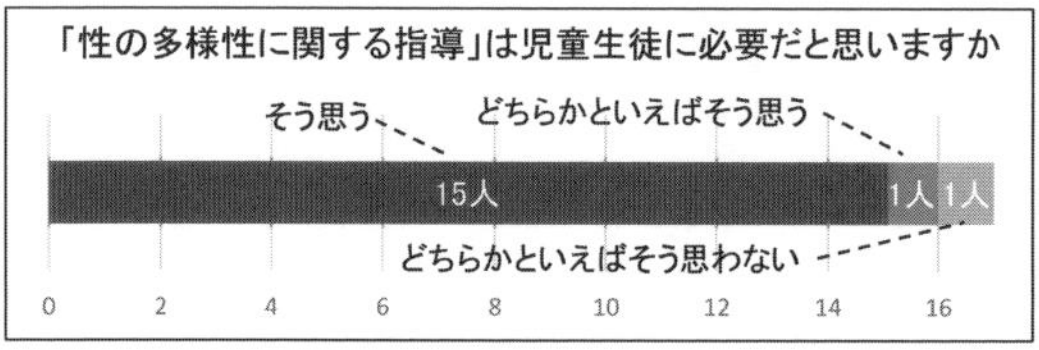

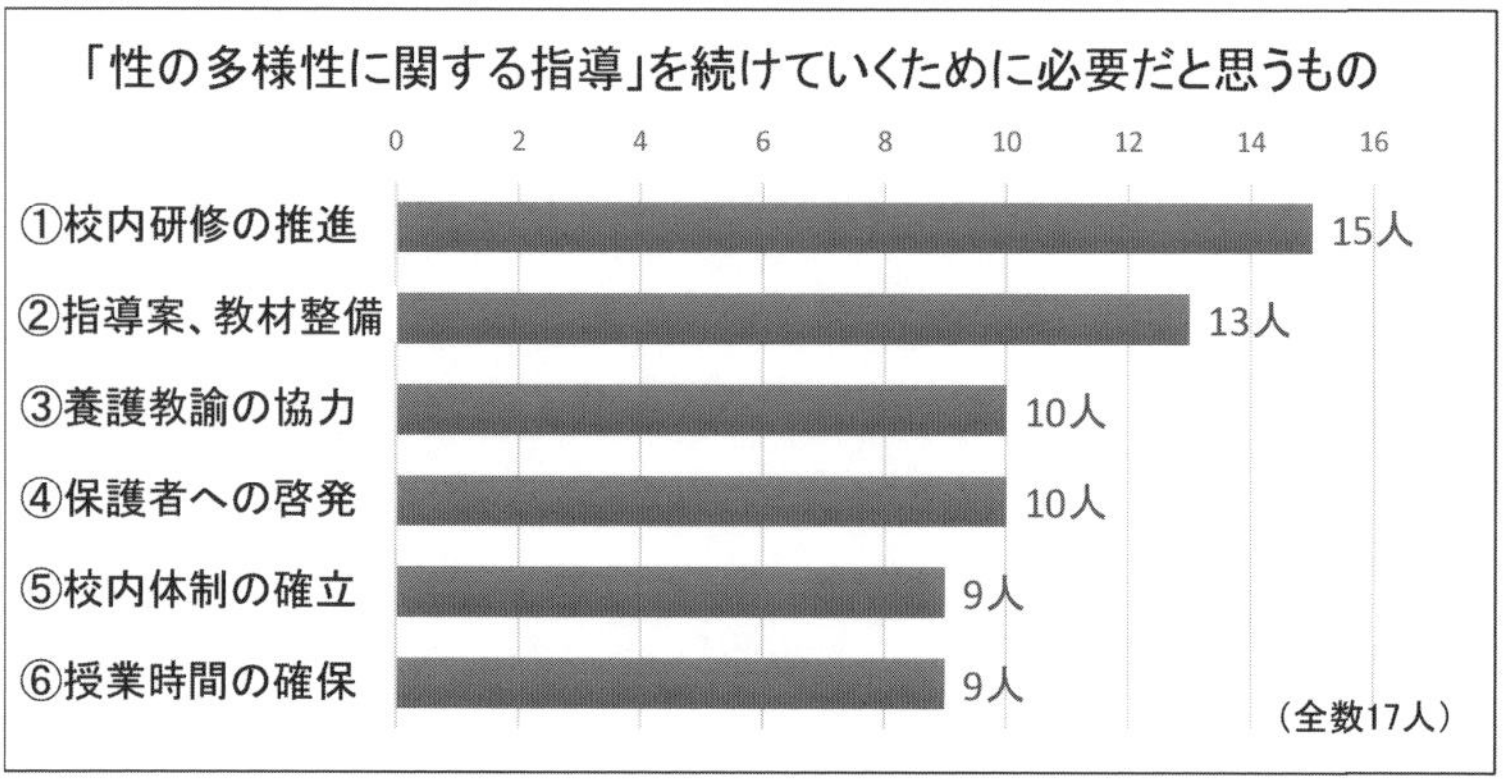

教職員研修から授業実践までの取組を、養護教諭だけでなく、人権・同和教育主任も一緒に中心となって学校全体で計画的に進める体制をとった。また、教職員が実践を協働して取り組めた。さらに、中学校区内の養護教諭が作成した全体計画及び指導案例をもとにして取り組むことで、教職員が考えや思いを共有しながら、連携して取り組む環境が整った。これらが、より効果的な実践につながったと考えられる。

また、児童も教職員も性別による固定観念にとらわれたような発言が気になったり、不必要な性別の記入欄が気になったりするなど、学校全体で少しずつ感覚や意識の変容が見られるようになった。さらに、児童の制服について、生徒指導部を中心にその在り方について研究を始めるなど、学校生活の様々な場面で性の多様性についての意識が広がってきている。

四　おわりに

中学校区で一つというコミュニティ・スクールの組織と保幼こ小中一貫教育を連携・協働させていくことは、次の点で有効であった。

- 『夢』発見プログラム」をベースに、各学校の特色や実態を生かした教育活動と、中学進学、あるいは卒業後の生徒像を見据えて各校共通認識のもとで取り組む教育活動とを整理できた。
- 中学校区内で統一した目標のもとで系統的・体系的な指導が効果的にできた。
- 教職員にとっては、小中学校の九年間を見通した縦のつながりや中学校区内の各小学校の横のつながりの意識を高めることになった。

性の多様性に関する指導の取組を通して、本校の教職員に生まれた成果は「チーム力」の高まりである。養護教諭と人権・同和教育主任の両方が中心となって、計画的に段階を踏んで取組を進めたことで、教職員にとっては、取組への負担感ややらされ感が解消され、その一方で、必要感（目的意識）や協働意識が醸成された。

今後も校内外の組織を効果的に活用しながら、教職員集団のチーム力を生かして学校運営にあたっていきたい。

5　安全教育を推進する学校経営

地域の災害特性を踏まえた、安全・安心を目指す学校づくり

北海道檜山《ひやま》郡江差町立江差北《えさしきた》小学校長
関　田　貴　人

〈本校の概要〉

本校は、平成十九年四月に朝日小、日明小、水堀小の三小学校が統合し、児童数四十五名、学級数七学級、教職員数十七名の学校である。

平成二十一年度より、小学校と中学校が廊下でつながっている特徴を生かした小中一貫教育が進められている。教育目標は、「心豊かに学び、未来を拓く児童生徒の育成」である。平成三十一年度より中学校併設型小学校として小中一貫校へ移行し、教育活動を展開している。令和二年度に北海道教育実践表彰、令和三年度には文部科学大臣優秀教職員表彰を受けている。

一　はじめに

本校は、町の北部に位置し、近くには商業施設や病院などがあり、住宅造成地区になっている。統合により最大で約六キロメートル圏内が校区となり、スクールバス通学者は約七割である。校舎周辺には、国道と道道があり、交通の要所となっているため交通量も多い。校舎は、海抜四・七メートルにあり、洪水災害を除く土砂・地震・津波災害の避難所となっている。異常気象による大雨の影響を受け、警戒レベル四の避難指示が発令されたこともあり、地域をあげて防災に対する意識が高まっている。また、中学校と廊下でつながっている校舎のため、連携した安全教育・防災教育を推進する必要がある。管内の学校では、平成五年七月の北海道南西沖地震の教訓から、危機管理マニュアルの見直しをはじめ、「自分の命は自分で守る」ことを重視した安全教育を進めてきた。大津波の教訓を風化させずに現代の子どもたちに伝え、災害に対する日頃の意識の大切さを伝える必要がある。

二　具体的な取組

1　小中合同避難訓練

昭和六十一年に現校舎が完成し、小学校棟と中学校棟の一、二階部分それぞれが廊下でつながり、火災受信所と総合防災盤は小学校職員室に設置された。そのため、中学校校舎で火災感知器が作動した場合は、小学校職員室で警報を止め、感知場所の確認や避難放送等の対応をとる必要がある。そこで、小中一貫教育の取組として小中の教職員で組織される児童生徒活動グループが中心となり、小中合同の避難訓練を計画、実施している。

出火場所に応じた小中それぞれの避難経路の提示や小中教職員の役割分担等、初期対応から避難指示まで連携した取組をしている。児童生徒の避難訓練であると同時に小中教職員の訓練でもあり、いざという時に確実に行動できる体制の確立を目指している。また、訓練の中で中学生が小学生をサポートする姿勢が見られるなど、発達の段階により自助と共助の意識が高まっている。

今後は、予告なしの避難訓練を実施し、子どもたちが普段の訓練の成果を生かして、「自分の命は自分で守る」ことを基本にしながら、自分の置かれた状況で自分で適切に対処できるかどうかを考えさせていく。

2　一日防災学校

北海道教育委員会では、未来を担う子どもたちに、自然災害に関する正しい知識をもち、自ら考え、判断し、危険から身を守る行動をとることができるよう、道市町村、防災関係機関と連携・協力し、実践的な体験活動を取り入れた「一日防災学校」の取組を進めている。本校では、地震の避難訓練と合わせて実施し、低学年は、地震や津波、火山や気象など北海道の自然災害や必要な知識を確認させ

避難訓練での消火器体験の様子

る「防災カルタ」、「防災クイズ」、中・高学年は、災害の危険性の他、避難所の確認や備蓄品の準備、避難所設営などを学習する。いずれも日頃からの備えが必要であることを講師から説明を受け、実際に防災ベッドを自分たちで組み立てたり、災害対策用プライベートルームを体験したりするなど、防災に関する知識を深めている。

低学年の防災カルタ学習の様子

学校が災害時の避難所になっていることから、実際の避難時に自分たちが協力できることを考える機会になっている。

3　防犯教室と不審者対策訓練

登下校の安全確保については、これまで交通安全に主眼を置いて進められることが多かったが、子どもの犯罪

中・高学年の避難所設置体験

被害の防止を意図した安全管理、「自分の安全は自分で守る」ことができる具体的、実践的な防犯教育の推進が求められている。本校では、防犯意識を高めるため、警察官を講師に招いた防犯教室を行っている。

「いかのおすし」（行かない・乗らない・大きい声を出す・すぐ逃げる・知らせる）の具体的な行動について学んだ後に、子どもたちがどう対応したらよいかをロールプレイで実際に行うようにしている。登下校時はスクールバス利用者が七割であるため、下校後や週末に自宅付近で不審者に遭遇する可能性が高い。知らない人への対応の仕方をしっかりと身に付けさせる必要がある。

不審者対応のロールプレイ

教職員による不審者対応訓練

校舎の構造上、中学校校舎からの不審者の侵入も考えられることから小中が連携した対応が求められる。不審者を校内に入れないことが大切だが、不審者を刺激しないよう、職員と子どもだけが分かる暗号を使った校内放送で危険を知らせたり、各教室内に設置したハンドスピーカーを活用して状況を伝えたりするようにしている。不審者からできるだけ遠ざかる方向へ逃げるようにし、小中それぞれの体育館を基本にしながら鍵のかかる教室に避難する。また、不審者への実際の対応や「刺股《さすまた》」の使用方法、不審者から身を守る方法について教職員が警察官から学んでいる。この訓練での不審者への対応を、どう子どもたちに理解させ、実践につなげていくかが次の課題となる。

4　防災マップづくりと「子ども一一〇番の家」

令和四年三月に町の防災ハザードマップが更新された。これを受け、四年生で防災マップづくりに取り組んでいる。学校の周辺は、特に河川洪水浸水想定区域になっており、令和四年六月の大雨で子どもたちが下校後の夕方に警戒レベル四の避難指示が出され、地域に住む保護者や子ども、教職員が避難所に避難した。

水害地域の防災に関する情報（避難場所や危険と思われる箇所、防災施設や設備等）を見て回り、適切な避難行動や留意点、必要な防災対策等を考えながらマップに表現している。合わせて、子どもたちの住む地域ごとに防火水槽や防災・防犯上で危険な時に逃げ込む「子ども一一〇番の家」などの場所を地図に記録している。自分の目で地域の防災上の課題に気付き、自分たちにできることや必要な対策を考えることが大切な活動となる。また、防災マップづくりを通して、学んだことや考えたことを整理し、他学年や保護者、地域に発表したり、掲示したりすることで、地域の安全に貢献する意欲にもつながると考える。

5　引き渡し訓練

文部科学省が「学校防災マニュアル（地震・津波災害）作成の手引き」において引き渡しのルールの中で示している「震度五弱以上」を、地震の際の引き渡しの判断基準としている。本校は、スクールバス利用者が七割いることから、災害によりスクールバスの運行が困難である想定で訓練を実施している。保護者等の引き取りは、近所の方は自家用車を利用せず、歩きでの迎えを勧めている。また、遠方の方の校舎前への車の乗り入れは、二次的な被害が発生しないよう認めていない。校舎から五十メートルほど離れた敷地内道路を一方通行とし、駐停車する場合は左側を基本に学校職員の指示に従うよう注意を促している。

訓練は、あらかじめ文書で知らせているが、実際の連絡は一斉メールで行うことになっている。災害によっては、通信手段が遮断されることもあるため、複数の連絡方法を確認しておく必要がある。子どもたちは、保護者と下校しながら自宅付近の避難所や通学路周辺の危険が予想される箇所、「子ども一一〇番の家」等を防災・防

子ども安全パトロール・
下校見守り隊の様子

犯の視点で確認することにしている。

6　下校見守り隊と通学路点検

町健全育成会議と町教育委員会が中心となり、校区健全育成会と家庭教育サポート企業が協力して、「子ども安全パトロール・下校見守り隊」の取組を進めている。地域内での犯罪を未然に防止するため、地域が一丸となって監視の目を強化し、下校時の見守り活動を通じながら、子どもたちの安全・安心を確保するとともに、スクールガードの定着を図ることを目的としている。

また、子どもたちの安全かつ安心な通学路を確保するため、小中学校ごとに通学路における交通安全上の危険性を確認し、状況に応じて関係機関（警察署、道路管理者、ＰＴＡ連合会、町役場（総務課、建設水道課、教育委員会、学校）合同による点検を実施している。子どもたちの安全を守るためにも、危険箇所の把握と改善に努めていく。

三　おわりに

これまでの避難訓練では、校内放送で災害の状況を教職員が知らせ、状況に合った身を守る行動や避難行動などの指示通りに、子どもたちは対応する形を多く経験してきた。「自分の命は自分で守る」ことは、「自分で考え行動する」ことにつながり、それを考える学習こそ防災教育・安全教育にとって最も重要だと考える。地震が発生した時に授業中であること、教室にいて机があること、先生が近くにいることなど避難訓練と同様の状況下に置かれているとは限らない。

また、グラウンドの避難を考えた時に、大雨が降っている、雪が降っていて寒さに耐えられない場合などは、そもそも外に出られない状況になる。そこで大切になってくることは、子どもたちが自分の判断で安全を確保する方法を身に付けることである。学校生活の中で、教室以外の場所にいる時に、どこに逃げればよいかを自分で考え、上から物が落ちてこない場所や物が倒れてこない場所にすぐに避難することが大切になってくる。普段から安全な場所はどこなのかを考えさせたり、点検させたりすることが必要である。

安全教育を進めていく中で、いつ起こるか分からない災害への不安は大きい。しかし、災害発生時の対応や避難方法の基本を子どもたちに身に付けさせることはもちろんのこと、教職員の防災意識や危機意識を高める必要性を感じる。教職員自身の動き方や言葉掛け、配慮点、臨機応変な対応などについて考えられるようになることが、気持ちの面での「そなえ」となり、子どもたちへの対応の仕方も変わってくる。

災害時にどうしたらよいのか、基本の知識をもち、それをもとに、最悪の状況を想定しながら動く経験の積み重ねを普段からしていくことで、いざという時に行動に移せる力になると考える。今後も安全・安心な学校づくりを目指し、努力していく。

6　環境教育を推進する学校経営

学校の特色を生かし、地域機関と連携した環境教育の推進

群馬県甘楽郡《かんらぐん》甘楽町立福島《ふくしま》小学校長

中島　剛

〈本校の概要〉

本校は、甘楽町の中西部に位置し、南に国道二五四号線、北に上信電鉄と国道二五四バイパスが通っている。周囲は、住宅地と田園地帯が広がり、近くには、県指定史跡の前方後円墳「笹森古墳」がある。

本校の特色は、昭和七年十二月七日、日本で最初に栄養バランスを考慮した給食を開始した学校である。学校教育目標は、「よく考え　心やさしい　元気な子」を掲げ、児童数百五十八名、学級数八学級の小規模校である。令和四年度よりコミュニティスクールとして家庭や地域と連携し、誰もが生き生きと活躍し、活気あふれる学校・地域づくりを目指している。

一　はじめに

現在、地球温暖化、オゾン層の破壊、熱帯林の減少など地球的規模の環境問題が生じている。また、世界の食糧問題に目を向けると、貧困地域で飢餓が発生している一方で、先進国ではまだ食べられる食品が大量に廃棄されている現状がある。

そこで、持続可能な社会のつくり手となるために、環境に関する事物・現象に対して興味・関心をもって意欲的に関わろうとする態度を育成し、課題発見と解決を図る思考力・判断力・表現力を身に付けることが求められる。そのためには、「社会に開かれた教育課程」の理念に基づき、学校、地域、関係機関が連携した取組が重要である。

本校の児童は、明るく素直で話をよく聞き、行事等にも真面目に取り組む。しかし、人前ではっきりと話すことや初めてのことへの挑戦に苦手意識をもっている児童がいる。食事面では、朝食は食べるがその内容に課題があったり、食わず嫌いだったり、栄養価が分からず食べ

残してしまったりする児童が少なからずいる。

そこで、本校は日本で最初に学校給食が始まったという特色と学校給食センターとの連携を生かし、学校給食を通して、食品ロス削減の意識を高め、環境問題に取り組む児童の育成を目指す。

二　歴史的な経緯と地域の人々の思い

明治時代に欠食児童を対象におにぎりなどを提供した学校はあったが、昭和七年に栄養給食を導入した学校は本校が最初である。当時、県民の体格検査の結果が全国的に劣っていたため、県医師会長や東京の栄養学校長を務めていた齋藤寿雄氏が適度な人口の本校区を選んで給食を開始した。献立は、「豆入りシチュー、雑穀ご飯、お浸し等」であり、この事業に昭和天皇が深く関心をもたれ、給食の状況について使者を送って視察させた。学校給食によって児童の身体は丈夫になり、これを記念して、校庭南側に地域の人々による記念碑が建立されている。

甘楽町は平成二十四年に十二月七日を、「学校給食の日」に制定した。そして、町民対象に復刻メニューの試食会を開いたり、給食で当時のメニューを再現したりして、食生活や食育に力を入れ、食文化の重要性を広めている。

三　具体的な取組紹介

1　校長講話「日本で最初の学校給食」（全校集会）

なぜ日本で最初の学校給食が昭和初期に本校から始まったのか、当時の児童たちの様子はどうだったのか、給食によって児童たちはどう変わったかについて講話を行った。学校給食を始めるにあたって活躍した地元の医師の思いや苦労、また、当時のメニューも紹介した。

甘楽町の学校給食には歴史と伝統があり、校庭の南側に「学校給食の記念碑」が建っていることや、栄養バランスを考慮したメニューの提供や地産地消の取組が今でも続いていることを話した。しかし、日々の給食の状況を見ると残量が多い日もあることから、成長期の栄養摂取の大切さや残飯によるゴミ発生の問題にも触れ、全員が考えていかなければならない課題であることを加えた。

学校給食の碑

これを機に「食品ロス」という言葉が児童に伝わり、食べ残しを意識するようになった。

２　栄養教諭による指導

(1)　食育の授業「日本食の良さを見つけよう」（六年生）

栄養教諭による食育の授業は「食に関する指導全体計画」（二四八ページの表）に基づいて行われている。全体計画に新たに「食品ロス削減」等の観点を加える見直しを行った。

本時では、授業前に好きな給食のメニューと苦手なメニューを調査し、その結果をもとに授業を行った。多くの児童が洋食の単品料理を好んでおり、野菜炒めや魚料理などの日本食は人気がなかった。そこで、洋食と日本食の違いについて意見を出し合って、日本食の良さを考えた。日本食は一汁三菜の中で多彩な食材を使っていることや、栄養バランスが良いこと、また、各地域の郷土料理があり季節感や行事との関わりが深く、古くから受け継がれていることを知った。さらに、日本人の身体の作りには消化の良い日本食が合っていることも学んだ。

児童は、「食べず嫌いで食べないのではなく、苦手なものでも少しずつ挑戦したい。」、「日本食の良さを知ったので、家で作ってみたい。」、「全部食べてゴミを減らしたい。」などの感想をまとめていた。

(2)　給食訪問指導「食事のマナー」（二年生）

給食の時間に栄養教諭が教室を訪問し、食事の指導を行っている。給食を食べながら、給食の準備や片付けの方法、食事のマナーについての話を聞いた。ご飯と味噌汁の配膳の位置や、箸の正しい持ち方とやってはいけない箸の使い方等について興味深く話を聞いていた。

児童は、マナーを守って食べることの大切さや、好き嫌いなく食べて丈夫な身体になることを学び、残さず食

食に関する指導全体計画

学校教育目標

高い知性と豊かな人間性を持ち、心身ともに健康な児童の育成

地域の実態

教育への関心は高く学校へも協力的である。

目指す児童像

よく考え　心やさしい　元気な子

児童の実態

・明るく素直で、挨拶がよくできる。
・朝食は食べるが、内容に課題がある児童もいる。

健康教育の目標

自分の健康状態を正しく理解し、健康な生活を送ることができる子どもの育成

食に関する指導で目指す児童像

・生涯にわたって健康で生き生きとした生活を送ろうとする子
・正しい食事のあり方や望ましい食生活を身につけようとする子
・食事を通じて自らの健康管理をしようとする子
・楽しい食事や給食活動を通じて、豊かな心を育もうとする子
・たくさん食べ、食品ロス削減を意識できる子

社会的要請

・自ら学ぶ意欲と社会の変化に主体的に対応できる能力の育成
・たくましく生きるための健康や体力を育む教育の展開
・明るく豊かで活力ある児童の育成

基本的な食に関する導内容

体の健康	心身の健康	社会性の涵養	自己管理能力の育成
心身の発育・発達や健康の保持増進のためには、食べ物が重要な役割を果たしていること	楽しく団らんのある食事を工夫して、心を育てることができるようにすること	他の人と豊かな心で接する社会的態度や社会への適応性を養うこと	正しい食習慣を実行するためには、自分の健康は自分で守るという「自己管理能力」を養うこと

学年指導目標

低学年	中学年	高学年
・好き嫌いをしないで食べることができるようにする。 ・食事の基本的な手順、作法などが身に付くようにする。 ・仲よく、楽しく食べることができるようにする。	・三つの食品群の働きについて関心をもち、好き嫌いなく食べられるようにする。 ・協力し合い、進んで準備や後かたづけができるようにする。 ・清潔や正しい食事作法に留意して楽しく会食できるようにする。	・六つの食品群の働きについて理解し、バランスを考えて食事ができるようにする。 ・係活動に責任をもって効率的に行なうことができるようにする。 ・楽しい雰囲気作りを工夫し、マナーに気をつけて、和やかに会食できるようにする。

指導場面

教科・特別な教科道徳

各教科で総合的に給食との関連を図り、そこで得た知識を給食の時間に生かし、また給食で身につけた経験を教科に生かす。
・社会科・理科・家庭科・生活科・体育科
道徳の時間等で、食に関連した心のふれあいと好ましい人間関係を育てる。
・食事のマナー・感謝の気持ち・生命の大切さ
・規則の遵守　・勤労の尊さ

総合的な学習の時間

栽培活動や体験活動を通して、国際理解、環境、情報、福祉など社会の様々な側面との関わりから健康問題を意識し課題解決に取り組む。

給食の時間

健康によい食事のとり方、正しい食事のマナーを身につける。
・食事にふさわしい環境
・好ましい人間関係
・献立を通した栄養指導
・準備、会食、後かたづけを通して奉仕、協力、社会性

学校・家庭・地域

学校で学習したことを家庭で実践したり、児童からの食の情報を食卓での話題にしたりするなど、正し食習慣や食生活を家庭に啓発し、家庭との連携・協力体制を築く。
・各種たより・給食試食会・学習への協力
・地域との交流給食・地域主催の食のイベントへの参加・準備、会食後かたづけを通して奉仕、協力、社会性

特別活動

集団の一員としての自覚を深め、よりよい生活を築こうとする実践的態度を育てる。
学級活動
・養護教諭、栄養教諭の専門性を生かした指導
・体験や実験など導入した授業展開の工夫
学校行事
・健康集会・定期健康診・運動会・交流給食
その他
・委員会活動・休み時間の遊び

個別指導

一人一人の食の実態に応じたきめ細かな指導を実施し、望ましい生活習慣の確立を図る。
・教育相談・健康相談・給食の時間

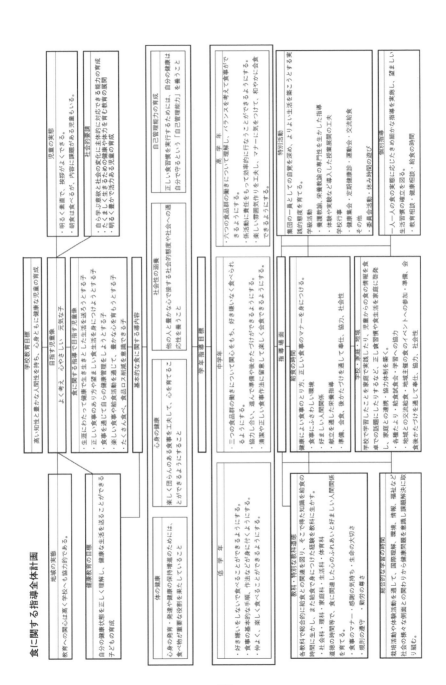

給食訪問指導２年生

教室での給食委員の説明

べるために、「自分が食べられる量を配膳する。」や、「給食の準備を早くして、食べる時間を長くもてるようにする。」などの感想をもった。

３　給食委員会によるプロジェクト

(1)　給食の残りを減らそうプロジェクト（全校児童）

　コロナ禍で給食センターの方々を招くことができないので、給食委員会では栄養教諭に依頼して、給食の調理の様子や給食に対する調理員の思いを撮影したビデオを制作してもらった。これには、たくさん食べて大きくなってほしいという願いや、ゴミを減らす調理法の工夫や地産地消で流通経費の削減を図る取組の内容があった。

　このビデオを活用し、給食委員が考えた「『いただきます』の意味を考えて、給食の残りを減らそうプロジェクト」を実施した。開始日の始業前時間に、給食委員が各教室へ出向いてプロジェクトについて説明した。給食はとても栄養価が高くバランスのとれた食事であること、三週間のプロジェクト期間中、しっかり食べることで健康な身体になれることを意識すること、残量を減らし食品ロスの削減につなげてほしいことを伝えた。期間中の残量調査を実施することも加えた。

　給食委員が考えたルールは、①感謝の気持ちを忘れな

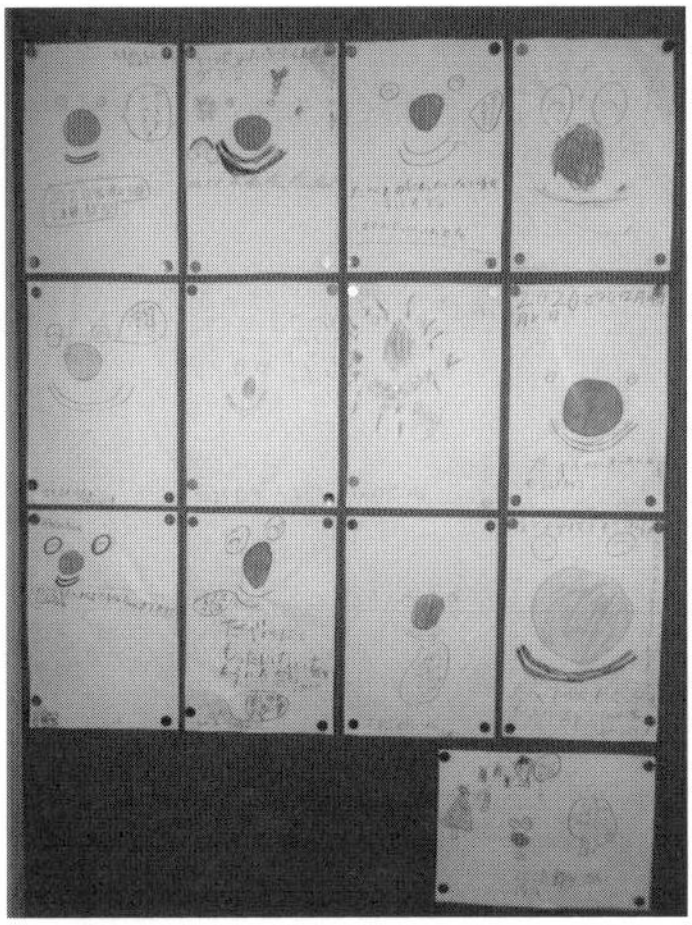

1年生が描いた「ろすのん」

い、②いつもよりちょっと頑張ってみる、③アレルギーのある人以外は、少しでも多く食べたり飲んだりしてみる、④食べず嫌いを減らしてみる、⑤頑張ってる人がいたら、すごいねと声を掛けるの五点である。

　プロジェクト後では、全体量の残量が六・八%で二・八%減であった。

(2) プロジェクトの振り返り（一年生）

　このプロジェクトを受けて、一年生は給食を残さず食べるという意識が高まった。無理なく完食に挑戦し、友達同士で励まし合う気持ちが育ってきた。そこで、学級全員の児童が給食を完食した日に、「ろすのん」（消費者庁「食品ロス削減国民運動」のロゴマーク）を描いて貼り出す取組を行った。また、プロジェクト後に給食センターへ感謝の気持ちを記した手紙を送った。すると、給

・みんなが給食をおいしく食べてくれるので、とても嬉しいです。
・好き嫌いなく頑張って食べてね。
・戻った食缶を開けて、空っぽになっていると、とても嬉しいです。
・いっぱい食べて、丈夫な体になってください。
・いつも「ろすのん」を笑顔にしてくれて嬉しいです。

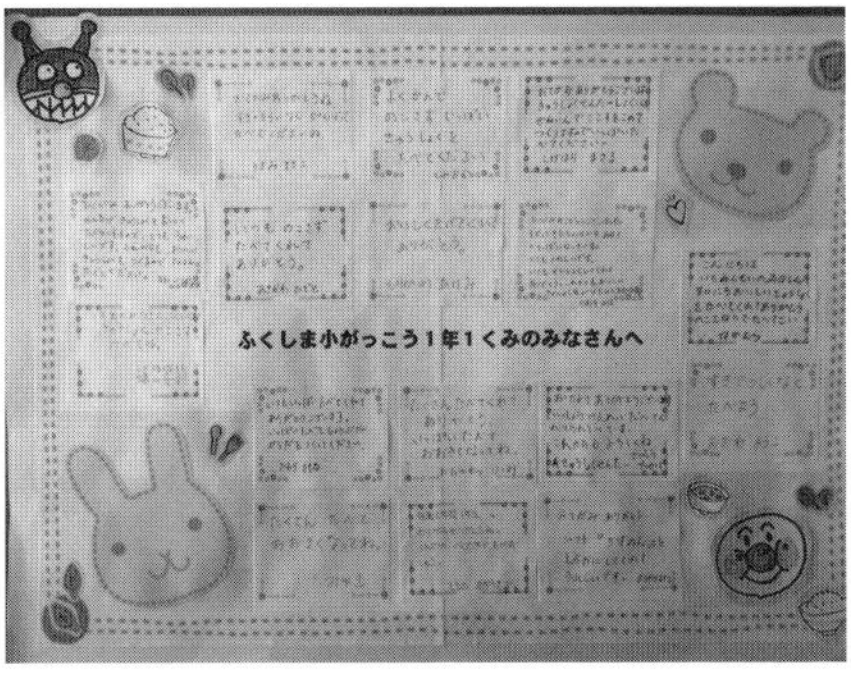

食センターの方々が一年生宛てに寄せ書きを返してくださった。その一部を紹介する。（写真右下）

４　学校保健委員会（オンライン集会）

コロナ禍のため、メイン会場の図書室と各学級をリモートで結び「給食について知ろう～献立に隠された秘密～」をテーマに学校保健委員会を開催した。栄養教諭や学校薬剤師、ＰＴＡ会長・副会長と学年委員代表がメイン会場に参会し、学校医や学校歯科医には事前に撮影した動画メッセージという形で参加してもらった。

学校保健委員会のメイン会場

栄養教諭や学校医の先生方からは専門的な立場から話をしていただき、保健委員からは給食に関する問題をオンラインで出題した。児童は自分のタブレットで解答し、同時に全校児童の回答がグラフ表示されたので、全校児童の意識の傾向を知ることができ、給食や食生活の大切さについて理解を深められた。

児童の振り返りは、「熱中症や生活習慣病を予防するために、食生活の重要性を考え直すきっかけになった。」、「食事を残さないことから、ゴミを減らす取組をしていきたい。」などの感想があった。

５　児童会本部役員のゴミ削減の取組
（児童会集会）

校長講話の「日本で最初の学校給食」や、給食委員会の「給食の残りを減らそうプロジェクト」を受けて、児童会本部役員が、何かゴミ削減の取組はできないかと立ち上がり、児童会集会でペットボトルキャップの回収を全校児童に呼び掛けた。さらに、児童会新聞を作成して

社会福祉協議会へキャップ進呈

家庭にも呼び掛けたことで、たくさん集められた。

四　おわりに

栄養教諭や給食センターと連携し、学校給食という身近なことから取り組んだことで、ゴミ削減を自分ごととしてとらえ、継続的に取り組む意識を育てることができた。

校長は、自ら講話を行ったり学校だよりやホームページを更新したりして、家庭や地域に向けて頻繁に情報発信を図った。また、全体計画の見直しを指示したり、関係機関と連携して綿密に意見交換を行った。そして、学級担任は、個々の児童の偏食の実態を改めて意識する中で、児童と寄り添う時間が増えて適切な声掛けをするようになった。さらに、児童は、給食の栄養価とゴミ問題をセットで意識し、給食準備を早くしたり、給食以外の食への関心を高めたりできた。

今後、身近な取組が継続的な環境教育の推進につながることを常に意識するとともに、活動が画一的にならないようにマネジメントしていくことが大切である。

7　健康教育を推進する学校経営

コロナ禍報告と臨機応変な学校経営

和歌山県和歌山市立新南《しんなん》小学校長
嶋　田　弘　人

〈本校の概要〉

本校は、ＪＲ和歌山駅から徒歩約十分程度の場所に位置し、主要道路が学校の東側を南北に、北側を東西に走っている。

令和四年度、児童数は二百五十四名、学級数は十四学級、教職員数は十九名の中規模の学校である。

本校は、国語教育研究を長年継続して行っており、令和四年度で五十年目を迎えた。研究主題を「生きてはたらく言語力の育成」とし、この研究主題に迫るため、全学級担任は毎年度必ず研究授業を行い、授業力向上に向け研鑽を積んでいる。

一　はじめに

コロナ禍での主に令和三年度の学校運営について、児童や職員の健康チェック、課業日の感染防止対策、主な行事について、取り組んだことを述べる。特別な取組というよりも、コロナ感染状況や本校の現状を勘案しながら、判断し取り組んだ事例と言える。

次項に令和三年度の本県本市のコロナ感染の概況について本校の取組を述べる。

二　令和三年度のコロナ感染の概況

1　本県本市の状況

まず、令和三年度における本県のコロナ感染の概況について述べる。本県の新規感染者数に占める本市の新規感染者数の割合は、県下他郡市に比べて高い傾向にあり、概ね六割程度を占める。したがって、ここで示す感染者数は県下の感染者数であるため、本校を取り巻く市内の感染者数は先述したように、県下感染者数の六割程度と見なしていく。

2　第一増加期（春休み～五月下旬）

令和三年二月中旬から三月下旬の期間では、新規感染者数はゼロや若干数の感染者で収まっていたが、令和二年度末から令和三年度始めの春休みの期間で新規感染者は増加傾向になった。それでも、多い日で十五人程度の感染者数であった。しかし、春休みが終わる四月七日には新規感染者が三十人を超え、その後、新規感染者は増加し、四月二十日には五十人の新規感染者を記録しピークを迎えた。この日以降は減少傾向になり、五月下旬ごろには新規感染者も収まりを見せた。

3　第一収束期（六月上旬～七月下旬）

六月から七月下旬の夏休みに入るまでは、新規感染者はゼロや若干の感染者数で収まっていた。

4　第二増加期（七月下旬～九月下旬）

感染者数は、七月末ごろから顕著に増加傾向となり、八月二十日には九十人の新規感染者を記録しピークを迎えるようになった。その後、新規感染者数の多い日が続く中、市内の小学校児童の感染者数が増えたり、コロナ関連で登校できない児童も多数見られたりするようになった。そのため、本市では八月二十五日が二学期の始業日であったが、児童の感染状況等を鑑み、二学期の始業日を九月一日に変更することになった。新規感染者は九月四日に七十四人を記録したが、その後減少傾向となり、九月下旬ごろには新規感染者も収まりを見せた。

5　第二収束期（十月上旬～一月上旬）

十月上旬ごろから新規感染者数はゼロの日が続き、時折新規感染者が若干数を記録するに留まり、このまま収束を迎えるのではないかと思われた。

6　第三増加期（一月上旬以降）

新型コロナウイルスはデルタ株から感染力の強いオミクロン株に入れ替わり、新規感染者数は急増した。ピーク時の新規感染者数はこれまでとは桁違いの五百九十七人を記録した。年度末に向けて感染者数は減少傾向となったが、三桁の人数を記録する日が続いた。本校では二月下旬に一学級が学級閉鎖になった。

三　児童の健康チェック

令和三年二月から三月ごろは、コロナ感染者数は〇人の日が続き、収束を思わせる状況になったものの、四月には感染者数が増加し始めたことは先述した通りである。前年度に比べ感染者数が多いという認識のもと、感染防止対策として児童の登校時の健康チェック（自宅での検温と保護者のサイン）を行うことにした。児童は「体調カード」を持参して登校することとし、校舎玄関外で職員が輪番による三人体制で「体調カード」の記載内容をチェックし、記載不備や「体調カード」忘れの場合は再検温、手指消毒を行うこととした。チェックが済んだ児童は、上履きに履き替えた直後、「体調カード」を玄関の廊下に設置した学級別の籠に入れて教室へ向かう。「体調カード」は朝の掃除が終わる八時三十五分までに担任以外の職員が分担して、記載内容確認済み印を押し、担任の机に置く。職員の「体調カード」については、校長に提出することとし、校長が記載内容を確認し押印する。このような感染防止対策は当面の間継続するものとして始めたが、結局一学期終了まで行うこととなった。取組を継続することで、児童や保護者に感染対策の意識をもち続けてもらいたいという意図もあってのことである。

二学期、新規感染者が再び増え始めたため、登校時の感染防止対策を継続した。十月上旬ごろからは感染は収束に向かったが、職員三人体制による登校時健康チェックは継続した。

三学期、登校時の健康チェックについて、職員の負担を鑑み、二人体制に変えた。一人は「体調カード」記載内容をチェックし、一人は手指消毒を行うこととした。校門で登校指導をしている校長は、記載不備や「体調カード」忘れの児童に検温をするという体制を取った。また、玄関付近の廊下に設置した学級別の籠に入れた「体調カード」は、担任が教室まで持って行き、一限が始まるまでにチェックすることにした。学級児童の体調管理は、まず学級担任が把握すべきであるという考えからである。このような体制を年度末まで継続した。

四　学校生活での感染防止の取組

1　日常の消毒

児童の下校後、担任は教室内の児童机や教室のドアの取っ手など、多数の児童が触る箇所についてアルコール消毒（噴射）を行った。また、階段の手すりや特別教室やトイレのドアの取っ手等は養護教諭が消毒を行うこととした。

2　給食時において

給食時の感染防止対策では、後述する内容について職員間で共通理解を図り、学級担任が中心となって児童の指導に当たった。

(1)　健康チェック

学級担任は、給食準備前に必ず児童の健康チェックを行い、体調不良の児童には当番活動をさせないこととした。

(2)　手洗い・消毒等

児童には、石鹸でしっかり手を洗うこと、毎日きれいなハンカチを持参すること、机の間隔を空け、グループや対面にしないことを指導し、学級担任が配膳台をアルコール消毒をすることとした。

(3)　配膳

おかず（主となるおかず）は、学級担任が配膳をすることとし、給食が苦手な児童にはあらかじめ量を少なくする。おかわりは担任がよそい、児童はマスクを付けて黙って取りに行くこととした。

(4)　食事中

挨拶後、マスクをはずして黙って食べること、食べ終わったら速やかにマスクを付けること、食器は食べ終わった人から順番に返却することとした。

(5)　食後

食器を片付けたら速やかに歯磨きをすること、手洗い場では、間隔を空け、少量の水で口をすすぐことを指導した。

五　授業参観について

振り返れば、令和二年度は学校休業から始まり、一学期予定していた二回の授業参観・懇談会は実施できなかった。二学期も後半を過ぎ、せめて授業参観だけでも行い、子どもたちの学習の様子を保護者に見てもらいたいと考え、コロナ感染第三波の渦中ではあったが、子どもへの感染事例がそう見られない状況であったこと、感染防止対策を十分とることをもとに、十一月下旬日曜参観を実施することにした。実施するに当たり、次のような感染防止対策を取った。

・保護者の参観は各家庭一名とする。
・前もって参観の申し込みを受け、参観者名簿を作成する。
・参観時間を前半「一限・二限」、後半「三限・四限」の二部制にする。
・保護者の希望を確認の上、前半の部と後半の部に分かれての参観とする。
・三密を避け身体的距離を確保するため、廊下からの参観とする。
・当日は前後半を入れ替え制とする。
・来校の際は玄関外受付で検温及び手指の消毒・名簿チェックを行う。
・体調のすぐれない方や三十七・五度以上の熱がある方、名札を着用していない方、名簿に名前がない方は参観を遠慮いただく。

これらの対策を行うに当たっては、学級担任以外の職員総がかりで対応し、ＰＴＡからの応援を受けての実施であった。

令和三年度では一学期の授業参観・懇談会を四月二十日と六月二日の二回を予定していた。授業参観・懇談会等の学校行事のお知らせは、一か月前には発行し、保護者に周知している。したがって、四月二十日の授業参観・懇談会の実施は、一学期始業早々に判断する必要がある。しかし、令和三年度当初は、令和二年度の第三波の時よりも感染状況が悪く、四月二十日の授業参観・懇談会の実施に当たり、前年度のような感染防止対策を取ることも難しいと判断し中止することにした。状況の変化により六月の授業参観・懇談会はできるかもしれないと考えていたが、五月上旬の感染状況から、六月の授業参観・懇談会も中止と判断せざるを得なかった。

令和三年度は、年度が始まって以来学校での子どもたちの学習の様子を保護者に見てもらう機会をもつことができずにいた。しかし、二学期になって十月上旬頃から新規感染者数が激減しコロナ感染も収束を迎えたのかと思えるほど感染状況は落ち着いた。状況が落ち着いてきたのであれば、学校行事もできるだけ通常に戻していくという方針をもっていたため、以後の行事については感染防止対策を講じた上で、十一月の学校開放と日曜参観を実施することにした。一学期に二回の授業参観・懇談会を中止にしたため、学校開放月間で存分に参観の機会をつくろうと考え、十一月一日、十一月八日、十一月十五日、十一月二十二日の毎週月曜日、朝の会から給食終了まで（八時二十分~十三時）を開放することにした。来校した保護者には、自動検温サーモグラフィでの検温と手指消毒、参観者名簿への氏名記入をお願いした。毎回五十人程の人が両親揃って、あるいは家族で来校し、子どもたちの学習の様子を参観した。また、十一月末の日曜参観については一限と二限を参観授業とした（例年、三限目は保護者や地域の方対象の人権教育講演会としているため懇談会は実施せず）。

三学期の二月に年度最後の授業参観・懇談会を予定していたが、コロナウイルスオミクロン株の感染者数が激増したため、授業参観・懇談会は中止した。

六　家庭訪問

家庭訪問は四月下旬に三日間を取り、次の三点を保護者に周知の上実施した。

・短時間の訪問であること。
・教員は、マスクを着用して伺うこと。
・教員は家の中には入らず、玄関先またはインターホンを通して少しだけお話を伺うこと。

七　学習発表会

本校では例年、「感謝と実りの集会」と銘打って十二月上旬に学習発表会（九時~十時三十分）を行ってきた。この発表会は、地域の方々が日頃してくださっている登下校時の見守り活動への感謝の気持ちを伝えることと、子どもたちが学習を積み重ねてきた成果（実り）を発表することを目的としている。全校児童が体育館に集い、地域の方々を来賓としてお迎えし、感謝の気持ちを伝え、贈り物や感謝状をお渡しして、学年ごとに十分間程度の発表を行う。

令和二年度は中止にしたが、令和三年度はコロナ感染が収束してきたため、体育館の換気を十分に行い、実施方法を工夫した。体育館に常時いるのは児童会の子どもとその担当教員、招待した地域の方々であり、次の発表を待っている学年は、体育館内で見学することができ、出番が終われば教室に戻る。また、保護者の見学は可としたが、我が子の発表が終われば、次の発表学年の保護者と入れ替わることで協力いただいた。集会の実施によって、子どもたちが直接地域の方々に感謝の気持ちを伝えることができたことはよかった。

八　入学式、卒業式

コロナ以前であれば、入学式や卒業式に教育委員会、ＰＴＡ、地域の各団体の方々を来賓としてお招きし、在校生も出席してお祝いするところであるが、コロナ禍のため、本校では、保護者は各家庭二名（乳幼児含む）までの出席を可とし、来賓や在校生は出席しないかたちの式とした。特に卒業式では、在校生は出席しないため、例年のように呼び掛ける「別れの言葉」はできなくなった。しかし、卒業生からの感謝の気持ちは、マスクを着用した卒業生が、舞台前の雛壇に並び、短い言葉でその気持ちを表現するとともに、事前に収録したＤＶＤによるメッセージを放映する方法で行った。

九　おわりに

令和四年度で本校での勤務が六年目になる（教頭三年、校長三年目）。校長は、学校全体のことを視野に入れ、物事を進めるに当たっては職員との共通理解は欠かせない。その上で最終判断をしなければならず、その判断には責任が伴う。校長として物事を進めていくことは、難しいものだとつくづく感じる。

8　キャリア教育を推進する学校経営

働くことへの意欲や必要な資質・能力の育成を目指す学校経営

茨城県筑西《ちくせい》市立下館《しもだて》小学校長
氏家　真理子

〈本校の概要〉

本校は創立百五十周年を迎え、児童数は五百七十二名、学級数十九学級、教職員数三十七名の学校である。文化勲章を受章された陶芸家の板谷波山《いたやはざん》先生、洋画家の森田《もりた》茂《しげる》先生をはじめ、各界で活躍する方々を多数輩出している。

現校舎は下館城址に建てられ、東側には勤行川《ごんぎょうがわ》が流れ、校庭からは名峰筑波山を眺めることができる。学区内にしもだて美術館等の施設もあり、豊かな環境の中で次代を担う人材育成に取り組んでいる。昭和五十五年から五年にわたる形成的評価と授業の改善をはじめ、各教科等で国・県の授業改善研究指定校として実績をあげてきた。

一　はじめに

本校の学校教育目標は、「人間性豊かな下館の子の育成」で、目指す児童像を「自ら学び、工夫する子、思いやりのある子、体をきたえる子」としている。

学校経営の方針は、「学校教育目標実現に向けて、ビジョンの共有、協働意欲、コミュニケーションを図り、学校組織全体としての指導力の向上に努める。カリキュラム・マネジメントの充実を図りながら、学習指導要領の理念に基づいた社会に開かれた教育課程を編成し、子ども一人一人が共に伸びる下館小スタイルの基本プロセスを機能させた授業改善に努め、地域社会からの期待と信頼に応えられる学校づくりを推進する。」とした。教育成果をあげることのできる教職員組織体制の構築とカリキュラム・マネジメントによるＰＤＣＡサイクルの確立、学校運営協議会の充実と地域の人的・物的資源等の効果的な活用、主体的・対話的で深い学びの実現に向けての授業改善を学校経営の基調とすることを、グランドデザインを基に四月一日の職員会議で全教職員に示した。

二　学校教育目標実現のための学校経営

学校グランドデザインを作成するにあたり、学校評価から把握した成果と課題及び知・徳・体のプロジェクト部会で行ったＳＷＯＴ分析から、本校の強みと弱みを明らかにした。その結果、強みとしては、「人権意識、学び合い、年間を通じての学校支援ボランティアの活用」、弱みとしては、「自分から学ぶ、活動する意識の低下、体験学習の減少、地域社会とのつながりの減少」が出された。

コロナ禍の中、保護者や地域住民と関わる機会が減少していることを危惧している教職員が多かった。そこで、本校の強みと弱みを経営に生かし、かつ、未来に向かって、たくましく生き抜く力を育てたいと願い、一年間で達成すべき組織目標を「時代の変化に対応し、自ら課題解決を行い、共に学び合い、進んで行動する子の育成」とした。教職員、児童、保護者に組織目標が浸透するように合言葉を「みとおす」と示した。「み〈自ら、未来へ〉、と〈共に学び合う〉、お〈思いやり〉、す〈進んで行動する〉」。「みとおす」を達成するために、校長として毎月の職員会議で学校経営資料を提示し、毎週発行の校長通信では、「みとおす」の表れている授業、行事、児童の姿を掲載、教職員と共に確認、指導した。

また、学校教育目標、組織目標の実現のために、①学校運営協議会と学校支援ボランティア活用による地域とともにある学校づくり、②学校評価の充実と働き方改革の推進、③校内研修の充実を経営の基盤とすることを全教職員で共通理解し、共通実践を図った。各主任を生かしたミドルアップダウンマネジメントで経営を進めた。

三　キャリア教育の推進

平成二十九年三月に告示された学習指導要領の総則には改めて次のように「キャリア教育」という言葉を用いてその充実を図ることが明示された。

〈児童が、学ぶことと自己の将来とのつながりを見通しながら、社会的・職業的自立に向けて必要な基盤となる資質・能力を身に付けていくことができるよう、特別活動を要としつつ各教科等の特質に応じて、キャリア教

育の充実を図ること。〉

まず、校内研修で、キャリア教育の意義について全教職員が理解し、特別活動等の指導の充実を図った。本校の特別活動の年間指導計画の学級活動（３）「一人一人のキャリア形成と自己実現」、内容（ア）現在や将来に希望や目標をもって生きる意欲や態度の形成、（イ）社会参画意識の醸成や働くことの意義の理解、（ウ）主体的な学習態度の形成と学校図書館等の活用、での授業計画について見直しを行った。特別活動主任には、「見通しを立て、振り返る」ことを授業改善の視点に入れ、『キャリア・パスポート』を活用して授業実践していくよう指導した。

本校のキャリア教育の目標は、「時代の変化やグローバル社会の中で、社会的・職業的自立を実現するための基盤をもつ児童の育成」である。人間関係形成・社会形成能力、自己理解・自己管理能力、課題対応能力、キャリアプランニング能力について各学年の重点目標が設定されている。キャリア教育主任には、各教科、道徳、総合的な学習の時間、特別活動での具体的な取組についての研修の実施とともに、本校の特色である「職業フォーラム」を時代の変化に対応した行事になるようにと指導した。

四　キャリア教育の取組の実際

1　キャリア教育能力の育成のための全校的取組

(1)　人間関係形成・社会形成能力の育成

全学年で学校生活スキルトレーニングや構成的グループエンカウンターの実践を計画的に行い、基本的な生活習慣や人と関わる上でのコミュニケーション力・人間関係力の育成を目指した。校長として、発達段階に応じた必要な技能を身に付ける活動を各学年で計画的に実践するよう学年主任に指導した。

自分の思いや意見を「聞く、話す、伝える」ことは、集団生活での話し合いの基本である。言語活動を充実させるために「名人」を具体的に示して指導している。また、コミュニケーション力の向上に全校あげて取り組んでいる。

さらに、児童の人間関係力を高めるために、各学年一、

言語活動の充実

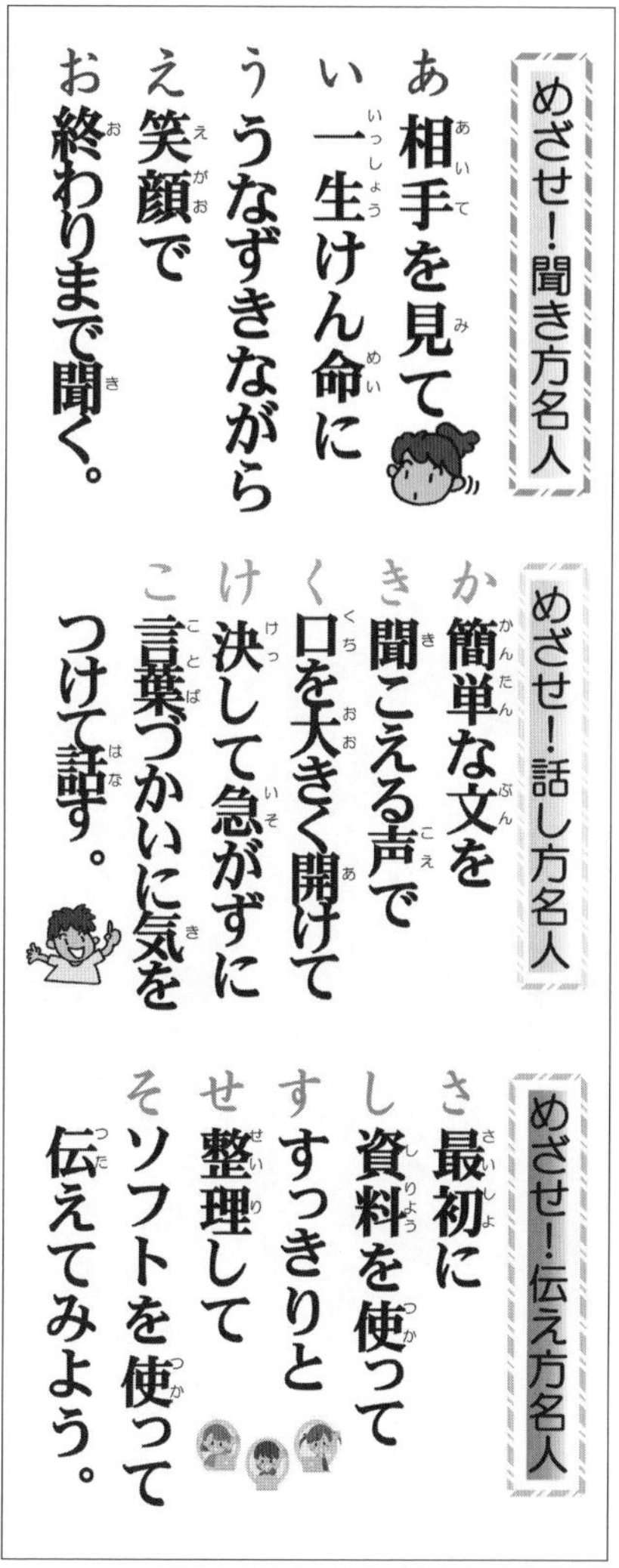

二名ずつの異年齢集団で組織する、たてわり班活動を月一回、水曜日のフレンドタイムに行っている。特別活動主任が計画し、全教職員が二班ずつ担当し、組織的に実践されている。

(2)　自己理解・自己管理能力の育成

「元気なだてっ子一〇か条」を活用して、心身の健康の保持増進のために、進んで実践しようとする子を家庭と連携して育成する。保健便りや学校便りを通して、保護者と目標を共有し、自己管理能力を育んでいく。

係活動や掃除などの当番活動、委員会活動に責任をもって一生懸命取り組む児童の育成にも力を入れている。

人間関係形成・社会形成能力の育成でのたてわり班活動も、六年生にとっては学校のリーダーとして自分の役割や責任を自覚するよい機会となっており、下級生に役に立てるという喜びを感じている。

(3)　課題対応能力の育成

毎日の授業の積み重ねがあって、授業に向かう態度が身に付いていく。校長通信で根気強く、指導に励むよう

元気なだてっこ10か条

No.	元気なだてっ子10か条		自己評価 1学期	2学期	3学期
①	明るく元気に生活する	★元気にあいさつする			
		★友だちとなかよく生活する			
		★少しくらいつらくてもくじけずにがんばる			
②	朝ご飯をきちんと食べる				
③	すききらいをせず，バランスのとれた食事をする				
④	早寝・早起きをする				
⑤	規則正しいリズムで生活する	★毎朝うんちをする			
		★きまった時間に家庭学習をする			
		★テレビやゲームはきめられた時間を守る			
⑥	食後の歯みがきをきちんとする				
⑦	手洗い・うがいや体の清潔を心がけ，病気を予防する				
⑧	外で元気に遊び，すすんで運動に取り組む				
⑨	交通事故に気をつける	★交通ルールをまもる			
		★きめられた通学路を通る			
		★正しい自転車の乗り方をする			
⑩	生活の中での事故やけがに注意し，安全で落ち着いた生活をする				
保護者印					
担任印					

にと教職員の背中を押した。

また、授業は下館小スタイル【ねらい→自力解決→児童司会による交流活動→まとめ・適用練習→振り返り】を生かした児童主体の課題解決的な学習を展開するよう確認した。みんなで話し合う交流活動を大切にするように話をした。

「ローマは一日にして成らず」と授業で勝負をする教職員へ願いを語った。学習指導をする上で、実感を伴って勤労や職業に関する理解を深められるような、体験活動を意図的に入れるよう指導した。

2　特別活動「おそうじレベルアップ活動」の実践

(1)　課題の発見

運営委員会の児童は、一人一台配付されたタブレットで「Ｔｅａｍｓ」のチャット機能を活用して、学校生活の課題を収集した。「掃除中に遊んでいる人がいる。」「ごみやほこりが取れていない。」など掃除の取組に関する課題が一番多くあげられたので、課題を「学校全体で清掃活動をよりよくしていこう。」に決定した。特別活動主任からは「学校全体として掃除に課題があるので、働くことについて各学級の学級活動で話し合い、一人一人が働くことを考え、多様な他者と協働して、課題解決をしていく実践をしていきたい。」と校長に申し出があった。

全学級が同一歩調で取り組んでいこうと激励した。

(2)　学級活動「そうじを見直そう」

学級活動では、五・六年生は運営委員会の児童が、一年生から四年生は、運営委員の動画での司会進行と各学級担任により授業を進めた。まず、学校の汚れている場所の提示の後、児童が自分の掃除の仕方について振り返った。次に、掃除の仕方の課題についてグループで考え、全員で話し合った。最後に自分自身が「これからどのようにそうじをしていきたいか。」を意思決定した。

(3)「おそうじレベルアップウィーク」

運営委員会と三・四年生から構成される代表委員会が発足し、「みとおす」(「み」は自ら、「と」は共に、「お」はおしゃべりしない、「す」はすみずみまで)を合言葉に正しい掃除の仕方を動画にとって、全学級に紹介した。組織目標の「みとおす」が児童に浸透していることを

みとおすフラワー

改めて確認するとともに、働くことの意識をもち、学校を自分たちの力できれいにしようとする実践を称賛した。

「おそうじレベルアップウィーク」の期間中、掃除の反省でできた「みとおす」項目にシールを貼って、みとおすフラワーを作成した。掃除の取組の向上を視覚的にとらえることができた。

3　保護者、地域住民の協力で開催「職業フォーラム」

児童一人一人にキャリアプランニング力を付けるために平成十九年から「職業フォーラム」を開催している。小学校の段階において、いろいろな職業を見ることによって中学校段階のキャリア教育につなぐ役割を果たし、将来への夢や目標を育てるねらいがある。令和元年度まで二十名の講師を迎えて開催していた。ＰＴＡや地域の協力で児童が望む職業の講師を探し、紹介していただいた。

しかし、令和二年度は新型コロナウイルス感染症が収束しない状況や学校の働き方改革推進の中、教職員からは開催にあたっての業務負担軽減の声があがった。そこ

で、校長がＰＴＡ執行部の役員の方々に、学校の現状を説明し、「職業フォーラム」の規模の縮小と運営への更なる協力を要請した。

その結果、ＰＴＡ執行部役員の方々が、児童の希望に添った講師を六名ほど招聘し企画運営にも、大きく携わるということに至った。教職員の業務軽減も実現した。

令和三年度のテーマは、「情報化社会・グローバル化社会で働く人々」である。依頼希望の職種は、スポーツ関係、テレビ番組制作、自動車関係、お菓子づくり、カメラマン、園芸指導者となった。児童は、各方面で活躍されている人生の先輩方からの講話を聞いたり、仕事の一部を見せていただいたりする体験ができた。「いばらきキャリア・パスポート」に、この時間で得た感想と将来への夢や希望をしっかりと書きとめていた。

五　おわりに

学校経営の方針の共有、ミドルアップダウンマネジメントの手法によって、働くことへの意欲や必要な資質・能力の育成に教職員が積極的に取り組む姿を見た。さらに、年間指導計画を全教職員の力で作り上げていきたい。

職業フォーラム

スポーツ

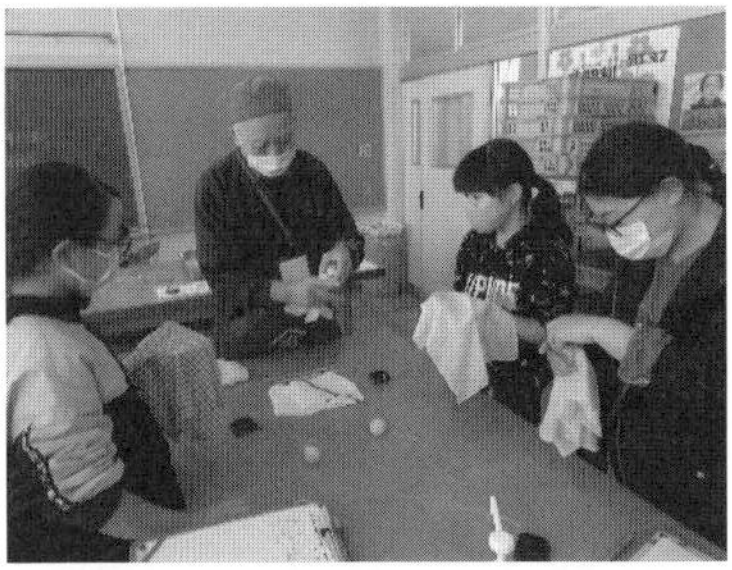

お菓子づくり

カメラマン

第三章　今日的な経営課題に挑む学校経営

提言

今日的な経営課題に挑む学校経営
――虫の目、鳥の目、魚の目で新たな学校教育を創出――

奈良県王寺町立王寺《おうじ》北義務教育学校長
水谷雅美

一　はじめに

私は令和四年四月一日、奈良県王寺町立王寺北義務教育学校の初代校長として、完成したばかりの校舎に足を踏み入れた。これから始まる義務教育学校での教育活動を思うと、言いようのない重圧感と抑えきれない高揚感がないまぜになり、新校舎のシンボルである大階段を見つめていたことを今もはっきり覚える。三月まで勤務していた王寺小学校の玄関前の碑に刻まれている「一日生きることは、一歩すすむことでありたい」が頭をよぎる。この言葉は、昭和四十年に当時の王寺町長が「時代と、人間と、場所の条件を超越して、町民が永遠に生活の教訓として、各自の心に刻みうる言葉がほしい」と、日本で最初にノーベル賞を授賞された湯川秀樹氏に依頼し、頂戴した言葉である。私は、改めてこの言葉を胸に、前をしっかり見据えて取り組んでいこうと決意した。

令和四年度の文部科学省による学校基本調査では、義務教育学校は前年度より二十七校増えて百七十八校となっている。義務教育学校で学ぶ児童生徒も同様に九千二百三十一人増えて六万七千七百九十九人になっている。この数字の変化は、現在の教育課題を改善し、より良い教育の実現を図る選択肢の一つとして、義務教育学校に代表される小中一貫教育が進められるということを示している。

少子高齢化やグローバル化・情報化の進展等、世の中が大きく変化する中、学校現場において、学習指導要領の確実な実施をはじめ、GIGAスクール構想によるICT機器を使った学習の充実、教職員の働き方改革の推進、教員免許更新制の発展的解消による新しい研修の実施、教員の人材不足等、子どもたちや学校を取り巻く環境は、ますます複雑化・多様化している。このような状況にあっても、各学校においてより良い教育を実現するため、私たち校長は未だ収束がみられない新型コロナウイルス感染症に翻弄されながらも、一つ一つの課題に真摯に向き合い、「全ての子供たちの可能性を引き出す、個別最適な学びと、協働的な学びの実現」に向けて、校長に課せられた使命を深く自覚し、日々教育活動に邁進している。時代は変わろうとも「教育は人なり」である。予測不可能な時代だからこそ、豊かなつながりを大切に、教職員のみならず、子どもに関わるあらゆる保護者や地域、組織等と連携を図りつつ、チーム学校として子どもたちを育むことが大切である。

そこで、義務教育学校で校長として、学校経営に取り組むにあたり、「虫の目」「鳥の目」「魚の目」の三つを意識していこうと考えた。「虫の目」は複眼、つまり「近付いて」様々な角度から物事を見るということ、「鳥の目」は俯瞰的に全体を見るということ、「魚の目」は時流を見る、つまり時代の要請を見失うなということである。以下、義務教育学校で取り組む今日的な学校経営として私が大事にしていることを提言する。

二　チーム学校としての学校運営　校長のリーダーシップと学校組織の活性化

1　校長のリーダーシップ

校長の仕事は、常に判断と決断の連続である。コロナ禍で先が見通せない中、私たち校長は、正解のない問いに対して、これまで以上に判断と決断を迫られる場面が増えている。判断と決断を適切に行うには、その事案についての情報とその事案に関わっている教職員の対応、それらを共有している学年部や担当部との連携が必要である。幸いなことに、本県でも副校長が制度化され、義務教育学校では、校長、副校長、教頭二名の管理職体制が取れることになった。児童生徒数約千人、県費と町費の教職員合わせて約百人の学校において、副校長の存在はとても心強い。

この体制の下、特別なことが起こった時には、できるだけ迅速に、最新の情報を得て、副校長・教頭等と協議を重ね、校長として判断・決断をし、教職員には「これで進めます。ご理解・ご協力をお願いします。」と指示・伝達するように努めている。子どもの健やかな成長に責任をもつ学校として、安全・安心な学校生活を送るための危機管理を徹底することは当然のこととして取り組み、実行していかなければならない。

一方、平時においては、教職員のアイデアを大切にし、適材適所で仕事を任せている。少し難しい仕事に挑戦したり、自分に任せられた仕事をやり遂げたりすることで達成感を味わい、モチベーションが上がる。もちろん個人の取組だけでなく、学年や校務分掌での専門的で組織的な取組を進めていくことは言うまでもない。校長として、組織が大きいからこそ、教職員一人一人を深く知ろうと心掛けている。経験年数、家庭状況、得意分野などを知るとともに、面談や日頃の声掛けを通して、教職員とのつながりを深め、個々の力量を高めていきたい。

「校務をつかさどる校長は、学校組織のリーダーとして、教員の人材育成について、大きな責任と役割を担っており、教員の自律的な成長を促すべき存在である」（公立の小学校等の校長及び教員としての資質の向上に関する指標の策定に関する指針　文部科学省・平成二十九年三月）と明記されている。校長として、個人の成長が組織の成長につながるように努めなければならない。そのためにも、学校経営目標を明確に示し、同僚性を育みながら、誰もが組織に貢献したいと思える職場づくりを目指したいものである。有事であれ、平時であれ、理屈だけでは人は動かせない。優しさや思いだけでは律しきれない。厳しさだけでは萎縮させる。リーダーとして、全てにおいてバランス感覚を磨きたいものである。

２　学ぶ意欲を大切にする校内研修

令和四年六月に開催された「令和の日本型学校教育」を担う教師の在り方特別部会において、教師に共通に求められる資質能力は、①教職に必要な素養、②学習指導、③生徒指導、④特別な配慮や支援を必要とする子供への対応、⑤ＩＣＴや情報・教育データの利活用、の五つの柱で再整理された。デジタル社会の進行とともに、求められる教師像も変わっていく。またコロナ禍の中、加速度的に進んだＩＣＴの活用によって、学習指導の在り方にも大きな変化が生じている。本町では、児童一人一台端末が貸与される前に全教職員に端末が貸与されたおかげで、校内に若手教員を中心としたプロジェクトチームを立ち上げ、トライアル＆エラーで研修を進めることができた。まずは基本的な活用技能の取得から始め、端末を活用した従来型の授業（レベル１）、端末を効果的に活用した授業（レベル２）、新たなスタイルの授業（レベル３）と段階を踏み教員が自信をもって授業に臨めるよう工夫した。教員が使って便利と思ったらしめたものである。教員の心に火をつけることができれば、自主的な研修も自然と進んでいく。

ＩＣＴ環境の整備状況には自治体間、学校間の差も指摘されているところであるが、職員会議等のペーパーレス化、職員会議等の対面・オンラインハイブリッドでの実施、連絡掲示板やグループウェア等での伝達事項の共有、児童生徒・保護者向けのアンケートのデジタル化など、日常的に端末やクラウドの利活用も進めている。今後、ネットワーク環境や校務支援システムが更に進化し、学習履歴（スタディ・ログ）や生徒指導上のデータ、健康診断情報、基幹調査等への活用など、教職員の業務が軽減されることも期待したい。

一方、指導力向上のためには、互いの授業を参観し合い、批評し合う授業研究は計画的に位置付けたい。校内研修のもち方についても、従来の形式に捉われることなく、プロジェクト研究や教科部会、ミニ研修、スタンディングミーティングなどバリエーションを工夫し、教員が自ら学び続ける姿勢を大事にしたい。

3 管理職を目指す人材を育てる

私は、若いうちから教員としてのライフステージを意識し、ステージに応じたキャリアアップのイメージをもつことが大事であると考えており、とりわけ中堅教員には、そのことについて、人事評価の面談を通して伝えている。具体的には、定年まで担任として直接子どもに関わっていきたいのか、それとも管理職となって学校経営に携わっていきたいのかである。多くの場合、初めから管理職の道に進みたいと考える教員は少ない。激務といわれる管理職への不安があるのは当然である。それゆえ校長は、教頭をはじめ教職員がそれぞれのステージにおいて、現在、教職員が長時間勤務・負担感の元凶となっている膨大かつ多岐に渡る業務を整理したり、部活動の在り方や保護者対応などを見直したりすることで、効率的・効果的かつやりがいを感じられるように学校経営を進めていくことが極めて重要である。あわせて、「管理職として一緒に働きたい。あなたならできる。」というメッセージを伝え、背中を押してあげることも重要であると考える。

これまで、私は中堅教員には大学院への研修や中央研修の受講等を積極的に進めている。それは多くの人とのつながりを通して、専門分野を磨いたり、学校運営について学んだり、幅広い知見を得ることで成長してほしいと願っているからである。現在、各都道府県・市町村教育委員会においても、事務局への若手登用が積極的に行われている。若いうちからこのような経験を積むことは、学校というものを外部から見つめる機会となり、学校の在り方を見つめ直すことにつながるであろう。

また、男女共同参画社会のもと、女性の管理職を育成することも大切にしたい。私は、前任校で県下初めての女性校長・女性教頭の女性W管理職となった。国立女性教育会館が公表した「学校における女性の管理職登用の促進に向けて」の中に、女性管理職の必要性について「教員の働き方や意思決定のあり方が、子供たちの性別役割分担意識に影響を与える可能性がある」と記されている。小学校教員の約半数が女性であることを踏まえると、主任や部長等の役職を担い、管理職となる女性教員を育てることも使命であると考える。私たちの働く姿を見て、私たちの後に続いてくれる人材が育ってくれることを願う。

三　義務教育学校を創る

本町は、町内にある三小学校二中学校が再編され、令和四年、南北二つの義務教育学校が開校した。その準備のために設置された「義務教育学校推進委員会」では、三年間という時間をかけ、学校の教育方針や特色あるカリキュラム、通学路や制服、校歌・校章の選定等について検討が重ねられた。その推進委員会内に設けられた、校長を中心とした学校施設、総務、教育課程の三つのプロジェクト会議は述べ五十回を超えた。

これだけの準備をし、目指す学校像を明らかにして開校を迎えたのだが、実際に学校が動き出すと、イメージ通りに進んでいかなかった。例えば、「中学校教員の専門性と小学校教員のきめ細やかさを生かした教育の実施」や「学年区分を四ー三ー二とし、小学校教育と中学校教育のスムーズな連携を図る」という義務教育学校の基本コンセプトについてもその実現には様々な障壁が立ちふさがってきた。五・六年生を中心とした教科担任制では、中学校教員の専門性を生かした授業が行われている。しかし、これまで行ってきた専科授業と何が違うのか、小学校教員のきめ細やかさを生かした学習指導をどのように取り入れていくのかについては、検証していく必要があると捉えている。

小中学校の教職員が、義務教育九年間の教育内容を理解し、教育目標に掲げる資質・能力や態度等をよりよく育成することは、全ての小中連携、一貫教育に共通する基本的な目的である。しかし、小学校の文化、中学校の文化はそれぞれの教育観の中で形成されてきたものであり、それを尊重すべきものである。義務教育学校となり、一つの校舎の中で教育活動を行えば、新たな文化が生まれてくるというものではない。互いの教育観を理解し合い、尊重し合うことから始めなくてはならない。義務教育学校という小中一貫教育を行う新しい学校文化の創造を図る必要がある。

私は、この課題を解決するため、教職員の同僚性を涵養することが不可欠だと考えている。校長、副校長、教頭を中心に、これまでの校種の壁を取り除き、スモールステップでよいので、義務教育学校の取組を進めていきたい。その過程で、教務主任や学年主任、そしてそれに関わる教職員との共通理解を図っていく。これまでの取組との違いに対して、戸惑いや不安が生じてくるのは当然である。しかし、その戸惑いや不安の向こう側に私たちがつかみとりたい成果があるのだと確信をもって取り組んでいきたい。

四　おわりに

「人間は一生のうちに逢うべき人には必ず逢える。しかも、一瞬早すぎず、一瞬遅すぎない時に。」教育者森信三氏の名言の中で、私が一番好きな言葉である。教職三十四年目、常に支えてくれるのは、先輩校長であり、職場の同僚であり、子ども・保護者・地域の方々である。全連小や県小中学校長会の積極果敢な活動には常に刺激を受け、明日への活力となっている。応援してくれる人がいるから頑張れる、応援したい人がいるから頑張れる。予測不可能な時代ではあるが、人とのつながりを大切に、「虫の目、鳥の目、魚の目」を肝に銘じ、教育活動の更なる充実に努めたいと、自己への提言とさせていただく。

実践事例

1 教職員の意識改革（経営参画）と管理職の育成

明確なビジョンのもとでの活力ある組織運営体制の整備

香川県高松市立川岡《かわおか》小学校長　渡　邊　弘　明

〈本校の概要〉

本校は、香川県高松市南西部の豊かな自然に恵まれた田園地帯に位置しており、児童数二百九十八名の中規模校である。ここ数年、小規模ではあるが複数の団地が造成され、世帯数及び児童数の増加傾向が見られる。

本校の教育目標は「自ら考え行動し　心豊かで　たくましく未来を拓く児童の育成」である。

平成二十九年度には、香川県小学校教育研究会において国語科教育の研究に取り組んだ。令和四年度は「主体的・対話的で深い学びのある授業の日常化」を研究主題として国語科・算数科の授業改善に取り組んだ。

一　はじめに

本県の公立小・中学校でも、世代交代が加速度を増して進んでおり、教職員の年齢構成は五十代後半のベテラン層より二十代の若年層が多く、四十代の中堅層が少ない、いわゆるひょうたん型となってきている。また、同一校在職年数の長い教職員が転退職となり、その学校で在職年数が短い教職員が大半を占める状況も散見される。

若年教員は授業力向上、中堅層は中核としての力量向上、ベテラン層は教育への意欲の向上が、キャリアステージ上の課題であるが、こうした年齢構成や在職年数を踏まえた学校全体の教育力の維持・発展をいかに進めていくのかということが、学校経営上の課題となっている。

さらに、学校そのものが鳴門教育大学の佐古秀一氏の提唱する「個業型組織」に陥りやすいということも大きな問題としてある。授業等の教員業務そのものが自己裁量の傾向が強いため、ややもすると組織としての統合性が弱くなる。教員それぞれが自分の思い描く教育活動を展開しようとするために、学校の課題に対して組織的な対応が困難となってしまうということが、学校組織、特に学級担任を基本とする小学校では、陥りやすい問題としてある。

学習指導要領の全面実施とともに、コロナ禍でのGIGAスクール構想に基づく教育のICT化は教育現場に急激な変化をもたらした。学校教育目標のもと、創意と活力のある学校経営の実現には、学校としてのチーム力を高め、組織的な課題解決の向上を図ることが、ますます重要となっている。

二　研究の視点

校長の経営理念が浸透するには、①組織として大事にしている考え方や行動基準を明確に示すこと②共通目標の理解が進み、相互に協力し合う関係性が育まれるような組織づくりを行うこと③理念と日常行動を結び付け、一人一人に、理念につながる思いや考え方、行動基準が備わるようにすること、が大切である。そこで、次の三つの視点から組織運営体制の改善を図っていった。

① 学校経営ビジョンの共有化を図る工夫

② 参画意識を促すための組織づくり

③ 教職員の協働意識を高める工夫

三　実際の取組

1　学校経営ビジョンの共有化を図る工夫

年度当初に、学校教育目標を達成するための学校経営方針を校長として教職員に示している。「個業型組織」に陥らないためには、学校経営に対する共通のビジョンを一人一人の教職員が描けることが不可欠である。そこで、これまで箇条書きの文章でまとめられてきた経営方針を、一枚の用紙にグランドデザインとして図案化して示し、教職員の共通理解を図った（図1）。

学校教育目標を達成するための中心戦略の「教育活動」を知徳体のバランスを図りながら上位に示し、それを支えるものとして「教育環境の整備」と「教職員の在り方」を下位に示した。さらに、これら学校教育活動の基礎となるものとして「保護者連携」「地域・異校種連

図1　学校経営方針の図案化

R4年度　高松市立川岡小学校経営方針

1　学校教育目標

自ら考え行動し　心豊かで　たくましく未来を拓く子どもの育成

2　本年度の特色ある教育活動【子どもが生き生きと学べ、教職員が生き生きと働ける学校づくり】

子どもの資質・能力を育成する教育活動

【めざす児童像】　よく考え工夫する子　仲よく助け合う子　粘り強く行動する子

確かな学力の向上

○主体的・対話的で深い学びのある授業の日常化
・課題意識の向上、話合いの活性化、確かな見通しと振り返り、知識の関連化
○基礎的・基本的な知識・技能の習得
・マイ・スタディ(国語・算数タイム)、自主学習の充実
○ふるさと学習の充実(生活・総合)
・地域・社会貢献に基づく単元構成の工夫
○一人一人が輝く学級づくり
・学級活動の充実、教室環境の充実、児童対応の充実

豊かな心の育成

○自己有用感の醸成
・人と関わる体験活動の推進
(地域交流、異学年交流等)
・ボランティア活動の推進
(あいさつ、清掃等)
○豊かな感性と実践力の育成
・感謝プロジェクトの推進
(生活・総合学習、行事等)
・人権学習の充実　＊香東中ブロック
(年間学習と絆月間の充実)
○規範意識と自己指導能力の育成
・川岡スタンダードの見直しと徹底
・PDCA サイクルによる月目標の達成

健やかな体の育成

○基礎体力と運動能力の向上
・外遊びの推進(全学級で実施)
・体育チャレンジカードの活用
・マラソン大会の実施
○望ましい生活習慣づくり
・メディア利用に関する指導の充実
・早寝・早起き・朝ごはんの推進
・保護者啓発の工夫
・生活チェックカードの活用
・マイ・ランチの推進

安心・安全な教育環境の整備

○信頼される教職員としての言動
・綱紀の保持と服務規律の確保
・教職員自らが児童の手本
・コンプライアンス研修の充実
○教育備品・消耗品の充実
・学年団を中心に定期的な希望調査
・学年団による教材備品の点検と補充
○学校施設の積極的な修繕
・安全点検等の体制整備
・長期的な修繕計画の作成

支え合い高め合う教職員集団

○教育のプロとしての意識
・常に向上心をもって責任ある行動を
○チームで課題対応
・校務分掌を中心に協働して対応(実践部会)
・学年団、低中高学年部会で課題対応
○働き方改革の推進
・業務内容の見直し(効率化、縮小・削減)
・教職員の意識改革推進
○校内研修体制の充実
・多面的な校内研修と若年研修の充実

保護者との連携

○教育活動等の積極的発信(ブログ、各種たより)
○教育活動の積極的公開(授業参観、行事等)
○交通安全指導(保護者による毎朝の立哨指導)

地域・異校種との連携

○地域関係団体との連携(こ・幼・中学校、コミュニティ協議会)
・あいさつ運運動、運動会、敬老会、地域防災訓練、ぴかぴか大掃除
○学校運営協議会を中心にした学校支援体制の充実
○地域人材の活用(生活科・総合的な学習)

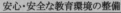

図2　本年度重点戦略の図案化

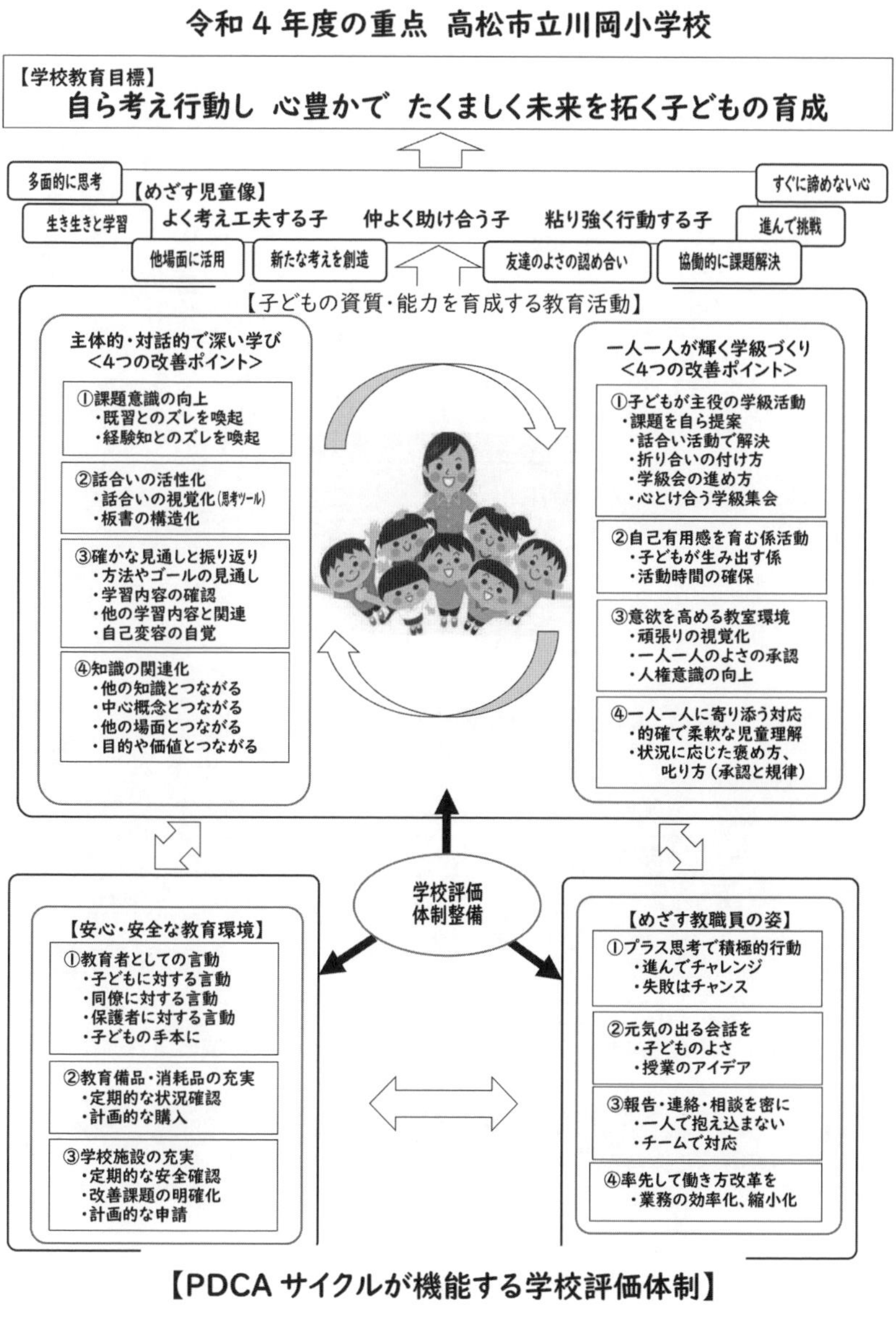
令和４年度の重点　高松市立川岡小学校
【学校教育目標】
自ら考え行動し　心豊かで　たくましく未来を拓く子どもの育成
多面的に思考
すぐに諦めない心
【めざす児童像】
生き生きと学習
よく考え工夫する子　仲よく助け合う子　粘り強く行動する子
進んで挑戦
他場面に活用
新たな考えを創造
友達のよさの認め合い
協働的に課題解決
【子どもの資質・能力を育成する教育活動】
主体的・対話的で深い学び
＜4つの改善ポイント＞
①課題意識の向上
・既習とのズレを喚起
・経験知とのズレを喚起
②話合いの活性化
・話合いの視覚化(思考ツール)
・板書の構造化
③確かな見通しと振り返り
・方法やゴールの見通し
・学習内容の確認
・他の学習内容と関連
・自己変容の自覚
④知識の関連化
・他の知識とつながる
・中心概念とつながる
・他の場面とつながる
・目的や価値とつながる
一人一人が輝く学級づくり
＜4つの改善ポイント＞
①子どもが主役の学級活動
・課題を自ら提案
・話合い活動で解決
・折り合いの付け方
・学級会の進め方
・心とけ合う学級集会
②自己有用感を育む係活動
・子どもが生み出す係
・活動時間の確保
③意欲を高める教室環境
・頑張りの視覚化
・一人一人のよさの承認
・人権意識の向上
④一人一人に寄り添う対応
・的確で柔軟な児童理解
・状況に応じた褒め方、
叱り方（承認と規律）
学校評価
体制整備
【安心・安全な教育環境】
①教育者としての言動
・子どもに対する言動
・同僚に対する言動
・保護者に対する言動
・子どもの手本に
②教育備品・消耗品の充実
・定期的な状況確認
・計画的な購入
③学校施設の充実
・定期的な安全確認
・改善課題の明確化
・計画的な申請
【めざす教職員の姿】
①プラス思考で積極的行動
・進んでチャレンジ
・失敗はチャンス
②元気の出る会話を
・子どものよさ
・授業のアイデア
③報告・連絡・相談を密に
・一人で抱え込まない
・チームで対応
④率先して働き方改革を
・業務の効率化、縮小化
【PDCAサイクルが機能する学校評価体制】

携」を土台として示した。

　この学校経営の全体図から、本校が行う全体的な戦略を示すことはできたが、令和四年度特に力を入れて取り組んでいきたい戦略が十分には伝わりにくいと感じた。そこで、別紙として令和四年度重点戦略の図案化（図2）も行った。全体方針とは別に重点戦略を図案化することで、「確かな学力の向上」にポイントを置いた具体的な手だてを教員に示し、共通理解を図っていった。

２　参画意識を促すための組織づくり

(1)　校務を協働的に遂行するための実践部会

　学校には様々な校務があり、各教員に割り振られている。各分掌において、担当教員は学校教育目標を達成するために具体的な教育活動を計画・運営していく。しかし、本校においては、各分掌担当教員のみで教育活動を計画・運営していくという、校務における個業傾向が大きな課題となっていた。

　そこで、チームとして組織的に対応できるように、学校の課題をもとに「学力向上部会」「心と体部会」「人権教育部会」の三つからなる組織を「実践部会」として新

図３　実践部会による校務分掌の組織体制づくり

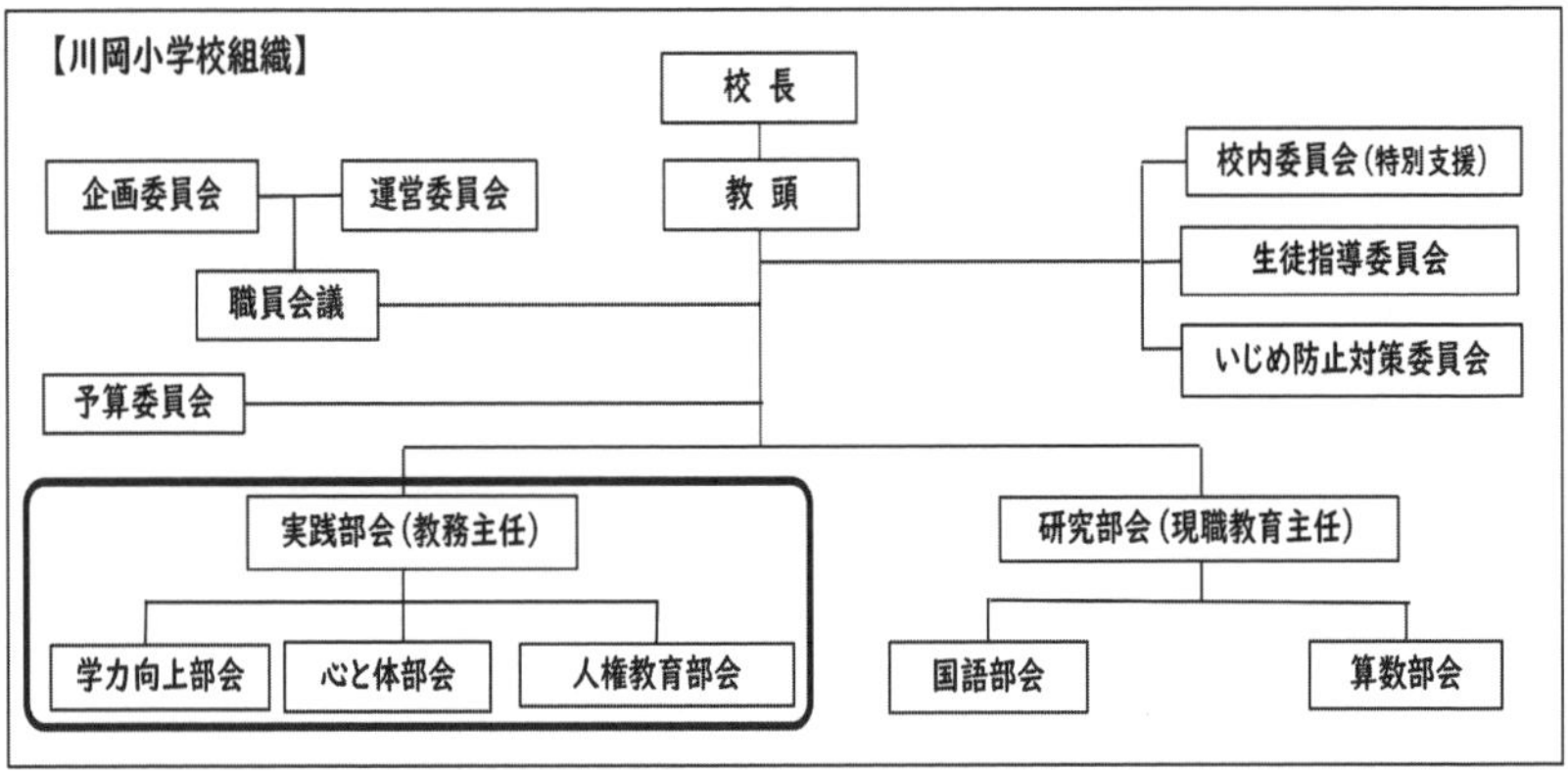

たに設置した（図３）。各部のキャップには、ミドルリーダーとなる中堅教員を配置した。

「学力向上部会」は現職教育（研究主任）担当、メディア教育担当等で組織し、授業改善方法やＡＩドリルの運用方法等の計画・運営を担当している。

「心と体部会」は生徒指導主事、養護教諭、体育主任、給食担当、交通安全担当等で組織し、自己有用感向上対策や家庭でのメディア利用の改善対策等の計画・運営を担当している。

「人権教育部会」は人権・同和教育担当、児童会活動担当、特別支援教育担当等で組織し、人権・同和教育年間計画の改善や児童会を中心にした「いじめゼロ運動」等の計画・運営を担当している。

三つの部会を組織することにより、個業傾向にあった校務分掌運営が、学校教育目標達成の中心的な活動を各部会で協議・相談しながら計画・運営していく体制に整備していった。

⑵　数値目標による組織の活性化

組織体制が整備できても、その組織が機能するためには、部会内での明確な目標が必要となる。そこで、学校教育目標達成のための具体的な目標となる基準（数値目標）を、昨年度の学校評価児童アンケートをもとに、校長から各部会へ提示することにした。例えば、学力向上部会に対しては「『授業が楽しい』と肯定的に回答する児童が九〇％以上」「『授業がよく分かる』と肯定的に回答する児童が九〇％以上」、心と体部会に対しては「『自分には良いところがある』と肯定的に回答する児童が八五％以上」、人権教育部会に対しては「『いやなことをされない』と肯定的に回答する児童が八五％以上」といった具体的な数値目標を示し、各部会で対応策を考えるよう指示した。数値目標にすることで、達成すべき目標が明確になり、部会内でも目標達成のための具体的な対応策を熱心に協議する教員の姿が多く見られた。

３　教職員の協働意識を高める工夫

⑴　学校経営方針に基づいた目標申告体制

年度当初の学校経営方針、更に令和四年度の重点戦略をもとに、独自に作成した目標申告シート（表１・表２）を活用し、各教員に対して目標申告体制を整備した。

表１　目標申告シート（一部抜粋）

年度当初に記入（5月10日までに提出）				夏季休業中に記入（8月25日までに提出）	
		・今年度のあなたの職務上の課題と目標	◆目標達成のための具体的な手立て ◎達成度を評価するための具体的資料	総合評価	1学期の成果と課題 目標の変更・追加 手立ての変更・追加
学習指導	課題	・前学年での県学習状況調査正答率で県との差 国語−8、算数−13.5 （特に、技能と思考力が大きな課題） ・勉強が好きな児童（50%）	◆毎時間、授業のめあてを焦点化し、週案に明文化する。 ◆授業の導入部においては、学習意欲が高まるよう、児童の意識とのズレが生まれるような課題との出合わせ方を工夫する。 ◆発言の機会を増やすために、グループでの話合いの場を積極的に取り入れる。 ◎県版テスト ◎児童アンケート（学年団で作成したもの） ◎児童観察 ◎県学習状況調査（質問紙も含む）		<成果> <課題> <変更・追加する目標> <変更・追加する手立て>
	目標	・県版テストの平均点80点　国語・算数 ・県版テスト読む平均到達度75% ・県版テスト思考平均到達度70% ・県学習状況調査正答率の県との差 国語−5、算数−8 ・国語の勉強が好きな児童（80%） ・算数の勉強が好きな児童（70%）			
生徒指導・学級経営	課題	・失敗を恐れず挑戦する児童の割合73%(全国学力・学習状況調査質問紙) ・自尊感情が高い児童の割合40%（県学習状況調査質問紙）	◆元気のない児童に対して積極的に声かけを行い、個別に悩みを聞くよう心がける。 ◆一人一人の長所を見い出し、本人や全体に伝えていくよう心がける。 ◆学級の時間や帰りの会等で「かがやきさん紹介コーナー」の場を設定する。 ◆運動会やクラスマッチ等、学年全体や学級全体が一つの目標に向かって取り組む場を積極的設定し、互いに励まし合いながら全員でやり遂げる経験を積ませる。 ◎全国学力・学習状況調査質問紙 ◎県学習状況調査質問紙		<成果> <課題> <変更・追加する目標> <変更・追加する手立て>
	目標	・失敗を恐れず挑戦する児童の割合 80%(11月) ・自尊感情が高い児童の割合60%（11月）			

表２　目標申告シートの拡大

年度当初に記入（5月10日までに提出）			
		・今年度のあなたの職務上の課題と目標	◆目標達成のための具体的な手立て ◎達成度を評価するための具体的資料
学習指導	課題	・前学年での県学習状況調査正答率で県との差 国語−8、算数−13.5 （特に、技能と思考力が大きな課題） ・勉強が好きな児童（50%）	◆毎時間、授業のめあてを焦点化し、週案に明文化する。 ◆授業の導入部においては、学習意欲が高まるよう、児童の意識とのズレが生まれるような課題との出合わせ方を工夫する。 ◆発言の機会を増やすために、グループでの話合いの場を積極的に取り入れる。 ◎県版テスト ◎児童アンケート（学年団で作成したもの） ◎児童観察 ◎県学習状況調査（質問紙も含む）
	目標	・県版テストの平均点80点　国語・算数 ・県版テスト読む平均到達度75% ・県版テスト思考平均到達度70% ・県学習状況調査正答率の県との差 国語−5、算数−8 ・国語の勉強が好きな児童（80%） ・算数の勉強が好きな児童（70%）	

目標申告シートの項目は「学習指導」「生徒指導・学級経営」「校務分掌」「働き方改革」からなり、それぞれ課題と目標、更に具体的な取組を記入するようにしている。児童アンケート結果等をもとに、目標は可能な限り数値目標として設定するようにした。

(2)　授業における日常的なＰＤＣＡサイクルの活性化

令和四年度の重点戦略の一つである日常授業改善に対する具体的な方向性と手だてを、各教員が共通にイメージし実践できるよう、授業改善チェックシートの作成（表３）と週案を活用した授業の日常的な振り返り体制を整備した。

〈授業改善チェックシートの活用〉

表３　授業改善の手だてを具現化する自己チェックシート

よくしている	している	どとらともいえない	あまりしていない	していない
5	4	3	2	1

要素		視　点	自己評価
A授業設計	1	毎時間、授業のねらい（ゴール）を明確にしてから授業準備をしている。	4
	2	児童がどのように反応したり考えたりするかを予測しながら、授業の発問や手だてを考えている。	4
	3	中心となる思考場面とさせたい思考（比較、分類、関連、具体化、抽象化等）を明確にしている。	3
	4	児童の実態や活動内容に応じて学習形態（個、ペア、グループ、全体）を計画している。	4
	5	事前に振り返り活動の方法（振り返りカードやノートなど）や期待する記述内容を明確にしている。	3
B課題設定	6	既習内容や体験とのズレを引き起こし、児童自身が「解決したい」という思いが高まる工夫している。	4
	7	絵図や写真などを活用して、視覚的に課題が浮き彫りになるような工夫をしている。	3
	8	「解決したい」という児童の課題意識を高めることができている。	4
	9	課題設定後は解決方法の見通しや答えの見通しなどを考えさせている。	4
C話合いの活性化	10	ペアやグループでの話合いでは、思考の視覚化や操作化を図るための手だて（付箋紙や思考ツールなど）を取り入れている。	3
	11	グループは、3～4人の少人数にしている。	4
	12	多くの児童は、ペアやグループでの話合いに意欲的に参加している。	4
	13	全体の話合いでは、児童の意見をもとに論点を明確にしながら、意見の対立が生まれるようにしている。	3
	14	全体の話合いでは、児童の考え（情報のつぶ）をキーワード化・類型化しながら、分かりやすい板書にしている。	4
	15	全体の話合いでは、矢印や線、絵図などを活用して板書し、考えを対比しやすくしている。	4
	16	全体の話合いでは、資料やICTを活用しながら、話合いの活性化を図っている。	3
	17	全体の話合いでは、思考の視覚化や操作化を図るために思考ツールなどを板書に取り入れている。	3
	18	板書では、チョークの色を意図的に使い分けることで、考えの関連性や重要性に注目しやすくしている。	4
	19	全体の話合いでは、教師は傾聴・共感に心がけ、児童が話しやすくなるような雰囲気を作っている。	4
	20	多くの児童は、全体の話合いに意欲的に参加している。	3
D確かな振り返り	21	1時間の学習や思考の流れが分かり、児童の振り返りに有効な板書になっている。	4
	22	新しく分かったこと、話合いで感じたこと、自分の成長など、児童は多様な観点から振り返ろうとしている。	3
	23	児童の振り返りは、文章で書くようにしている。	5
	24	児童は、どこまで書けばよいかを聞くこともなく、意欲的に振り返りに取り組んでいる。	4
	25	児童は、振り返りの場面で板書を見ながら自分の学習を振り返っている。	3
	26	振り返りの時間をしっかり確保している。（3～5分）	3

図４　日常授業改善ＰＤＣＡサイクルを機能させるための週案

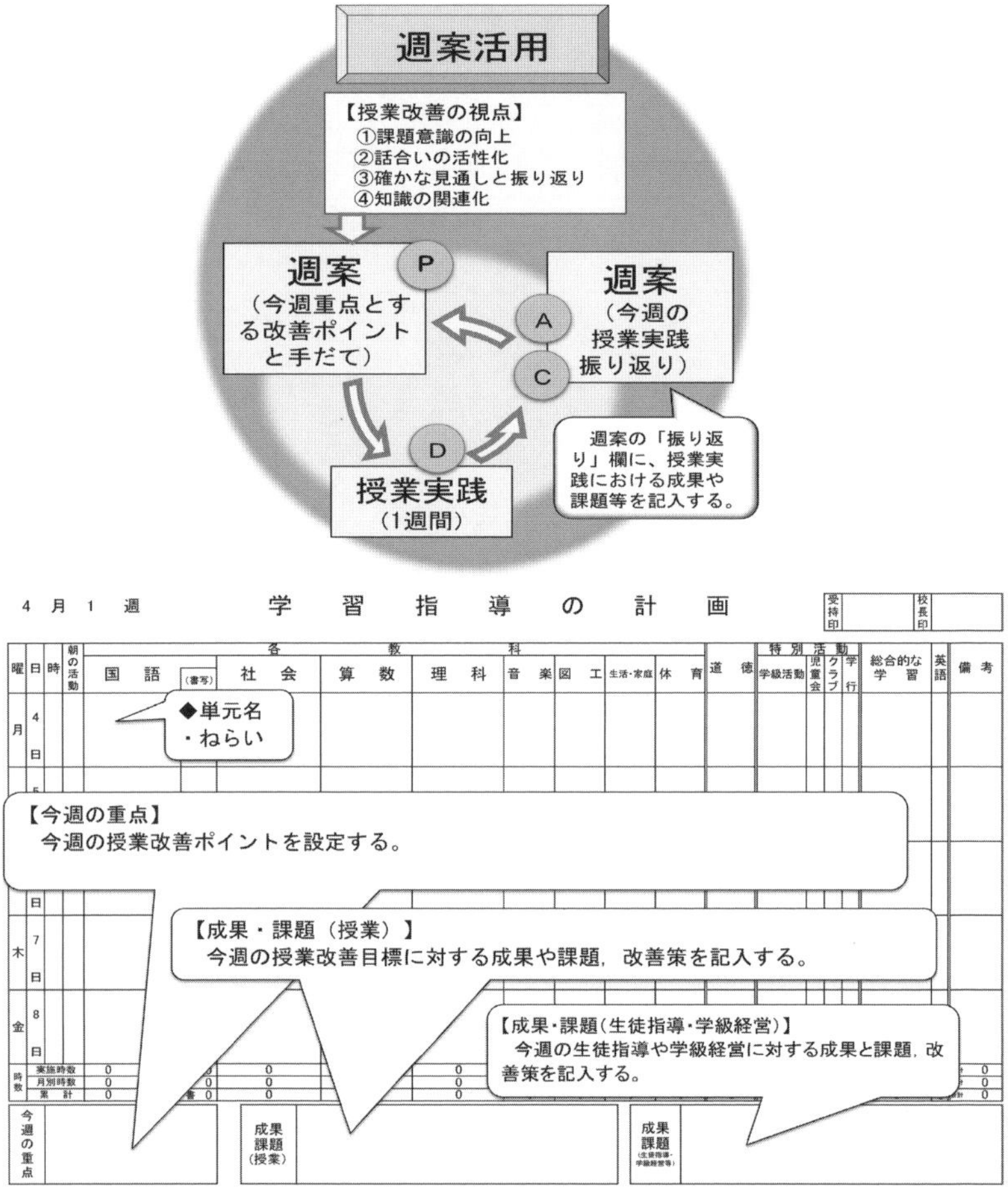

授業改善チェックシートの作成にあたっては、主体的・対話的で深い学びのある授業を日常的に実践できるよう「授業設計」「課題設定」「話合いの活性化」「確かな振り返り」の四項目から具体的な手だてを示し、五段階で自己評価できるようにした。五月、七月、十月、十二月の年四回実施している。

〈週案の活用〉

授業改善が日常的に実施できるよう、週案を活用している（図４）。令和四年度の重点として挙げている授業改善ポイント（課題意識の向上・話合いの活性化・確かな見通しと振り返り・知識の関連化）をもとに、「今週の重点」項目に自分が今週重点的に取り組みたい授業改善目標を記入する。そして一週間、改善目標に沿って実践し、週末にその成果と課題、改善策を記入する。そして来週の改善目標を週案に記入する。日常授業における計画・実践・評価・改善といったＰＤＣＡサイクルで自分の授業実践を振り返る機会を設定している。このようにに週案を活用することで、毎週、日常的に授業改善ＰＤＣＡサイクルが機能する体制を整備している。週案に記録された授業の成果や課題・改善策は、各教員による今後の授業実践にも生かされている。

四　おわりに

学校教育目標のもと、創意と活力のある学校経営の実現のために、学校としてのチーム力を高め、組織的な課題解決の向上を図ってきた。そのために、まずは、校長が示す学校経営ビジョンの共有化を図るためにグランドデザインとして図案化した。グランドデザインは、常に教職員の目につくよう、拡大したものを職員室に常時掲示するとともに、職員会議等において教育活動と関連させ、学校経営方針や重点戦略を繰り返し周知している。

参画意識を高めるための組織づくりとして、学校課題をチームとして対応できるよう新たに三つの実践部会を組織するとともに、数値目標を提示していった。

教職員の協働意識を高めるために、学校経営方針や重点戦略と関連させた自己申告体制を整備するとともに、授業改善における具体策を示した授業改善チェックシートの導入、更には、日常的に授業改善ＰＤＣＡサイクルが機能するために週案を活用していった。

働き方改革の推進とともに、新型コロナウイルス感染症拡大に伴う教育活動の制限、一人一台端末の導入といった新たな教育環境のもと、校長として今後もビジョンの共有化と組織の活性化を重点に学校経営に誠心誠意取り組んでいきたい。

〈引用文献〉

佐古秀一著　明治図書出版株式会社　二〇一九年
「管理職のための学校経営Ｒ―ＰＤＣＡ」四九頁

2　働き方改革の推進

一人一人を動かす　一人一人が動く学校経営

青森県平川市立猿賀《さるか》小学校長
小山内　睦　子

〈本校の概要〉
本校は青森県平川市の尾上地区にある児童数百四十八名、学級数九学級、教職員数十三名の学校である。学区内には、津軽の霊地猿賀《さるか》神社があり、毎年御田植え祭と苅穂祭において、早乙女として本校五年生児童が神事に参加している。他に猿賀公園があり、四季折々の景色を楽しむことができ、ジブリ映画の「借りぐらしのアリエッティ」のモデルと言われている盛美園《せいびえん》もある。観光名所・歴史建造物など教育素材が豊富であり、「開かれた学校」として、地域とともに歩む協働体としての教育を展開している。

一　はじめに

本校の学校教育目標は、「たくましく生きる子どもの育成　すすんで学ぶ子・思いやりのある子・体を大切にする子」である。さらに、重点目標として「夢に向かって　動き出す子ども」の育成を掲げ、具体的な目指す子どもの姿を、知「考える続ける子ども」、徳「お互いの良さを生かす子ども」、体「心と体を動かすことに向かう子ども」とし、教育課程において、常に目指す子どもの姿を念頭に置き、取り組んでいる。

本校の教育課題は、確かな学力の定着・相手を思いやる心の育成・健やかな心身の育成である。その具現化を目指す子どもの姿として示した。このことにより、教職員には同一方向に向かっていることを意識させ、一人一人を動かし、その結果、一人一人が動く学校として、歩み出している。

学校経営の基本方針として、教職員とともに考えた教育目標についての資質・能力を示し、学年目標を目指す子どもの姿に統一して掲示し、教職員に動き出すイメージをもたせた。以下「教育目標の資質・能力」（一八八ページ図1）を基に、学級経営に臨むこととした。このことにより、教職員が見通しをもつこととなり、カリキュラム・マネジメントへの意識醸成となった。

本校のほとんどの教職員は、仕事に対して、たいへん真面目である。多くの時間は、児童の学習状況の把握及び個別対応などに費やされている。このほか、教材研究はもちろん、学級事務・保護者対応・外部とのやりとり・突発的な対応など、勤務時間内では業務が終わらない状況が慢性的に続いている。

強制的に退勤を命じたところで、業務量は変わらず、根本的な解決には至らない現状である。このような状況の中では、十分な時間をかけて、子どもの成長を支援していく余裕がなくなることも懸念される。

背景には、社会情勢や学校教育に対する保護者及び社会からの要求の高さ、多さがあるとも考えられる。

このような学校教育を取り巻く社会情勢が変わらないのであれば、校長自身が教職員を守らなければならないと常に思っている。そのため、学校における最大の危機管理は教職員の心身の健康であると考える。心身の健康なしでは、教職員としての志も全うできないと考え、前述の目指す子どもの姿を柱に、業務の精選と働き方の意識改革を進めている。

二　学校経営理念「昨日を越える ONLY ONE」

学校経営理念は「昨日を越える ONLY ONE」である。子どもと教職員、更には、保護者や地域へも開かれた学校にしたいと取り組んでいる。子どもは、学校生活等を通じて昨日の自分を越えていく。教職員は、子どもの成長を見取り、教科及び領域等への見方・考え方が昨日を越えていく。保護者や地域の方々は、子どもや教職員を通し、見守り・支え、昨日を越えていく。私たち一人一人が、良いときも悪いときも確実に昨日を越えていく、「ONLY ONE」であり、かけがえのない存在である。私自身も同様である。この理念を基盤に、教育課題解決へ向け、何ができるか自分に問い、学校に問い、地域に問い、動き出す教職員にしていく。このことが「一人一

図1

R4年度　教育目標の資質・能力

【教育目標】たくましく生きる子どもの育成 【重点目標】夢に向かって　動き出す子どもの育成			
評価規準	知識・技能	思考力・判断力・表現力等	学びに向かう力・人間性等 主体的に学びに向かう態度
すすんで学ぶ子	すすんで知識・技能を得る子	すすんで得たことを表現する子	めあてに向かい学び続ける子
思いやりのある子	他者を自覚する子	よりよい自分を思考する子	よりよい行いをしようとする子
体を大切にする子	健康体力を理解する子	自分の健康体力の課題解決を思考する子	未来へ向け心と体つくりに励む子

【めざす子どもの姿】
◆考え続ける子ども　◆お互いの良さを生かす子ども　◆心と体を動かすことに向かう子ども

《動き出す子ども》　夢に向かって　自ら学び続ける・自ら関わり続ける・自ら挑み続ける	
1年〇〇	やってみたいと思う子ども
2年〇〇	チャレンジする子ども
3年〇〇	自分の理想やビジョンをもって行動する子ども
4年〇〇	言ってみる、やってみる、「考える」次へまた、やってみる子ども
5年〇〇	もっと知りたい、調べる、挑戦し、努力する子ども
6年〇〇	関わり、つながり、動き出す子ども
1知〇〇	やってみたいと挑戦する子ども
2自〇〇	特別支援の教育を知る教師
3肢〇〇	自己開示、周りを支えたり、支えられたりする子ども
担任外	楽しそう・わくわくのしかけをする教師　やって続けてみる子どもを認める教師 限界を決めないチャレンジしていく子ども

人を動かし　一人一人が動く」イコール、働き方への意識改革になると考える。まず、私自身が動き出し、教職員の先頭に立ち、一人一人を動かす学校経営を進めていく。

「昨日を越えるONLY ONE」
　実践「やってやれないことはない」
　挑戦「やらずにできるわけはない」
　修練「今やらずしていつできる」
　交渉「わしがやらねばだれがやる」
【彫刻家の平櫛田中名言参考】

三「一人一人を動かす」具体的取組

1　分掌における最重点取組事項の設定

(1)　実態・課題・最重点取組・具体的方策
①基礎学力の定着
(百マス・辞書引き・暗唱・自学)
②自己肯定感・自己有用感の育成
(がんばりの実・いいなの星空)
③目的意識をもった運動の継続
(マラソン・なわとび・万歩計チャレンジ)
(2)　達成目標設定・実践・評価・改善・取組
①評価項目の設定（児童自己評価）
②到達目標の設定（八〇％）
③実践・検証・改善・取組サイクル

2　課題解決型個人研究による校内研究

●強みを生かした教科選択による実践研究

3　生活・総合を中心とした教科横断の学び

●学びを生かし、つなげ、考え続ける

4　教科担当による交流学習

●全児童全担任意識の共有
　前掲1については、各分掌主任を中心に、最重点取組事項を一つに絞らせ、教頭によるマネジメント、教務主任への教育課程への計画・実施を指示し、取り組ませている（図2）。
　2、3、4については、教員の資質能力向上へ向け動き出せるよう、研究教科の具体的なグランドデザインの作成と児童の自己評価の設定を指示し、実践させている（図3）。

図2

グランドデザイン〈1〉

たくましく生きる子どもの育成をめざして

《最重点取組》

【百マス/辞書引き/暗唱/自学】【がんばりの実/いいなの星空】【目的意識による運動の継続】

めざす子どもの姿

◎お互いの良さを生かす子ども ◎考え続ける子ども ◎心と体を動かすことに向かう子ども

【保護者の願い】
・思いをはっきり伝える子
・相手の気持ちが分かる子
・何事にも挑戦する子

【重点目標】
夢に向かって
動き出す子ども

【地域の願い】
・尾上地区の歴史を守り、継ぐ
・地域行事へ積極的に参加
・「お互いさま」の心の育成

【心育み】
《最重点》
①自己肯定感・自己有用感の育成への取組と共有
◆「がんばりの実」の取組
◆「いいなの星空」の取組
〔評価項目〕
◎自分のがんばりを実感できた
◎友だちの良いところを見つけられた

【学力向上】
研究のテーマ
「自ら動き出す子ども」
《最重点》
①基礎学力の定着
◆百マス計算の取組
◆辞書引き・文作り・暗唱の取組
◆自学タイムによる取組
〔評価項目〕
◎集中して学習に取り組めるようになった

【健康体力】
《最重点》
①目的意識をもった運動の継続
◆学習前の取組(マラソン、なわとび)
◆なわとび検定への取組
◆万歩計チャレンジ
②心身の調和の取れた発達
◆早寝・早起き・朝ご飯の取組
〔評価項目〕
◎体力が高まった
◎健康を意識するようになった

最重点取組事項児童評価達成目標　80%

PDCAサイクル

配慮を必要とする子どもへの指導
○教育相談や見守り会議、特別支援会議等を有効活用し、児童の理解と共有に努める
○特別支援教育コーディネーターを核とし、随時対応及び関係機関との連絡・調整を行う
○児童(保護者)情報交換の機会における記録を蓄積し、共通理解へ生かす

指導体制の充実、家庭・地域との連携
○自ら動き出し、学び続ける子どもをめざす課題解決型個人研究による授業研究・改善
○全職員の積極的な見守り体制による早期発見・早期対応に努める危機管理意識の強化
○地域素材の積極的活用(総合的な学習からのカリキュラムデザイン)とキャリア教育の推進
○学び続ける子どもをめざす家庭教育へのアプローチと啓発(自学学習の推進)

安心・安全(命を守る教育)
○救急救命法の実施(AED、エピペン)
○登下校での安全指導(登校指導、見守り)
○自らの安全を意識し、行動できる避難訓練

開かれた学校づくり
○「安全委員会」「学校評議委員」との情報共有
○学校アンケートによる課題改善
○学校だよりでの情報発信、共に歩む意識醸成

【学校経営理念】　昨日を越える　ONLY ONE「動く」

図３

1年　研究教科「体育科」のグランドデザイン

【教育目標】 たくましく生きる子どもの育成をめざして 重点目標－**夢に向かって動き出す子ども**－

【資質・能力の育成】 すすんで学ぶ子　**めざす子どもの姿－考え続ける子－**

何ができるようになるか【学校教育の基本】	**何が身に付いたか【学習評価を通じた学習指導の改善】**
①自ら主体的に学び続ける ②自ら友だちと関わり、伝え、聞き合いよりいものをつくり出す ③自らの体験や学びを生かす **【体育科の資質・能力】** ・健康や安全の理解と、基本的な動きの技能の習得 ・自分の課題解決に向け、思考、判断し、他者へ伝える ・健康保持増進と体力の向上・明るい生活への態度	①未知なる場面に出合ったときも、これまでの経験の中から似たような場面を想起し、自分でできる方法を考えて、進んで問題解決しようとしている ②友だちとの関わりの中で、自分の考えがより明確になったり、分からなかったことが分かるようになったりしている ③伝える相手や状況に応じて、方法や言葉等を吟味して発信している **【体育科】** ・運動の行い方を言葉や図などで表し、理解している ・各種の運動をできるようになるよう、工夫している ・仲間とともに、運動を行うことに喜びを感じている ・体力、精神力を他の教科への態度へと生かしている

【校内研究におけるめざす子ども像】	**【1年について】**
自ら疑問や課題をもち、「なぜだろう」「どうしてだろう」を解決しようと、主体的に自ら追究していく姿 (1)疑問や課題をもち「動く」(主体性) (2)解決のために考え「動く」(思考、判断、表現) (3)解決のために集団の中で「動く」(対話) (4)動き続けることで学習の質の高まり解決へ「動く」(深い学び)	**□動き出すイメージ** **間違いを恐れず挑戦・成長していく** **自他を喜び合える** ◎身に付いている力：明るく素直 ●伸ばしたい力：自分の良さの発見・自覚

子どもの発達をどのように支援するか【一人ひとりの個性に寄り添う支援】

・一人ひとりの児童に寄り添い、理解に努める
・保護者、関係者との連携を通して、児童一人ひとりの個性を把握し、個に応じた支援を行う
・教職員間で情報共有・共通認識の下、協働して支援に当たる

何を学ぶか【教育課程の編成】	**どのように学ぶか【教育課程の実践】**
①基礎学力（百マス・暗唱・辞書引き）の定着 ②身に付けた力を活用・表現する力の向上 ③聞き合うことにより考えを書き出す力の獲得	①教師の強味を生かす教科指導からの学習スタイル ②学級活動の話合いにおける自己肯定感の育成 ③さるかタイムにおける全校取組（百マス・暗唱）

具体的な手立て 【研究仮説】	・体力と気力を鍛えるために、運動量を確保する ・個人及びグループの課題を見つけるために、各種の運動における行い方を学び、視点を獲得する（教師側） ・運動に合った動き方の理解を基に助言し合うために、グループ活動の時間を確保する 以上の実践により、「自ら動き出す子ども」が育つだろう。
動き出すイメージ	・運動の行い方　分かりたい、調べたい、できるようになりたい ・友達にできるようになるこつを教えてあげたい ・チームみんなで喜びたい ・他のスポーツに生かしたい
検証方法	□自己・他者・グループ評価　学習時（中間・終末） □単元を見通した学習後の評価 □体力及び気力の向上評価（体力テストより抜粋　4月　7月　10月　1月）
評価項目	①運動で、体力が増してきた（単元中・後） ②運動で、あきらめない、頑張る気力が増してきた（単元後） ③運動の行い方について、言ったり書いたりできた ④励ましあい、認め合い、教え合いができた（1つでも〇）

他教科等との関連	算数：記録を継続して取り、平均を出して、比較 学級：チーム対抗のスポーツ大会　　総合：運動と精神の関係を調べる　など

このことにより、教員一人一人の研究目的、見通し、目指す子どもの姿が明確となり、授業改善への意識改革として、一人一人が動き出すことにつながっている。

四　精選した取組

①目指す子どもの姿に統一した学年目標

②目標の一本化（経営案・自己目標・校内研究）

③学校行事計画の一本化（教務と分掌協働）

④通知表の簡素化・廃止へ向けて（図4）

図4

猿賀小学校第６学年	NO.	児童氏名	

教科等	観点	前期	後期
国語	知識・技能		
	思考・判断・表現		
	主体的に学習に取り組む態度		
社会	知識・技能		
	思考・判断・表現		
	主体的に学習に取り組む態度		
算数	知識・技能		
	思考・判断・表現		
	主体的に学習に取り組む態度		
理科	知識・技能		
	思考・判断・表現		
	主体的に学習に取り組む態度		
音楽	知識・技能		
	思考・判断・表現		
	主体的に学習に取り組む態度		
図画工作	知識・技能		
	思考・判断・表現		
	主体的に学習に取り組む態度		
家庭	知識・技能		
	思考・判断・表現		
	主体的に学習に取り組む態度		
体育	知識・技能		
	思考・判断・表現		
	主体的に学習に取り組む態度		
外国語・外国語活動	知識・技能		
	思考・判断・表現		
	主体的に学習に取り組む態度		

教科等	観点	前期	後期
総合	知識・技能		
	思考・判断・表現		
	主体的に学習に取り組む態度		

	めざす子どもの姿
1	考え続ける子ども
2	お互いの良さを生かす子ども
3	心と体を動かすことに向かう子ども

行動に関する評価			
	項目	前期	後期
1	基本的な生活習慣		
	あいさつ・返事・礼儀		
	時間の切り替え・きまりを守る		
	整理整頓・自己管理		
2	健康・体力の向上		
	健康の向上		
	体力の向上		
3	自主・自律		
4	責任感		
5	創意工夫		
6	思いやり・協力		
7	生命尊重・自然愛護		
8	勤労・奉仕		
9	公平・公正		
10	公共心・公徳心		

前期出席日数								後期出席日数							年間
月	4	5	6	7	8	9	前期合計	10	11	12	1	2	3	後期合計	総計
出席日数															
欠席日数															
事由															

【総合的な学習の時間　研究テーマ】

前期		後期	

【特別の教科　道徳　培われた道徳性】

前期		後期	

【特別活動】

前期		後期	

【学校から】

前期		後期	

⑤地域素材交渉の一本化
⑥保護者対応の複数化
⑦ＰＤＣＡサイクル
（ア）校長の目標への意識取組評価（図５）
（イ）児童における自己評価からの改善（図６）

校長は、学校経営における必要不可欠を見極める先見力が必要である。そして、改革していく手腕も同様である。そこで、全ての教育活動について、削除・集約・改善を試行しながら、教職員一人一人が動き出していけるよう取り組んでいる。このことにより、業務内容が確実に削減され、時間的・精神的余裕とともに、一人一人が動き出している。

今後も、教職員の業務状況を見て聞いて、外部から情報を集め、常に教職員を目指す方向へ導いていく。このことが、「志」をもち、気概が発揮でき、働きがいのある学校となり、日々働き方改革を更新していくことになる。

図5

令和4年度目指す子どもの姿への取組【一学期評価】

担当		氏名	

令和4年7月20日

A:努めている　B:やや努めている　C:あまり取り組めていない　D:全く取り組めていない

職務		具体的取組評価内容	評価
学校経営	1	めざす子どもの姿「考え続ける子ども」「お互いの良さを生かす子ども」「心と体を動かすことに向かう子ども」へ向かい、すべての教育活動へ関連付け、意識して取り組もうとしている	
	2	地域素材・人材・時間を学習時間に有効活用し、地域の教育資源等を生かそうとしている	
職員の指導	3	【学級担任】研究教科による授業実践及び研修による自らの授業改善へ向かい、子どもが動き出し、「学び続ける子ども」となるよう、取り組もうとしている	
	3	【担任以外】自ら動き出し、昨日を越えていくことを実感する子どもとなるよう、自分の役割等において、取り組もうとしている	
	4	校長だより等により、学校経営のビジョンや具体的内容を理解し、「めざす子どもの姿」の実現へと取り組もうとしている	
安全管理	5	安全等に関わる各行事・日々の教育活動を通して、実践的な対応とともに、校長・教頭の判断を仰ぎながら、さまざまな困難な状況に、逃げずに取り組もうとしている	
	6	【学級担任】安全を確保し、安心を得るため、保護者・地域・駐在所等関係機関との協力体制と連携に取り組もうとしている	
	6	【担任以外】業務における安全管理・安心任務の意識をもち、取り組もうとしている	

私の願い ・学校 ・学級 ・社会 ・人間 ・世界 その他	

図6

目指す子どもの姿　考え続ける子ども
研究主題　『自ら動き出す子どもの育成』への前期評価

令和4年9月

学年	担当	研究教科	動き出すイメージ	項目	評価内容	割合◎の%		
						9月	11月	2月
1	○○	生活科	知りたい・やってみたい	共通	「知りたい・やってみたい」という気持ちをもって学習したか			
				①	調べたいことややりたいことが見付けられたか			
				②	よい方法を考えたか			
2	○○	算数科	学びたい、知りたいという意欲	共通	「知りたい・やってみたい」という気持ちをもって学習したか			
				①	計算力が付いてきた			
				②	話合い活動のスキルが上がってきた			
				③	みんなで問題を解決する喜び、達成感を感じた			
3	○○	算数科	既知を用いて未知を解決する	共通	「知りたい・やってみたい」という気持ちをもって学習したか			
				①	自分の考えを言ったり書いたりできたか			
				②	教え合いができたか			
4	○○	算数科	自分の考えをもち、挑戦する。失敗したら考えて又挑戦する	共通	「知りたい・やってみたい」という気持ちをもって学習したか			
				①	問題を把握し、生かしながら自分の考えをもつことができた			
				②	友だちと考えを交流させ、考えを認め合ったり広げたりすることができた			
5	○○	算数科	やってみたいもっと知りたい	①	自分で調べたり考えたりすることができた			
				②	友だちと関わりながら考えを深めることができた			
				③	学んだことを生かして適用問題に取り組むことができた			
				共④	分かりたい、やってみたいという気持ちで粘り強く取り組めた			
6	○○	図画工作科	つながりたい関わりたい	共通	「知りたい・やってみたい」という気持ちをもって学習したか			
				①	作品を試したことから、表したいことや表し方を思い付いた			
				②	友だちの作品からまねしたいところを見付けられた			
サポ1知的	○○	算数科	問題を解いてみよう	共通	「知りたい・やってみたい」という気持ちをもって学習したか			
				①	分からなかった問題が解けるようになった			
				②	自分から考えを友だちに伝えることができた			
				③	進んで学習することができた			
サポ2自情	○○	自立	意欲をもって友だちと関わり合う	共通	「知りたい・やってみたい」という気持ちをもって学習したか			
				①	いろいろな音楽づくりに、進んで取り組むことができたか			
				②	作った音楽づくりに、お気に入りの音楽を友だちに紹介することができたか			
				③	友だちの作品と組み合わせたり、つなげたりして、さらなる音楽づくりに取り組むことができたか			
サポ3肢体	○○	自立	自分にできることを増やす	共通	「知りたい・やってみたい」という気持ちをもって学習したか			
				①	マス目からはみ出さずに漢字を書くことができた			
				②	左右の手で、それぞれ別の箱にペグを入れることができた			

五　おわりに

校長の理念を理解し、教育課程において実践するのは、教職員である。教職員の活力なしでは、子どもたちは動き出さないし、目指す子どもの姿へ辿りつかない。私は、「これからの時代を、自ら仲間とともに生き抜く力」を育成するため、働き方改革を推進し、教職員が安心して同じ方向に向かっていく集団にしたいと考える。教職員が自らの仕事に自信をもって向かい、一人一人が動き出し、昨日を越える自分や子どもたちの未来へ、希望や夢をもち続けていく気概ある集団にしたい。そのために、教職員が子どもたちに向かう時間を確保し、校長による『実践・挑戦・修練・交渉』のリーダーシップを貫いていく。

本校勤務、三年目を迎える今、ようやく校長としての理念に基づいた教職員の働き方の強みが見えてきた。

一つ目は、目指す子どもの姿を三つ掲げ、常にゴールとして目指し意識付けてきたことにより、教職員が自ら動き出していること。

二つ目は、全児童全担任の意識浸透により、各教職員の個性、強みを生かして子ども一人一人への支援に動き出していること。

三つ目は、課題解決型個人研究を軸に、教員自身が研究したい教科を選択し、一年間かけての授業改善と自らの指導力の資質向上へと動き出していること。

四つ目は、事務業務の削減により、子どもへ向かう実質時間が確保され、学級や一人一人の子どもの支援に目を向け動き出していること。

五つ目は、保護者対応の複数化（主に教頭）により精神的な負担軽減となり、児童及び保護者に対して前向きに考え動き出していること。

これからも教職員一人一人を動かすための経営戦略を練り、一人一人が、見通しをもって自ら動き出していくよう、実践・検証し働き方改革を推進していく。みんなが「昨日を越えるONLY ONE」として自信をもてるように。

3　危機管理体制の確立

児童の健康と安全を守り、学びを充実させる学校体制づくり

広島県三次《みよし》市立田幸《たこう》小学校長

藤　井　俊　介

〈本校の概要〉

広島県北部に位置する三次市は、人口およそ五万人、小学校二十一校、中学校十二校の市で、現在は少子高齢化が進み、児童生徒数百人以下の小規模校が増えている。

本校は児童数四十三名で、中高学年が複式学級である。学校教育目標の「強く美しく軽やかに」は、校庭にある詩人坂村真民《さかむらしんみん》氏の碑に刻まれた言葉で、副題を「ふるさとに学び　主体的に生きる　ポプラっ子の育成」として、地域と綿密に連携しながら、地域に愛着をもち、地域に貢献しようとする児童の育成をめざし、特産物のブドウ栽培に取り組むなど、特色ある教育活動を進めている。

一　はじめに

新型コロナウイルス感染症の世界的な拡大から三年余り経過したが、今も収束の兆しは見えてこない。今後も変異を続けながら、感染拡大の波を繰り返すと考えた方が現実的かもしれない。とするならば、学校は新型コロナウイルスと共存するウィズコロナ時代に適応しながら、子どもたちの健康と安全を守りつつ、感染状況に左右されない学びの充実に向けた取組を進めていく必要がある。

本校では、感染拡大防止のための「環境整備」と「教育活動の見直し」に加え、コロナ禍でも持続可能な「学びの充実」を図るため、関係諸機関と綿密に連携しながら取組を進めている。ここでは、令和三年度まで勤務した前任校（三次市立粟屋小学校　児童数二十五名）の取組や、校長会、教育委員会との連携も含め、学校で新型コロナウイルス感染症を拡大させないための危機管理と、どのような感染状況下でも子どもたちの学びを充実させる体制づくりについて、「環境整備」、「教育活動の見直し」、「学びの充実」などの実践を報告する。

二　児童の健康と安全を守る「環境整備」

令和二年度以降、教育委員会による新型コロナウイルス感染症対策の予算措置が行われるようになり、感染拡大防止に向けた校内の環境整備に取り組んできた。まず、感染拡大防止の視点で校内環境を見直し、必要な備品をリストアップした。次に、予算と照らし合わせ、購入可能なものを選んで手配した。学校関係者から希望が多いものや高額なものは、在庫不足で年内に整備できなくなる可能性があるため、手続きは迅速な情報収集と決断を意識して進めた。

前任校で最初に整備したのは空気清浄機である。常時換気のため教室の窓は開けているものの、冷暖房が必要な時期は全開というわけにはいかない。また、マスクを着用しているが、学び合い、関わり合いを進める場面で密集密接を完全に防ぐことも困難である。そのため、換気を補う目的で各教室に空気清浄機を設置し、放課後まで連続稼働させることにした。

次に非接触型の水道蛇口、体温計、アルコール手指消毒器を整備した。感染防止対策で大切なのは、児童自ら感染の拡大防止を意識し、自発的に対策に取り組むようにすることである。そのため、登校時には、児童玄関に設置した非接触型体温計で検温し、給食前やトイレ後は非接触型水道蛇口で手を洗い、アルコール消毒器で消毒することを習慣付けるよう、担任や養護教諭が連携して組織的な指導を続けた。例えば、保健委員会でポスターを作って掲示したり、啓発のための寸劇を考え、保健朝会で発表したりするなど、児童主体の活動を通して、普段から意識して声を掛け合い、自分たちで対策を進める

非接触型体温計

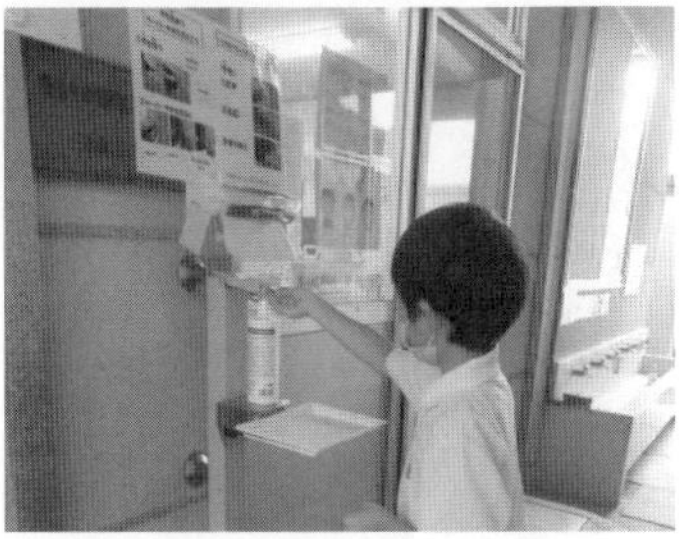
非接触型手指消毒器

ことができるよう取り組んだ。

また、体育館と校舎の窓で未設置となっていた箇所全てに網戸を設置した。これは、常時換気のため開けている窓を通って、裏山から蚊や、時には蛇が侵入するため、安全を配慮してのことである。

他にも、各教室に温湿度計を設置して空調と換気のバランスを調整したり、机天板のスペースを拡張するスタンドを全児童の学習机に取り付けて席の間隔を広くしたりするなど、予算の中で効果的、効率的に環境整備が進むよう、数年先まで見通しをもって計画的に取り組んでいる。

三　ウィズコロナ時代に適応した「教育活動の見直し」

1　総合的な学習の時間「地域学習」

令和二年度は、感染拡大防止のため、校内行事だけでなく、校外学習なども延期若しくは中止にすることが多かった。小規模校では、地域と密接に繋がった特色ある教育活動を取り入れることが多く、前任校でも、高学年の総合的な学習の時間に、地域にある高齢者福祉施設と一年を通して交流を行い、運動会や学習発表会に施設利用者を招待したり、児童が自分たちで計画を立て、訪問して交流会を開いたりする活動を続けていた。しかし、高齢者や健康面で配慮が必要な方々とコロナ禍で交流することは難しく、施設側と相談して当面の延期を決めた。その後、児童と一緒に代替活動を検討した際、直接会うことができなくても手紙なら書けるという話になり、一人一人が学校の様子を伝える手紙を書いて施設に届ける活動を行った。すると、今度は施設側から「利用者の方々が子どもたちに使ってほしいと手縫いのマスクを作ったので届けたい。」という連絡をいただき、その後、施設の代表者をお迎えして、児童代表がマスクを受け取った。その様子が、地元新聞やケーブルテレビで報道され、そのことを全校朝会で紹介すると、今度は自分たちが何か作ってお礼がしたいと高学年の中で話になった。学級で話し合った結果、家庭科で習ったミシンを使ってポケットティッシュ入れを作り、プレゼントすることが決まった。児童は、各家庭や職員にお願いしてた

児童が作ったティッシュ入れ

手作りマスクの贈呈式

くさんの生地を集め、休憩時間や放課後も利用しながら、人数分のティッシュ入れを製作した。その一つ一つに手書きのメッセージを添えて施設に届けると、今度はメッセージを書いたそれぞれの児童に、利用者の方々から心温まるお礼の手紙が返ってきた。

コロナ禍で実施困難と考えていた交流活動が、手紙や手作りプレゼントという直接会わなくてもできる活動を取り入れることで、それまで以上に個々人の繋がりを深めることができ、コロナ禍であっても、「地域から学び、自分たちが地域に貢献できることを考える」という学習の目標を達成することができた。その後も、更なる学びの充実を目指し、施設側とオンラインで繋いで交流するなど、方法や内容の幅を広げ、取組を続けている。

2　運動会

市内の小規模校では、地域や保育所と合同で運動会を実施する小学校が多く、現任校や前任校も同様で、コロナ前は五月末に合同運動会を実施していた。しかし、令和二年度は中止、その翌年は小学校単独で午前中のみ、接触の多い内容は中止し、徒競走や間隔をとってできる演技に絞って実施する計画に変更した。しかし、県内の感染状況の悪化により二度延期することになり、最終的には、全校体育参観日という形で午後二時間、更に内容を厳選して実施することになった。当日は、保護者テントは設営せず、観覧エリアを拡大して、密集密接防止を図った。コロナ前に比べればかなり縮小された行事になったが、内容を絞り込んだことで、練習や準備の時間が短縮され、他の学習活動にも集中して取り組む時間的な余裕が生まれた。さらに、参観行事の延期や中止が続いていたので、久し振りの保護者の応援に、児童の意欲も普段以上に高まったように思う。

感染拡大防止のため、やむなく規模を縮小して実施した運動会だったが、児童会が設定した「協力して最後まで力いっぱい頑張る。」という目標は、九割以上の児童が達成できたと自己評価している。また、保護者の感想は、厳しい状況下でも明るく頑張っている子どもの姿に元気をもらったと好評だった。これにより、困難な状況の中でも、目標を明確にして取り組むことで、行事の規模に関わらず、児童に達成感や自己有用感を感じさせることができるということを、全職員で共有することができた。

四　ウィズコロナ時代の学びを充実させる取組

1　田幸スタイルの複式型授業づくり

複式学級の授業では、学習リーダーを中心に授業を進めることに力を入れている。その際、指導者は二つの学年を行き来しながら、学びを深めるためのファシリテート役を担う。そうした学習者主体の授業づくりの柱にしているのが、「訊き合い、聴き合う」力の育成である。本校では、友達の意見を自分の考えと比べながら聴くことで「問い」をもち、そこから訊き合い、聴き合う活動を通して集団思考を形成、更にそれと対比して個人思考の止揚を図る「田幸スタイル」の授業づくりの研究を計画的に進めている。コロナ禍において通常の授業が実施困難な状況になった時でも、こうした学び合いが、児童自ら課題を見つけ、協力して課題解決に取り組もうとする態度を育て、自分たちの力で学び続ける原動力になると考えている。

2　ICTの効果的な活用

新型コロナウイルスの影響で、本市においても計画前倒しで一人一台のタブレットが配備された。コロナ前の情報機器利用は、インターネットを使った調べ学習や文章及び資料の作成が中心だったが、通信機能を使って指導者と児童が課題をやり取りしたり、電子黒板を使って友達と意見を共有したり、プレゼンテーション資料を作って発信したりするなど、活動の幅も広がりつつある。

前任校では、距離が離れていてもリアルタイムで双方向通信ができるという便利さを生かし、国立科学博物館

国立科学博物館とオンライン授業

佐賀の小学校とオンライン交流

の学芸員を理科の授業に招いたり、同じ中学校区の小中学校とオンラインで交流を行ったりした。

現任校では、児童会が作成したアンケートを全児童に送信し、タブレットを使って回答、集計に利用するなど、教科以外でも利用の幅を広げている。また、指導者から児童へ、必要な資料を必要な時に送信し、情報の量や順序を調整するなど、分かりやすい学習の流れを工夫することで、主体的な学びを一層促し、より深い学びに繋がるよう取組を続けている。

五　校長会や教育委員会との連携

三次市の小学校は、児童数十数人からおよそ六百人まで、規模が多様である。また、地域の実態も同様で、学校が対処する感染症対策の優先課題も異なっている。例えば、児童数が多い学校では、休憩時間の密集密接防止が重要な課題であり、休憩時間を学年別シフト制にするなどの工夫を取り入れているが、小規模校では優先課題にすることは少ない。児童数によって教育活動の実施可否に差が生じるという現実を踏まえ、各校の児童や保護者に丁寧な説明を行い、理解と協力を得なければ、円滑な学校運営に支障をきたすこともある。そのため、定期的に校長会を招集し、各校の実態や具体的方針について交流・協議を行い、自校での判断や対応の参考にできるようにしている。これまで、運動会や学習発表会、水泳指導の他、野外活動、修学旅行の時期や場所など、情報交流したことを参考に、各校長が根拠を明確にした自校の方針を示すことで、児童、保護者に不安や不信感を与えない学校運営に心掛けてきた。特に小規模校は、地域と繋がりが強い活動も多く、継続して地域の理解や協力が得られるよう、学校間連携を行いながら、関連行事に地域差などの問題が起きないよう配慮した。

入学式や卒業式などの儀式的行事については、校長会と教育委員会が連携し、教育委員会から感染状況に応じた全校同一条件の方針を示してもらうことで、各校の参加者数を考慮した取組を円滑に進めることができた。市内小中学校では、令和元年度末から、対象学年とその保護者、教職員のみ参加する入学式・卒業式を続けてきたが、感染状況が落ち着いた令和三年度末には、教育委員会から新たな基準が示され、学校規模に応じて在校生も参加可能となった。

このように、校長会や教育委員会との綿密な連携によって、校長が根拠を明確にした方針を迅速に打ち出すことで、現場が混乱することなく、関係者の理解協力を得ながら、円滑な学校運営を進めることができた。

六　おわりに

今後、ワクチンの定期的な接種や治療薬の開発が進んだとしても、新型コロナウイルス感染症が完全に消滅することはないだろう。そのため学校では、今後どんな状況になろうとも、児童の主体的な学びが守られるよう、危機管理体制を多面的に強化していく必要がある。その重点となるのが「環境整備」「教育活動の見直し」「学びの充実」である。

本校では今、学区内の高等学校と連携して、生徒からプログラミングを習ったり、佐賀県の小学校とオンラインで交流したりするなど、ＩＣＴ機器を効果的に使った学習活動にも精力的に取り組んでいる。今後も、こうした新しい取組に挑戦しつつ、感染症が拡大しても継続可能な安定した学びの環境づくりを進めていこうと考えている。そして、感染拡大防止に対する児童の自覚を高め、更に健康で安全な学校を築いていきたい。

4　学校規模の縮小化に対応する取組

笠松小の児童・教職員であることに誇りをもたせる学校経営

岩手県北上市立笠松《かさまつ》小学校長
瀧野澤　公　美

〈本校の概要〉

本校のある北上市は、岩手県有数の工業都市である。その北上市の西部、工業団地と農業地に囲まれて本校はある。全校児童数は、八十四名、教職員数十三名の小規模校である。学校教育目標を「知・徳・体の調和のとれた心豊かにたくましく生きる子の育成」とし、「挨拶・応援・床磨き」を伝統として大切にしてきた。

令和二年度からは、国語科を中心に「考えをもち、表現する力」の育成を目指した教育実践を行っている。

和賀西小との一年間の併設、仮設校舎二年間を経て、令和四年度から新校舎に移転して教育活動を行っている。

一　はじめに

私が笠松小学校に着任した平成三十一年度は、学区が隣接している和賀西小学校に併設となった一年だった。というのも、本校の校舎が、耐震強度不足で使用できなくなったからである。一年間限定での併設ではあったが、将来の統合も見据え、当時の笠松・和賀西両校長を中心に共通の学校経営計画を作り上げた。児童数は、二校合わせて百六十四名、一つの教室で和賀西小と笠松小の児童が一緒に学校生活を送り、職員会議や学校行事も合同で行った。担任はそれぞれの学校から一人ずつの二人体制という変則的な一年であった。

翌年は、笠松小学校が仮設校舎に移転し、それぞれ単独校に戻った。全校の児童数は、前年の約半分の八十三名となった。その後、二年間を仮設で過ごし、令和四年度から新校舎での生活をスタートさせている。

この二校併設から単独校への移行という学校規模の縮小化の時期において、再度単独校としてしっかりと歩んでいくためには、「笠松小学校の児童である自信と誇り」

を再構築していくことが重要であると考え、以下のように取組を進めた。

二　併設時の学校経営方針と単独校への課題

１　併設時の学校経営方針

将来の統合も考えられる状況であったことから、二校の児童と教職員が、仲良く生活し、お互いを高め合う集団となることを目指し、共通の学校教育目標「力を合わせ　高め合い　学び合おう」を設定した。どちらの学校の児童にも同じように接し、互いにコミュニケーションを取り合いながら業務を進めることを教職員の目標とした。

両校の児童は、幼稚園や保育園、スポーツ少年団などで顔見知りだったこともあり、打ち解けるのにさほど時間は要さなかった。自然に協力し合いながら、これまでとは異なる大人数ならではの学習や生活を楽しんでいた。

２　単独校（学校規模の縮小化）への課題

一年間の併設を経て、学校規模が縮小され単独校として再スタートをするにあたり、第一に考えたのは、「笠松小のよさ、強みとは、どのようなものだったのか」ということである。併設になった平成三十一年度に赴任した私は、笠松小が単独だった時の児童の姿、学校の姿を見ていない。併設のよさはもちろんあった。多様な考えにふれることができたり、人数が一定以上だからこそ可能な様々な経験をすることができたりしたことは、とても有意義であった。しかし、その一方で、双方のよさをすり合わせていく過程に隠れて、「笠松小学校ならではのよさや強み」が見えにくくなっていたように思う。さらに、一年生は、入学式は二校合同、その後の教育活動もＴＴ体制でこそあるものの一つの学級として学校生活を送ってきたので、「笠松小学校」がどんな学校であったかを知らない。規模を縮小して単独校としてスタートするにあたり、「笠松小学校の児童である自信と誇り」を、改めてもたせることが最重要課題であり、それと同時に「笠松小学校」が、以前と変わらず温かく安心できる場所であることが必要だと考えた。

このほか、想定された課題のうち、主なものは次の通りである。

(1) 児童

・笠松小の伝統「挨拶・応援・床磨き」を受け継ごうとする意識の低下
・友達が減る、友達と離れることによる喪失感
・新しい環境（仮設校舎）での生活への不安
・環境や人間関係の変化などに起因する生徒指導上の問題の増加

(2) 教職員

・育てたい「笠松っ子」の姿の明確化
・一年間TT体制であったことから感じるであろう多忙感

これらの課題について、併設になっていた平成三十一年度から対応策を練り、実践をしていった。

三　課題解決への取組

1　平成三十一年度（移転前年度）の取組

まず大切にしたのは、単独校となる新年度の学校経営方針を、より丁寧に説明し、目指す学校像や児童像を明確にして、共有することであった。併設前から笠松小に勤務していた職員から「笠松小学校のよさ」を聞き取り、それをもとに具体的な姿をイメージし、経営方針に位置付けていった。「学校経営グランドデザイン」とともに、指導の重点に対する「各部の取組内容」を一覧にして作成し、分掌で取り組むべき内容を具体的に示した。

合わせて、環境が変わることにより、言葉にできない様々な不安を抱えて登校するであろう児童にとって、学校が安心できる場所でなければならないという思いを全教職員で新たにし、学校経営のキーワードを「温かく活気のある学校」とした。

2　令和二年度（移転初年度）以降の取組

いざ、仮設校舎での教育活動が始まってみると、心配していた教職員の「多忙感」は、全くといってよいほどなく、むしろ、単独校で再始動できる喜びを強く感じていることが、様々な場面でうかがわれた。各分掌の動きを見ても、「各部の取組内容」として示したことよりも、更に工夫を凝らした取組や全教育活動を通して行える取組を計画するなど、積極的に学校経営に参画する姿勢が見られた。

令和二年度　学校経営「指導の重点」と各部の取組内容　　　　北上市立笠松小学校

教育目標	体をきたえる子 **つよく**（体）	すすんで学ぶ子 **かしこく**（知）	なかよく助け合う子 **やさしく**（徳）
めざす児童像	○めあてをもって心と体をきたえる子 ○基本的生活習慣が身についている子 ○健康や安全に気をくばる子	○進んで学習に取り組む子 ○自分の考えをもち、伝えられる子 ○進んで読書する子	○明るく元気にあいさつする子 ○すすんでかかわろうとする子 ○自分もほかの子も大切にする子
重点と手立て	**目標を大切にした体力づくり** ①　年間を通した体力づくり ・業間運動の充実 ・縄跳び サーキットトレーニング ②　体育の授業の充実 ・体力テスト結果の活用	**伝え合いを大切にした授業づくり** ①　考えを持たせ、発表させる授業の展開 ・聞く　話す　書く ・言語活動を重視した授業実践 ②　伝え合うよさがわかる交流 ・授業　・集会　・行事	**交流活動を通したかかわりづくり** ①　コミュニケーション能力の育成 ・相手の気持ちを考えた行動 ②　ふれあいを大切にした児童会活動の充実 ・リーダーの育成 ③　心が通い合うあいさつの推進
校長	・「まなびフェスト」の周知と児童の意欲喚起　・関係機関との連携、協力依頼 ・評価体制の整備及び結果の公表　・評価を生かした経営改善　・授業参観と助言　・全校朝会での講話		
副校長	・各項目の進捗状況の把握と担当者への助言等　　・内部、外部評価による実態把握と情報発信 ・関連行事に関わる担当者と関係機関との連絡調整、進捗状況の確認　　・異校種間連携の推進 ・登下校指導、各種行事等保護者への情報提供（まちcomiメール管理・運営）		
各部の具体的取組内容			
教務・研修部	①　年間行事を見通した時間設定 ②　体育実技講習会の実施	①　個々に考えを持たせ、交流させる指導の工夫 ②　全校朝会や学校行事での児童の発表や振り返りの場の設定 ○　中学校と連携したアウトメディアの取組	①③本校の重点に沿った道徳教育の充実 ①　弾力的な時間設定
指導部	①　教務と連携した計画的な実施と個人目標の設定支援 ・縄跳び ・サーキットトレーニング等 ①　サーキットトレーニング等のメニュー作成 ②　体育の授業・準備運動の充実のための情報提供 ・体力テストの結果から ・研修会の伝講	②　学団朝会や児童朝会での返事を促す発表の工夫、及び感想を交流する場の設定 ②　代表委員会や児童総会での質疑応答の指導・支援 ②　朝会や児童会行事、縦割り班遊び等の感想交流の場の設定 ②　清掃時のはじめの会、終わりの会における発言の場の設定と工夫 ②　縦割り班集会（年２回）での自己紹介の設定	①　他とかかわることや利他の行動のよさを実感する指導 ②　縦割り活動のねらいの明確化 ②　児童朝会の工夫 ②　縦割り班を生かした清掃活動の充実 ①③児童会中心のあいさつ運動
共通	○　インターネットやゲームの利用のしかたについての情報提供や取組の工夫 校　長・副校長・利用状況アンケートの実施　アウトメディアチャレンジ企画　情報発信　啓発活動 生徒指導部・・・情報モラル・ネット利用教室（児童）指導者研修（教職員）の実施 ネット・ゲーム利用指導（長期休業前等適時に） 保健指導部・・・メディア利用と健康について情報発信と啓発活動 教務・研修部・・中学校との連携によるアウトメディアの取組　各種日程調整		
学級経営	①　目標達成に向けた支援 ①　体を使った遊びの奨励 ②　家庭生活振り返り週間の事前事後指導 ③　体育の授業実践	①　授業改善への取組 ①　考えを話す場、交流する場の設定と工夫 ②　特別活動における基本的な話し合いの仕方の確立	①②③互いのよさを認め合う仲間づくり ①　道徳授業の充実 ③　あいさつの励行

(1)　笠松小の児童としての自信と誇りの再構築

教職員間で目指す学校像や児童像を共有したのと同様に、児童にも、笠松小が伝統として受け継いできた「挨拶・応援・床磨き」について、再度（一、二年生については初めてとなる）意識付けをしていかなければならないと考えた。この「挨拶・応援・床磨き」について取り組むことを通して、笠松小がこれまでに積み上げて来たものや大切にしてきたことが見えてくるのではないかと思ったからである。そこで、始業式で「笠松小は、『挨拶・応援・床磨き』を伝統として大切にしていること」を伝え、その後の全校朝会では、「挨拶」「応援」「床磨き」を一項目ずつ重点的に視点を変えて繰り返し取り上げたり、教職員が率先垂範したりすることにより、意識の涵養を図っていった。これによって、児童会執行部会や代表委員会、学級会などの場で、「挨拶・応援・床磨き」の質を高める取組が計画されたり、高学年が低学年に「笠松小学校の伝統（笠松小学校の児童ならできなければいけないこと）」として声を掛ける姿がよく見られたりするようになった。

(2)　児童の心のケアと生徒指導上の問題への対応

通学路も通学方法も変わり、初めて利用する仮設校舎で学校生活を送ることになった子どもたちは、様々な面で不安を感じるであろうと予想された。また、物理的な環境の変化のほかに、併設の一年間で築いた人間関係を、また築き直さなければならなくなったという問題もある。仲良くなった複数の友達と一気に離れたことも、大きな不安材料になると考えられた。この様々な不安が重なり合って、生徒指導上の問題を生むことも懸念されたので、次の二つの手だてを講じ、学校が温かく安心できる場所となることを目指した。

①　担任、スクールカウンセラーによる個人面談やカウンセリングの実施

学校生活アンケート（六月・十月）実施後に、担任と児童との面談を行い、自己有用感、所属感などについて児童の思いを直接聞き取る時間を設けた。アンケートには記載されなかった不安感が、直接対話することによって明らかになることが多く、不安感の軽減にもつながったように思われる。中学校に配置されているスクールカ

ウンセラーのほかに、「岩手こどもの心サポートチーム」のカウンセラーを年間四回要請し、全児童が面談する機会を設けた。その後必要と思われる児童にカウンセリングを行ってもらい、支援にフィードバックしていった。

② 週一回の生徒指導交流会の実施と組織的対応

「全教職員で全児童を育てる」という思いのもと、毎週一回子どもたちの様子について情報交換する場を設けている。小規模校であることの利点を生かし「小さな気になること」を共有しておくことで、日常的に組織的な指導を行うことができる。生徒指導上の問題が起きた際には、生徒指導主事を中心に複数体制で協議をしながら指導にあたった。このような対応をすることは、子どもたちや保護者に安心感をあたえるだけではなく、若手教員の生徒指導力育成にもつながっている。

(3) 教職員に関わる課題

二校併設時、職員会議は合同で行っていたが、職員会議とは別に、笠松小の教職員のみで行う「笠松集会」を月に一回程度継続して行っていた。事務連絡だけでなく、単独校となる次年度に向けての準備や共通理解を図るための協議の場であった。ときには、お茶を飲みながら、児童の様子、今後の学校生活で想定される課題など、時間を忘れて語り合った。単独校に戻ることは、教職員のモチベーションを高めており、経営計画作成時には、私の経営方針を反映させた分掌計画が次々と提示された。まさに、「笠松小学校の教職員である自信と誇り」をもった仕事ぶりであった。

四　おわりに

二校併設からの単独校への移行は、特殊な事例であろうが、児童数が減少し学校規模が縮小していく時期にこそ、その学校が長年大切に守り続けてきた学校文化をしっかりと引き継いでいかなければならないと考える。自分が在籍した学校のよさや強みを実感していれば、自己肯定感や有用感が高まり、進学先や統合後の生活において意欲をもって取り組めるのではないか。そして、閉校後も地域の方々と共に、学校の歴史と伝統を語り継いでいくことができ、地域を愛する心をもった人材を育てることにもつながると考える。

5　若手、ミドルリーダーの指導力の向上

共感的理解を大切にした教職員の資質・能力向上への取組

愛媛県南宇和郡愛南町立柏《かしわ》小学校長

菅　登　美

〈本校の概要〉

本校は、愛媛県の最南端に位置する愛南町の海と山に囲まれた自然豊かな地域にある。児童数四十名で、学級数五学級（内単式学級二、複式学級二、特別支援学級一）、教職員数十名の過小規模校である。

学校教育目標を「思いやりの心を持ち、たくましく挑戦を楽しむ柏っ子の育成」とし、子どもたちの夢と笑顔を大切にする教育の推進を通して、地域に愛され信頼される学校づくりを目指している。

コミュニティ・スクール導入から三年、地域の学校として、特色ある教育活動に取り組んでいる。

一　はじめに

子どもたちの学びを保障するため、新型コロナウイルス感染症の感染対策を最優先にした学校経営が続いている。そのような中、「令和の日本型学校教育」の構築に向け、更に高度な教職員の資質・能力が求められている。学校においては、コミュニケーション能力を高め、変化する社会環境に迅速かつ適切に対応できる人間性豊かな人材の育成が不可欠になっている。

過小規模校の本校では、一人の教職員が多くの校務を担っており、資質・能力向上に向けた研修時間の確保や、ミドルリーダーの育成が課題となっている。このような状況の中、校長として人材育成の上で大切にしたことは、「ビジョンを明確にした学校経営」、「教職員とのコミュニケーションを大切にした共感的理解」、「個の強みを生かした校務分掌と学校運営への参画意識の向上」、「互いが支え合う協働体制づくり」の四点である。

二　具体的な実践

1　目標チャレンジ制度の活用

目標チャレンジ制度とは、愛媛県教育委員会が、令和二年度から導入している目標管理の手法を取り入れた人事評価制度のことで、教職員の職務意欲の向上や人材育成につなげていくことを目的としたものである。概要は、校長が作成した組織目標を基に、教職員自らが設定した個人目標の達成に向けて、「PDCAサイクル」によって職務に取り組むものである。上半期、下半期に分けて、達成した業績や勤務態度等を自己評価し、評価者（校長等）とその評価について話し合い、フィードバックし、教職員の更なる意欲や能力の向上を目指すという制度である。

本校では、この制度を本校の実態や教職員の現状に応じてアレンジし、教職員の資質・能力の向上や組織パフォーマンスの向上を目指した。

資料1　目標チャレンジ制度の年間スケジュール

4月	5月	6月	7月	8月	9月	10月	11月	12月	1月	2月	3月
①事前面談	②期首面談 ○校長による組織目標の設定	○個人目標の設定	PDCAサイクルを大切にした上半期の取組 進捗状況の確認や指導・支援			③中間面談 ○上半期の自己評価	PDCAサイクルを大切にした下半期の取組 進捗状況の確認や指導・支援			○下半期の自己評価	④期末面談

(1)　強みを生かした校務分掌と個人目標の設定

教職員一人一人の強みを生かした学校経営をするために、少人数のよさを生かして、個人面談を年間四回行い、共感的理解を大切にした。面談以外にも教職員とのコミュニケーションを図り、納得して目標達成に向けて取り組めるようにした（資料1）。

①事前面談（三月下旬～四月上旬）

全教職員と面談を行い、個人の希望や強みを生かした校務分掌の設定を行った。

②期首面談（五月～六月）

教職員のやる気や強みを生かして校務分掌を整えたことで、

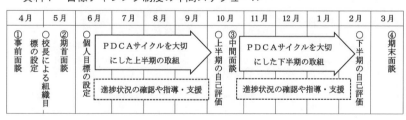

校務分掌と関連した個人目標を合意の下で確定した。本校の教職員は複数の校務を担っているため、負担の軽減を図って目標を一つに絞った。

そして、達成指標の中に、組織全体で取り組む事項を一つ入れるようにした（資料2）。
③中間面談（九月〜十月）
校務の遂行と個人目標達成に向けた取組が連動するよう指導や支援を行い、学校運営への参画意識の向上を図った。目標に対する進捗状況について確認し、上半期の自己評価の共感的理解に努めた。また、下半期の目標確認も併せて行った。
④期末面談（二月〜三月）
一年間の振り返りと評価について意見交換を行い、評価結果について相互に確認した。強みを更に伸ばし、苦手の克服に向けて、教職員の資質・能力を高める支援や自己研鑽につながるようにした。

教職員の希望や強みを生かした校務分掌を整えたことや教育課題や児童、学校の課題等を反映したチャレンジ性のある個人目標を設定したことで、職務の責任ある遂

資料2　強みを生かした校務分掌とそれに関連した個人目標の事例

事例1【体育主任】 ← **運動習慣づくり（児童の実態の改善）**

〈個人目標〉 家庭との連携による運動習慣づくりと体育科の授業の充実を図る。
- **月に1回家族スポーツデーを実施する。（家庭における実施率85％以上）**
- **パーフェクト自己新記録賞受賞率　30％**

事例2【情報教育主任】 ← **GIGAスクール構想の推進役（教育課題）**

〈個人目標〉一人一台端末を活用した授業づくりの知識や技能を高め、助言や支援をする。
- **ICTを活用した学び方を模索し、校内研修会で月に1回以上紹介する。**
- **一人一台端末の活用について、家庭への周知や協力体制を築く。**

事例3【図書館主任】 ← **読書習慣づくり（学校評価・学テからの課題）**

〈個人目標〉 家庭との連携を通して、家庭学習や読書習慣の育成を行う。
- **読書だより（学期1回）の発行と1か月の貸出冊数、全児童5冊以上を目指す。**
- **家庭学習の手引きを見直し、共通の実践ができるようにする。**

行や学校運営への参画意識の向上につながったと考える。

⑵ 教職員の自己理解を深める研修

本校の教職員の構成は、教職二十五年以上経験者が過半数を占め、自己研修や職務のマンネリ化が課題となっていた。また、本制度を活用していく上で、自己評価の客観性や妥当性に課題が見られた。

そこで、「愛媛県の教員のキャリアステージにおける指標」を基に校内研修を行い、自己理解を深めることを目指した（資料3）。

2　OJTを活用した初任者指導

初任者が着任したことを生かして、初任者指導教員だ

愛媛県総合教育センター作成の指標確認シート

※「人間力」「実践的指導力」「組織力」「信頼構築力」の4観点それぞれの指標（18）に、各ステージに沿った具体的な姿が示され、キャリアに応じた振り返りや自己分析ができるようになっている。

資料3　校内研修で活用した自己分析シート

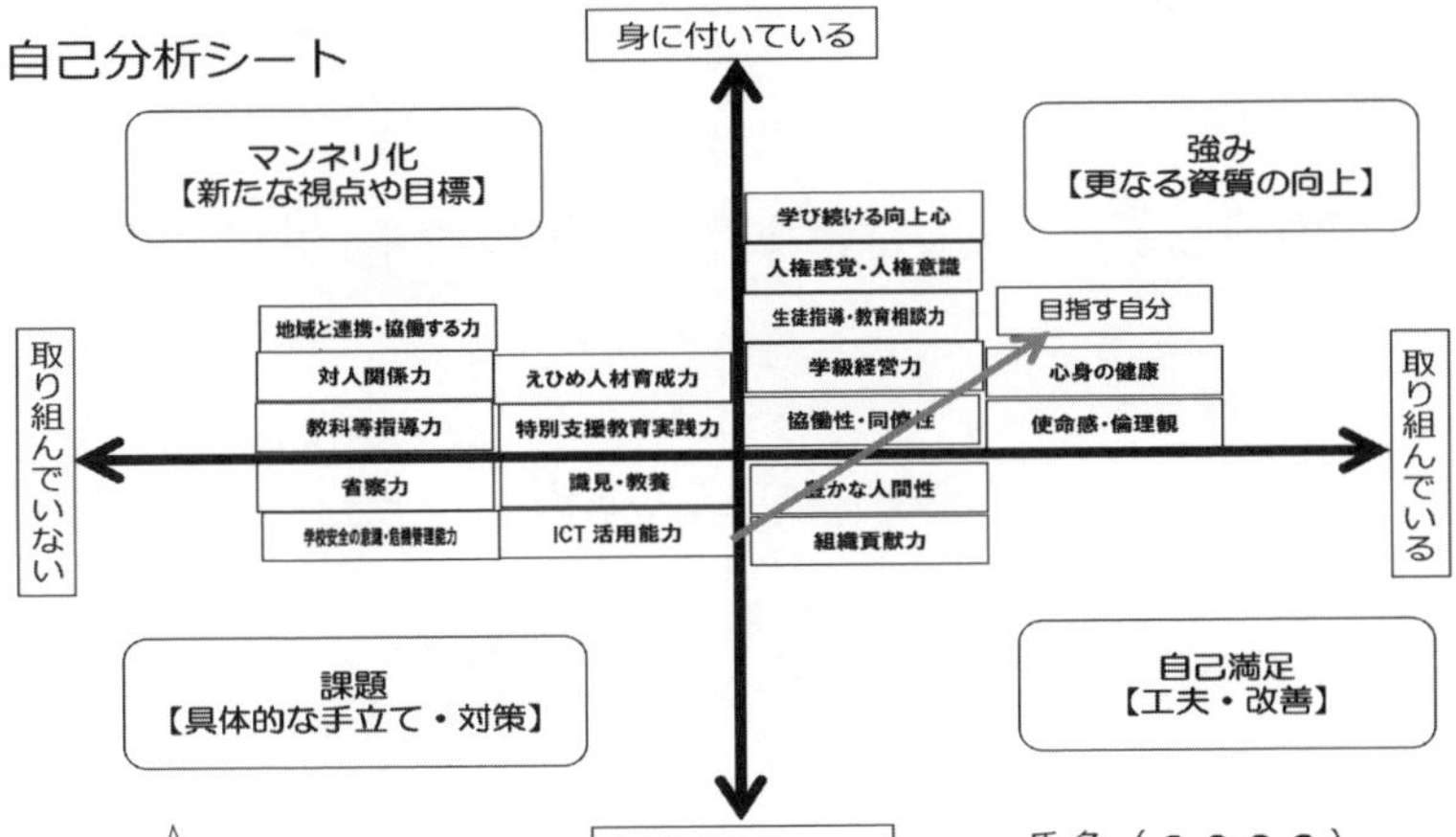

指標確認シートを基にパソコン上でキーワードを動かし、自己の実践や現状を振り返った。大切にしたことは、「分かりやすく・楽しく」である。

けでなく、全教職員で取り組むＯＪＴを活用した指導体制づくりを行った（資料４）。日常的なＯＪＴの中で、ベテラン教職員も新たな発見や学び直しができ、共に実践的指導力の向上が図られている。

３　起案を重視した日々の関わり

起案は、日々行われており、丁寧に関わることで日常的な指導・助言ができると考えている。大切にしたことは、校長の考えを具体的に示すことによる協働体制づくりである（資料５）。

ＯＪＴを活用した初任者指導の様子

資料４　ＯＪＴを活用した初任者指導の体制

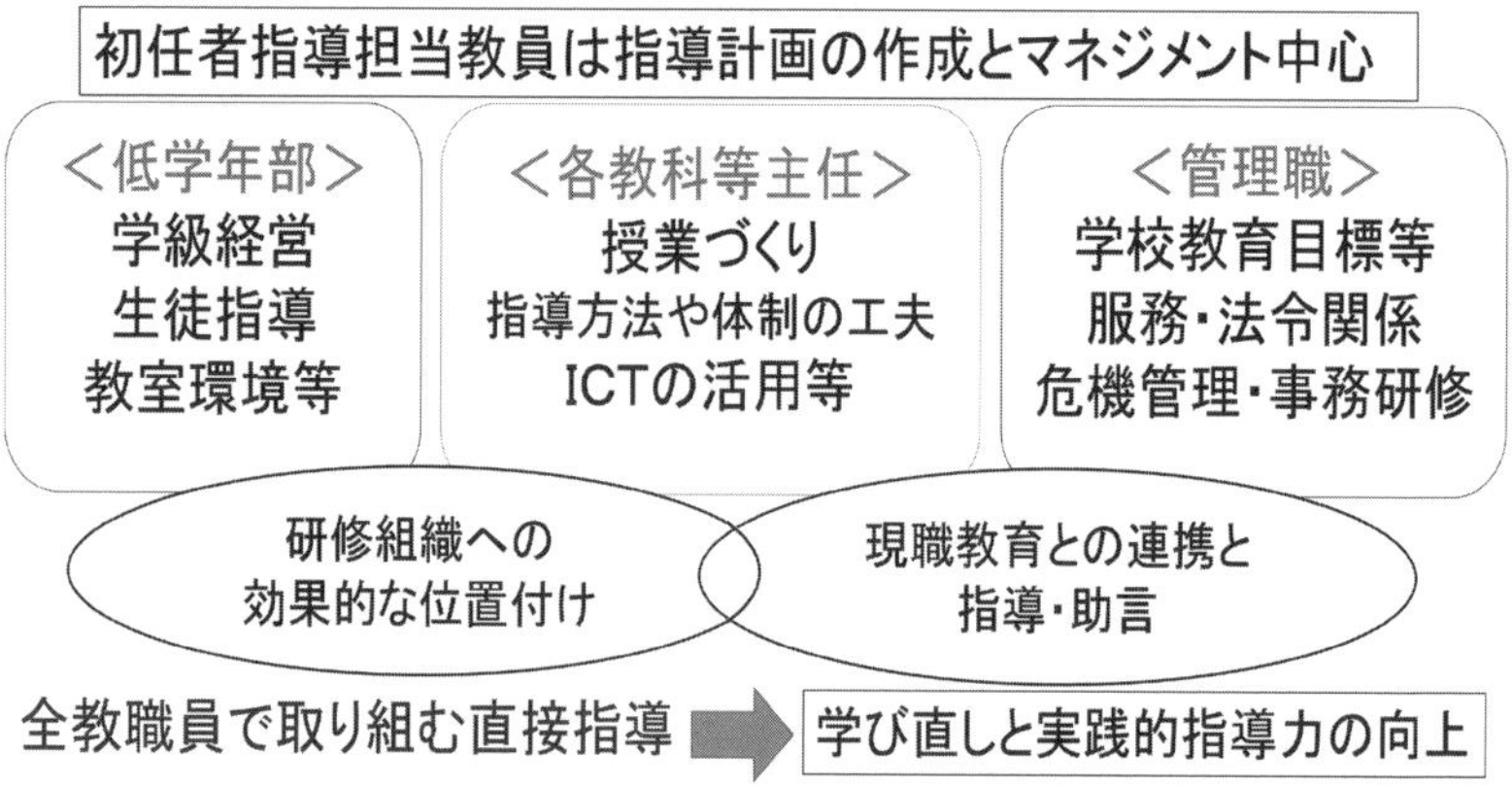

三　校長としてのリーダーシップとマネジメント

1　ビジョンを明確にした学校経営

年度初めに、学校としての課題を共有し、学校グランドデザインや教育計画を基に、全教職員で目指す方向性を共通理解した。また、毎月の職員会議での示達を通して、組織目標を中心に目指す教職員像を絞り、教職員一人一人に組織マネジメントを意識させながら、参画意識や協働性向上のための取組について示した。

2　教職員の心のゆとりの重視とコミュニケーション

新しい取組を始める時は、今までしていた何かを削らなければ教職員は疲弊してしまう。ゆとりがなければやる気も出ないし、楽しくやりがいのある職場にはならない。そこで、学級経営案の廃止や学期末の評価の一本化、学校行事の精選等、優先順位を決めて行った。また、教職員とのコミュニケーションを大切にして、共感的理解に努めた。

資料５　年度初めに示した「起案」についての考え

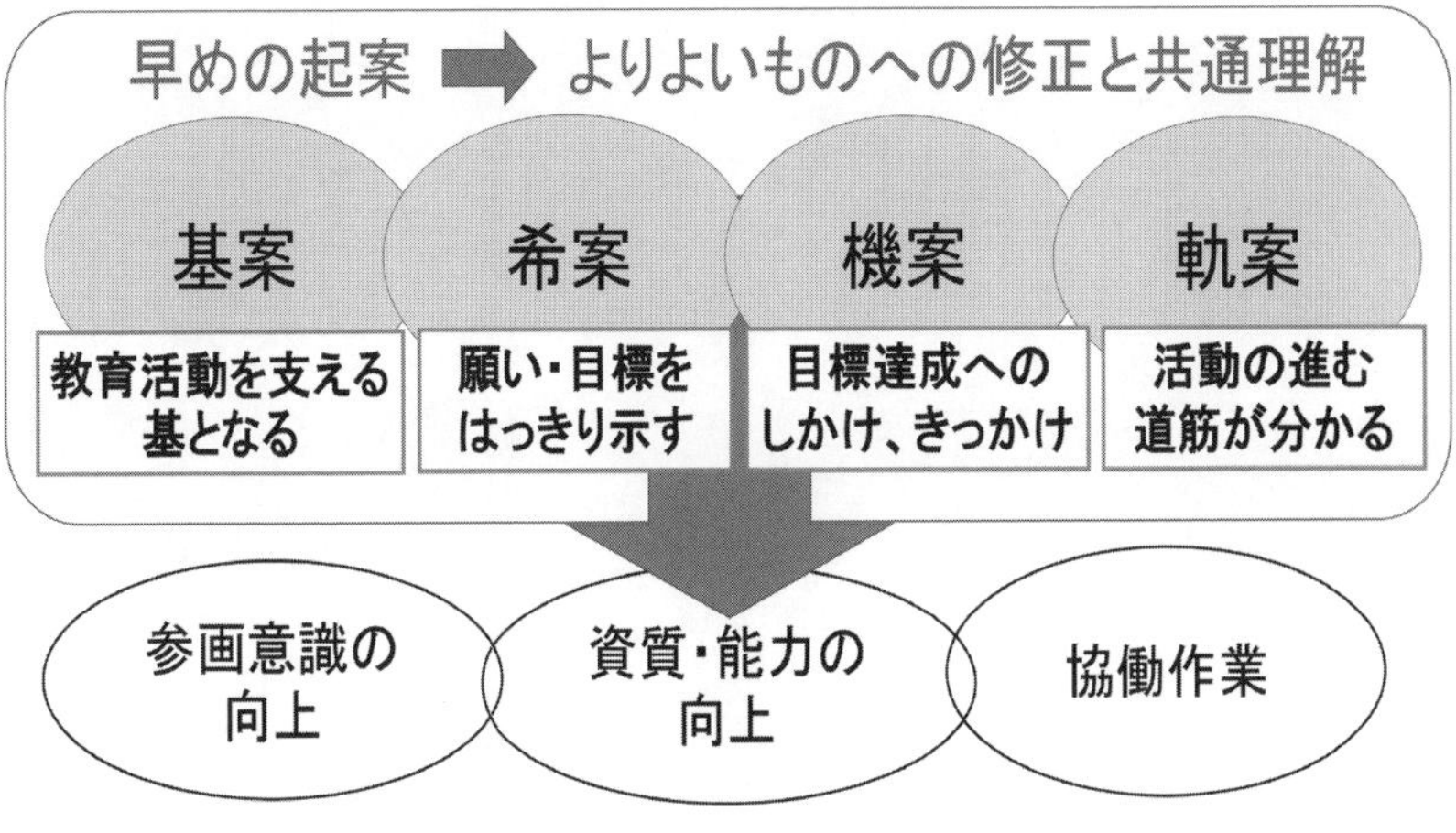

３　地域交流活動のマネジメント

本校の強みは地域とのつながりの深さである。教職員にとっても、地域との関係性を築いていく中で培われる豊かな人間性は、資質・能力の中で最も大切なものだと考える。

コロナ禍によって、地域との関係性や交流活動について見直すきっかけを得ることができた。教職員の負担軽減という視点を大切にして、学校にとっても地域にとっても本当に効果的な活動を残したり、ＩＣＴを活用した新たな方法を構築したりしている。校長として、ベネフィットとリスクをしっかりと把握した上で、地域交流活動のマネジメントをしていく。

四　おわりに

人材育成において大切にしてきた「ビジョンを明確にした学校経営」については、少人数だからこそ教職員が共通理解して実践することの大切さを改めて感じた。校長の判断が明確で早いと教職員は働きやすい、その判断やビジョンが的確であれば、安心してやる気を出せるということを痛感している。「教職員とのコミュニケーションを大切にした共感的理解」「個の強みを生かした校務分掌と学校運営への参画意識の向上」については、目標チャレンジ制度を活用して、教職員一人一人の自己肯定感や自己有用感を高めながら、学校運営への参画意識の向上を図った。「互いが支え合う協働体制づくり」については、ＯＪＴを活用した初任者指導体制や早めの起案による協働作業などを中心に行った。教職員が安心して強みを生かし、弱みを支え合える同僚性は、学校組織力の土台であり、「チーム柏」として、組織の活性化につなげたいと考えている。

人材育成は、校長にとって今まで以上に重要な職務となっている。今後も校長自らが学び続けることを率先して行い、人間性豊かな人材の育成に積極的に取り組んでいきたい。

あとがき

中央教育審議会は、令和三年一月に「『令和の日本型学校教育』の構築を目指して～全ての子供たちの可能性を引き出す、個別最適な学びと、協働的な学びの実現～（答申）」を発表しました。また、ここ数年、私たちを悩ませているコロナ禍での対応で、学校は変化を余儀なくさせられました。これまで積み重ねてきた教育実践の価値をとらえ直すとともに、新たな時代への対応に取り組む大きな変革の時代に私たちはいると言えます。教育の不易流行を意識し、新たな教育課題に取り組むことで、将来を担う子どもたちを育てる学びの場（小学校教育）をつくりあげていくことが、〝今〟なすべきことです。そのリーダーたる学校長には広い視野と深い思考と、柔軟性が求められています。そうした力を自分の中に取り入れるためには学ぶ校長である必要があるでしょう。

本シリーズは、半世紀以上の歴史を誇ります。学校経営の指針を示す書として毎年刊行され、都道府県を代表する校長先生方の先進的な学校経営の理念とその実践を、全国の校長に発信し、小学校教育の発展に貢献するという使命を果たしてきました。また、時代の要請に応えて工夫してきた学校経営のリアルな姿を記録し、将来に残していくという役割も果たしています。

第六十一集では主題である「『令和の日本型学校教育』の構築を目指す学校経営Ⅰ」を、第一章「即応」、第二章「特色ある学校づくり」、第三章「今日的な学校経営」を視点として章立てし、選りすぐりの論文を掲載しています。編集に携わる中、全国の小学校でそれぞれの地域の特色を踏まえながら、新たな時代の学校経営に取り組む校長の力強さとその多様な在り方を強く感じました。いずれの論文からも児童・保護者・地域・社会等の実態に対応した校長先生の明確なビジョンと強力なリーダーシップが読み取れました。未来をつくる子どもたちが育つ学校とするためにそれぞれが果たすべき役割を意識し、変革の時代をチャンスととらえて教育課題に正対して取り組まれた提言や実践です。まさに令和の〝今〟の教育の姿が収められています。

特色ある多様な実践やアプローチの仕方を知ることは、大きく変化し、予測が難しい〝今〟を着実に乗り越えて、素晴らしい未来をつくるために必要なことではないでしょうか。

各都道府県の小学校長会から推薦された校長先生方の先進的かつ普遍的な学校経営の理念やその実践に関する論文は、必ず全国の会員の皆様の学校経営に役に立つものとなります。そうしてこの論文が全国の校長先生一人一人の経験と思考の中で、目の前の教育課題の解決や改善に向けた学校経営に生きてくるものとなるでしょう。本書はその一助になることを自負しています。

結びに、玉稿をお寄せいただいた校長先生方をはじめ、各都道府県小学校長会長及び広報担当者、本書の編纂に関わられた多くの皆様に改めて感謝申し上げます。

令和五年四月

全国連合小学校長会広報部長　横溝宇人
同　シリーズ等編集委員長　山崎尚史

教育研究シリーズ第61集　　編者承認検印省略

「令和の日本型学校教育」の構築を目指す学校経営Ⅰ

編　者　全国連合小学校長会
代　表　大字弘一郎
発行者　大平　聡
発行所　株式会社　第一公報社
東京都文京区小石川四ノ四ノ一七
振替　〇〇一九〇―一―一二五五六九
電話　(〇三)　六八〇一―五一一八
FAX　(〇三)　六八〇一―五一一九
印刷製本　大村印刷株式会社

令和五年五月二十六日　第一刷

ISBN978-4-88484-161-4